05

中国国家博物馆
NATIONAL MUSEUM OF CHINA

中国国家博物馆国际博物馆学译丛

中国国家博物馆国际博物馆学译丛

01 《解读博物馆：知情者说》

02 《博物馆的沉思：关于百科全书式博物馆的论争》

03 《博物馆学基础：不断演进的知识体系》

04 《策展伦理》

● 05 《策展人：自然历史博物馆的幕后故事》

06 《展览设计导论》

07 《策展指南》

08 《实操问题：什么成就了优秀展览》

09 《数字时代的博物馆：新媒体与新中介》

10 《文物保护与修复：材料与方法》

《策展人：自然历史博物馆的幕后故事》

作者简介

兰斯·格兰德（Lance Grande），杰出的古生物学家、芝加哥菲尔德自然历史博物馆杰出策展人，长期从事鱼类、古生物学和进化生物学的研究。格兰德成果斐然，出版多部著作，发表多篇科学文章，代表作有《化石湖的失落世界——时光深处掠影》（*The Lost World of Fossil Lake: Snapshots from Deep Time*）、《宝石和宝石矿物——矿物世界永恒的自然之美》（*Gems and Gemstones: Timeless Natural Beauty of the Mineral World*）等。

译者简介

王璨，江西临川人，毕业于北京第二外国语学院，获文学硕士学位，现就职于中国国家博物馆，从事博物馆管理及相关法律研究。翻译作品有《至臻美食之旅》等，在《中国博物馆》《博物馆管理》等博物馆期刊发表多篇学术论文。

高华光，山东临朐人，毕业于中国科学院遥感应用研究所，现任中国国家博物馆考古院科技考古研究所所长。主要从事遥感考古研究，著有《中国文物志·遥感考古卷》等著作，在相关期刊和国际会议发表多篇学术论文。

CURATORS

策 展 人

自然历史博物馆的幕后故事

〔美〕兰斯·格兰德———著

王璨　高华光———译　　邵学成———审校

中国出版集团　东方出版中心

图书在版编目（CIP）数据

策展人：自然历史博物馆的幕后故事 /（美）兰斯·
格兰德著；王璨，高华光译 . — 上海：东方出版中心，
2024.1
　（中国国家博物馆国际博物馆学译丛 / 王春法主编）
　ISBN 978-7-5473-2293-2

　Ⅰ . ①策 … Ⅱ . ①兰 … ②王 … ③高 … Ⅲ . ①自然历
史博物馆 - 展览会 - 策划 Ⅳ . ① G265

　中国国家版本馆 CIP 数据核字（2023）第 232293 号

上海市版权局著作权合同登记 图字：09-2023-1091 号

策展人：自然历史博物馆的幕后故事

著　　者　〔美〕兰斯·格兰德
译　　者　王　璨　高华光
审　　校　邵学成
丛书筹划　刘佩英　肖春茂
责任编辑　戴欣倍
封面设计　钟　颖

出 版 人　陈义望
出版发行　东方出版中心
地　　址　上海市仙霞路 345 号
邮政编码　200336
电　　话　021-62417400
印 刷 者　徐州绪权印刷有限公司

开　　本　710mm×1000 mm 1/16
印　　张　29.5
字　　数　316 千字
版　　次　2024 年 1 月第 1 版
印　　次　2024 年 1 月第 1 次印刷
定　　价　168.00 元

编辑委员会

致黛安娜，感谢你甜蜜的爱与支持。

致劳伦、伊丽莎白、帕特里克和凯文，
你们每个人都满怀喜悦和信念地追逐梦想。

满足感更多来自旅途本身而非目的地。

总 序

中国国家博物馆馆长　王春法

　　博物馆是保护和传承人类文明的重要殿堂，是连接过去、现在、未来的桥梁，在促进世界文明交流互鉴方面具有特殊作用。中国博物馆肇始于20世纪初学习西方先进文化的时代背景中，迄今已经走过了百余年的发展历程。中华人民共和国成立以来，中国博物馆事业作为党和政府领导的国家文化事业的重要组成部分，积极从国家和社会需要出发，主动承担历史、时代、民族、国家赋予的使命，在收藏和保护文物、举办展览、开展社会教育活动、满足人民精神文化需要、向世界展示中国形象等方面发挥了重要作用。特别是党的十八大以来，习近平总书记多次到博物馆考察调研，对博物馆工作作出一系列重要指示批示，博物馆事业高速发展、空前繁荣，在促进人的全面发展、引导社会主义核心价值观和社会全面进步方面的作用不断凸显，作为文明交流互鉴窗口和平台的作用也日益突出。

　　当今世界正经历百年未有之大变局，面对"世界之变、时代之变、历史之变"，博物馆在推进人类文明进步、社会发展中的地位作用从未像现在这般重要，博物馆之间的交流合作从未像今天这样迫切、频繁和形式多样，博物馆从业人员既要关注自身的发展，也要从更广阔的视野来深入思考博物馆的社会功能，准确把握博物馆发展的新特征新变化，主动回应博物馆发展面临的挑战，在时代巨变的洪流中坚守博物馆发展的初衷和方向。当下的博物馆发展更加突出以观众为本的价值理念、更加突出作为主责主业的展览展示、更加突出作为博物馆核心权力的文化解释功能、更加重视周边产品的延伸活化功能、更加突出信息技术手段催生的跨界融合作用、更加突出文化客厅的重要作用、更加突出社会公众形象的塑造提升、更加突出征藏展示活动的评价导向功能，也面临着如何更充分地留存民族集体记忆、如何更好地推动文化传承发展、如何更紧密地促进文明交流互鉴、如何更有效地处理保存历史与技术应用之间的关系，以及如何更多地创造分享社会发展新知等挑战，新时代博物馆事业发展呼唤理论创新、实践创新、制度创新。

中国国家博物馆作为留存民族集体记忆、传承国家文化基因、促进文明交流互鉴的国家重要公共文化机构和国家文化客厅，始终立足中国、放眼世界，并把学术研究作为立馆之本、发展基石。此次国家博物馆组织翻译《中国国家博物馆国际博物馆学译丛》（以下简称《译丛》），就是要坚持全球视野、面向世界一流水平，以兼收并蓄、海纳百川的学术态度，分享世界博物馆学研究动态，推介优秀学术成果，借鉴优秀实践经验，助力中国博物馆学的理论创新和建设发展实践，更好地推动构建中国特色博物馆学学科体系、学术话语体系，为新时代博物馆事业高质量发展作出积极贡献。

《译丛》兼顾当代博物馆学发展的规范性、理论性、反思性等趋势性特征，同时凸显博物馆学多学科交叉融合的特点。《译丛》选编不仅包括博物馆基础理论、展览策划、管理运营、藏品管理与保护、博物馆数字化、公共教育等领域的研究成果，而且选取了部分将博物馆学这门人文学科与更广泛的社会背景联系起来的研究成果，涉及全球变暖、殖民主义、种族主义、可持续发展等更为复杂的社会问题，集中反映了当下多元文化共存的复杂国际环境和大范围深层次的创新变革下，博物馆学的研究对象和研究范式随着博物馆功能、职责和定位的拓展而发生的转变。《译丛》不仅包含最新基础理论著作，也涵盖与实践紧密相关的应用研究，收录著作体裁十分丰富，包括研究专著、学术论文集、文献综述、演讲集，以及普及性读物，既能满足博物馆从业者和研究人员的需求，也适合一般博物馆爱好者阅读。规模之大，在我国博物馆行业尚属首次。

《译丛》的出版凝聚了国内文博界老中青三代学者的力量，中国国家博物馆的中青年学者承担了繁重的翻译工作，国内资深博物馆专家和高校学者作了多番审校，其中不乏学界耆硕不顾高龄、亲力亲为的身影。他们的学术精神和敬业作风令我们深为感动。需要说明的是，《译丛》收录的首批著作都是在新冠肺炎疫情发生之前完成的，我们将在后续翻译出版工作中更多地关注经历全球疫情之后博物馆的可持续发展与突破性研究。

衷心希望《译丛》的出版能为中国博物馆学和博物馆事业的发展贡献一份力量。

是为序。

2023 年 9 月

彪悍策展人：
为自然历史和人类文化的研究奋不顾身

　　我是一名策展人，是在位于芝加哥的菲尔德自然历史博物馆（Field Museum of Natural History）工作的首席科学研究员之一。我做策展人已有 33 年。策展人前辈们影响了我，他们亦受到其前辈的影响。

　　菲尔德自然历史博物馆是世界上最大的自然历史博物馆之一，拥有超过 2700 万件标本，从 DNA 到恐龙，涵盖范围广泛。[1] 120 多年来，策展人进行收藏以研究和记录我们星球的生物学、地质学以及人类文化。他们的研究为看待世界的历史及多样性提供了独特的视角。在作为高级副主任领导博物馆的研究和收藏部门的 8 年多的时间里，我逐渐意识到，鲜少有人了解自然历史博物馆策展人的工作内容。这一认知差距，成为我写这本书的初衷。

　　在北美主流自然历史博物馆，策展人（curator）一词主要指研究型科学家，其工作职责是传递博物馆科学信息的权威性和原创性。

　　他们通过田野考察探索自然和文化遗产，他们以自然之物（如标本）或文化之物（如手工艺品）为基础做最初的研究，将最初的科学知识传播给学生、其他科学家以及公众。策展人热情十足地追寻着对地球和居民的了解，他们打破常规，有时甚至甘冒风险，以推动科学的进步。

策展人及文化和自然历史博物馆的起源由来已久。已知最早的文化历史博物馆是由2500多年前一位巴比伦公主和她的父亲共同建成的，它位于古代乌尔（Ur）美索不达米亚城（现伊拉克济加尔省，Dhi Qar Governorate of Iraq）。这位恩尼加尔迪（Ennigaldi）公主是月神娜娜（Nanna）的高级女祭司，同时也是新巴比伦帝国最后一位国王拿波尼度（Nabonidus）的女儿。拿波尼度热衷收集古物，是已知最早的"考古学家"。公元前530年，在他的影响下，他的女儿恩尼加尔迪公主建立了一座以美索不达米亚的文化历史为主题的博物馆。恩尼加尔迪公主成为博物馆第一任策展人，她围绕其收藏的手工艺品进行研究。几个世纪后，自然历史研究学科才建立并持续发展，以今天的标准来看，她的文化研究还很原始。但科学的所有进步需置入当时的文化语境来考虑，对于公元前6世纪而言，为研究机构配备存档记录的藏品，这一观念在当时是一个巨大的进步。

恩尼加尔迪公主的博物馆开馆后的运营一直很活跃，直至约公元前500年，由于长期干旱气候及河道环境的改变，自然环境日益恶化，最终乌尔城被废弃，公主后来的下落也无从考证。这个博物馆消失了几千年，直到1925年著名的考古学家伦纳德·伍利（Leonard Woolley）将其重新带入人们的视野当中。在发掘巴比伦宫殿遗址时，伍利发现了一个很大的室内空间，里面的藏品文物令人惊叹，从公元前2100年至公元前600年的各类手工艺品整齐地摆放着。这些物品配有一系列刻着字的泥板文书，相当于文物信息铭牌。伍利很快意识到他发现了世界上最古老的博物馆遗址。

最早的自然历史研究中心可追溯至公元前3世纪，距今约2300年前。在古雅典，吕克昂学园（Lyceum）曾是学术中心，在那里，亚里士多德（Aristotle）将生物进行了最早的层级分类。他提出自然斯卡拉（音译，Scala naturae）的概念（即"伟大的存在物之链"，也被称为"自然阶梯"），根据动植物的结构特征对它们分门别类。这种分类方法虽然不如之后卡尔·冯·林奈（Carolus Linnaeus）的分类那样精细、全面，却是最早使用生物体内部结构的分类法之一。如今，亚里士多德被认作比较解剖学的奠基人，他也是第一位真正的自然历史科学家，是动物学研究的先驱，为早期地质学、植物学、物理及哲学作出重要的贡献。亚里士多德的认知领先于他生活的时代，最终这些成果触怒了宗教高层，神学士们于公元前322年判处他不敬神之罪。他担心自己的生命安全，逃离雅典，并在当年晚些时候逝世。虽然亚里士多德是以标本为基础展开研究，但那些标本藏品目录并没能留存下来。事实上，直到16世纪才有自然历史藏品的相关记录。

到了16、17世纪，自然历史藏品一般来自个人对标本及手工艺品的收集，他们的身份或是医生、教授，或是贵族顾问、宗教权威人士。这些藏品往往被放置在小型博物馆里，其规模类似"古物陈列室"（cabinets of curiosities）。cabinet 这个词指房间，而不是指一件家具。展示的物品各式各样，但欠缺逻辑性，它们成为现代自然历史博物馆的前身。这些藏品序列有时将事实与虚构相混淆，展示了一些虚构神话传说中的生物模型，如独角兽、美人鱼、龙、狮身鹰首兽等，它们是由理发师将真实动物的相关部位拼贴制作而成。那时，外科手术是理发师而非医生的职责。古物陈列室的存在，也并非为我们今天理解的科学探索目的。相反，这些不成熟的展示主要为吸引公众注意做宣传之用，甚至只为炫耀个人的财富和权势。虽然很多物件取自真实的自然和古迹，但很少能被现代博物馆收藏。

在18世纪，博物馆收藏观念从对奇珍异宝的关注进步为系统性地组织管理记录自然历史和人类文化的物品，建立藏品库。随着藏品日益精良，它们逐渐为具有科研意识的策展人所活用，他们进一步改进了组织管理方法。卡尔·冯·林奈（1707—1778）是历史上最早专注自然历史标本的策展人之一，也是历史上最重要的研究生物多样性专家之一，其系统整理的藏品保存至今。林奈被誉为"现代分类学之父"，"分类学"是近代科学的一个分支，主要对物种进行分类、命名及组织。他获得了博士学位，带着一群研究生进行学习科研。在林奈的时代，获取博士学位比现在更容易，时间也更短，他把他的学生称作"使徒"（apostles）。林奈为策展人和系统生物学家留下了一笔永远的财富，"使徒"们追随着他的足迹，为所有的动植物创造了层级分类系统，我们沿用至今：种（Species）在属（Genera）之下，属在科（Families）之下，科在目（Orders）之下，目在纲（Classes）之下，纲在门（Phyla）之下，门在界（Kingdom）之下。正如"杜威十进制"和国会图书馆的分类可以从海量图书中迅速检索到一本书的信息，林奈的自然体系能让我们有效地从自然界数千万个物种中找到某个物种的相关信息。林奈在数个不同国家开展野外考察工作，广泛搜集各种植物和动物的标本，通过对这些标本藏品进行研究，出版了多部著作，这些资料对后世大有裨益。他为13000多种动植物命名、分类，留下大量的标本以作参考。林奈的收藏是最久远的自然历史收藏之一，至今仍被研究和使用。大部分藏品保存在伦敦林奈学会（Linnean Society of London）及位于斯德哥尔摩（Stockholm）的瑞典自然历史博物馆。我在做研究时，也曾用到了其中的一些标本。

林奈与他同时期大多数人一样，最初也是笃定的神创论者，他们相信《创世记》中所描述的，每一个物种都是由上帝在六天时间里独立创造出来。林奈经过几十年对动植物种类的研究，到了晚年，他开始以不同物种群的共同点为基础解释一些自然形态。他提出了一些物种的某种进化，但与我们现在理解的达尔文进化理论不同。他断定，每一属内仅有一种是由上帝创造的，属内其余的种均经自然进化发展而来，当然，他猜测这种进化源于母种与其他种的杂交。他的观念表明所有物种并非由上帝在创世的六天中独立创造而来，这引起了天主教和新教的强烈不满，乌普萨拉路德宗大主教（Lutheran Archbishop of Uppsala）指责他的不敬行为，教皇克雷芒十三世（Pope Clement XIII）将林奈的作品列入《禁书目录》（*Index Librorum Prohibitorum*）。林奈走在了时代的前面，他以对自然的科学观察为基础，对教条式的权威主义进行了质疑。策展人正是这样的人群，他们通过根本性的发现，挑战程式化的观念和被视若珍宝的信条，从而改变我们看待生命和文化的方式。从历史上看，有时这也让他们深陷与机构管理者、研究领域的高级科学家、宗教权威甚至政府官员的矛盾冲突之中。[2]

经过 18、19 世纪，博物馆的藏品无论是规模还是多样性都有了大幅度提升。藏品的增加促进了科学研究的新领域不断拓展，如地质学、古生物学、进化生物学、人类学得到发展。化石不再被看作神秘生物的残存，也不再像从前认定的是奇形怪状的非有机石质物体。科学家开始意识到它们是地球复杂生命史中业已灭绝的物种。超过一百万年的奇石碎片，外观形状酷似刮刀和武器，现在被认为是早期原始人所制作的石器时代的工具。不计其数、已经消失的原始人类文化见证物被发现埋藏在世界各地，它们为人们所搜集。探索世界如何形成，以及为何呈现如今的面貌，这本身就是在揭示这个世界的发展历史。

随着现代科学的发展，博物馆的概念也在不断地发展和进步。历史学教授卡伦·雷德（Karen Rader）和维多利亚·凯恩（Victoria Cain）在他们的著作《展出的生活：论 20 世纪美国科学和自然历史博物馆的变革》（*Life on Display: Revolutionizing U.S. Museums of Science and Natural History in the Twentieth Century*）中详述了 19 世纪七八十年代，美国自然历史博物馆最初不过是科学知识和学术权威的殿堂，它们显著的特征是堆放了许多标本和手工艺品，陈列方式乏味无趣。策展人的主要职责仅仅是汇集藏品，拿出其中的一部分在展览项目中展示给公众看。由于缺乏创造力，自然历史博物馆给人们留下了刻板印象，它们被看作装有动物和昆虫的仓库，散发霉味，满是灰尘，既激不起公众的兴趣，于社会发展也无益。到了19世纪90年代，美国主要自然历史博物馆的领头人意识到他们亟须提高其每况愈下的公众形象，于是提出了"新博物馆理念"。根据这一理念，自然历史博物馆职责上应该大有可为，而不仅仅是积聚藏品。他们可以通过以下两点更好地服务公众：一是生产新的科学知识，二是将这些知识更有效地传播给大众。

在"新博物馆理念"框架下，策展人可有更多时间进行研究，从而实现上述两个目标，对展览策划及常设展览内容设计的管理逐渐成为主要博物馆中独立的实体。到了20世纪晚期，主要博物馆都设立了独立的展览部门，部门里有很多非管理专业的专家（如20世纪90年代在菲尔德自然历史博物馆，这一部门最多时设有约70个职位）。全职的策展人岗位逐步从科研部门分离出来，策展人在展览策划中扮演专家的角色，负责随机选择的相关内容。他们与专业设计师合作，让展览的陈列形式更富美感，也让自然历史博物馆更有效地实现寓教于乐的目的。展览通过提高大众的科学素养，增进对自然和文化的了解，从而让公众更好地参与其中。由于展览任务更少，策展人能够更多地专注其研究，加强科研能力，不断进行新的、重要的科学探索。策展人有了更多的时间做研究，具备更高的专业水准，这让策展人的职位更加类似于大学教授。

当今各大自然历史博物馆的策展人都有专门的角色，兼具实用性和知识性。他们独立自主进行工作，同时具备广泛的合作协调能力。策展人需通过策展工作进一步夯实科研项目，他们的工作职责是不断探索和研究以获取新的发现，申请专项经费以支持研究项目的开展，将研究成果在学术期刊专著及相关著作中公开发表。他们研究的课题涵盖范围广泛，从物种的多样性及进化到复杂的人类社会发展，甚至还有对太阳系起源的探索，不一而足。他们的研究为理解与我们的存在相关的大多核心问题奠定了基础，如生物多样性、文化历史及人类在地球上不断变化交织的生命网络中所处的位置等问题。策展人的科研生活往往充满了探险，他们要做野外考察和研究，足迹遍布世界。他们进行的收藏工作，构建了人类生活和文化的一座永恒的经验宝库，为人类社会谋利。

虽然藏品构建是策展工作的重要组成部分，但是这本书主要关注的是策展人作为博物馆主要科学家所扮演的角色——他们是谁？他们做什么？他们去哪里完成使命？本书最后提供注释及参考资料来源，供感兴趣的读者进一步阅读，以获取更多的细节信息。

策展人的大部分出版物是非常客观的技术文章，主要面向其他科学家、大学生及具有专门兴趣的读者。这些读物重点关注其科学发现，而不是取得每项成果所做的大量工作。与之相反，本书则从一个非常个人化的背景出发，讲述策展人这一职业背后的故事。这本书讲述了我从学生成长为高级策展人的学习经历，以及职业发展历程中所遇到的人和事。第一至第三章讲述了引导我选择策展人这一职业的人和事。第一章简要介绍了支序分类学（cladistics）这一科学方法。在支序分类学兴起过程中出现的观念冲突让我看到科学界争议的激烈程度，最终，大家会对某一看法达成和解，这些曾经的争论往往被人们遗忘，但是，这些内部争辩的过程是科学进步的重要方面。我当研究生时及职业生涯早期曾见证了一些争论，这让我成为一名更合格的科学家。

第四至第八章主要讲述了在我成长为策展人的道路上，影响我的策展人同事及一些事件。他们加深了我对策展事业的热爱，也让我更加理解策展研究及职责的多样性。第九至第十章讲述了标志性标本采集、行政管理及策划展览等流程的幕后故事，这些经历加深了我对博物馆的理解。第十一至第十三章探讨了策展人和自然历史博物馆工作中出现的一些问题，如文物返还、收藏伦理以及保管等。最后，第十四章指出了自然历史博物馆面临的挑战，策展人及博物馆该如何应对。

写作这本书是一次激荡心灵的旅程。或许，从某种程度上说，我的写作方式让这本书不像一本科学论著，而更接近于历史文献，以此来纪念博物馆的科研策展人。那就这样吧。

作者兰斯·格兰德

1894 年 6 月 2 日，位于芝加哥的菲尔德自然历史博物馆正式开馆，在过去的一个多世纪里，自然历史博物馆及策展人的使命发生了巨大的变化。我最早在明尼苏达州开始了对自然历史的研究，后来去了纽约，最后于 1983 年来到菲尔德自然历史博物馆，从此开启了我作为策展人的生涯。这是我个人的故事，也是从过去到现在，许多自然历史博物馆策展人的故事。

目 录

I 　 总 序

V 　 前 言　彪悍策展人：
　　　　　　　为自然历史和人类文化的研究奋不顾身

001 　 第一章　被鱼化石改变的人生：
　　　　　　　从服务生到策展人

023 　 第二章　博士找工作的奇遇：
　　　　　　　开启策展人的职业生涯

035 　 第三章　挑战高海拔缺氧环境：
　　　　　　　怀俄明州的野外考察

065 　 第四章　大地震与幽灵汽车：
　　　　　　　和墨西哥古鱼类学之父一起的大冒险

085 　 第五章　游弋于文化水域的河豚：
　　　　　　　威利、放射性的辐鳍鱼及钓鱼竞技会

109 　 第六章　被抢夺的分手礼物：
　　　　　　　麦当劳、迪士尼都曾赞助的霸王龙化石

151 　 第七章　彪悍同事历险记：
　　　　　　　吃蘑菇、斗牛、追流星雨、潜到海洋深处

189 　 第八章　K-P 硬汉精神永存：
　　　　　　　在沼泽徒手抓鳄鱼，给致命毒蛇留下记录

203 第 九 章 放养猫咪：

卓有成效的行政管理促成策展人的成功

225 第 十 章 让科普更美：

格兰杰宝石馆的展览策划

251 第十一章 人类遗骸的科研挑战：

木乃伊、人骨等伦理与法律问题

275 第十二章 曾经吃人的狮子在消失：

从猎杀到保护察沃狮

297 第十三章 保护我们所爱的：

拯救地球的生态系统

327 第十四章 星空下的展望：

我们该何去何从？

341 致谢

343 注释

379 参考文献

404 图片来源

416 译名表

445 译后记

第
一
章

被鱼化石改变的人生：
从服务生到策展人

这份迷人的礼物来自我的老朋友汉斯，它让我的人生发生重大转变。

我当策展人有 33 年了，这些年间，我忙于域外探险，进行科学发现，遇到很多对我有启发的人和事。人生中一系列的机缘巧合，加上受到一些人的影响，我踏上策展人的道路，这一选择让我收获颇丰。我的一位老友是明尼苏达州备受瞩目的大学教授，他曾送给我一份迷人的礼物，如果不是因为他和活跃在伦敦和纽约的几名策展人对我早期的关注，我的人生之路将会完全不同。

我在明尼阿波利斯（Minneapolis）的郊区——蓝领聚集地里奇菲尔德（Richfield）长大。我同父母生活在一起，家中有四个姐妹，还有一条狗，大家挤在一幢有三间卧室、一个卫生间的小房子里，没有地下室。从抢占卫生间、居住空间到占据餐桌重要位置，我的竞争精神最初正是在这里得以养成。我家是典型的核心家庭，虽然住宿条件如斯巴达式修行般简朴，但家庭内部生活环境稳定，家人在情感上相互支持。我的父母对科学并没有特别感兴趣，但他们也不反对。他们支持我，鼓励我遵从内心、拥抱梦想。我从小对自然界产生兴趣，尽管家庭教育支出预算有限，但周围自然资源却是取之不尽，可以满足我对自然的爱好。从小学到中学，我从当地的砾石坑采集各种岩石和矿石，到附近的池塘捕捉淡水鱼虾，在铺车道的碎石中搜集小化石。在青少年时期，我满脑子都是自然，我个人从对自然的学习中体味到美与平静。

1969 年高中毕业后，我搬进公寓开始了独立自主的生活。我做过许多兼职工作，为了能找到喜欢的工作，我开始学习大学课程。我最早在明尼苏达州诺曼代尔初级学院（Normandale Junior College）进修，之后进入明尼苏达大学（University of Minnesota）。我在服务业做过许多低薪工作，这使我特别珍惜继续学习的时间和资源。我曾在棒球馆卖爆米花，在一家德国餐馆做服务生，在阿尔比（Arby）快餐店当过厨师，我还加入了一个小型摇滚乐队，乐队在中学舞会或一些临时俱乐部演出，我周末会去当鼓手或歌手。20 世纪 70 年代早期，我曾在美国军队里当军医。最后不能不提的是，我还曾花费一年时间在蒙哥马利·沃德商店（Montgomery Ward store）的投诉部门工作。总的来说，这些工作收入让我得以维持生计，我可以买吃的、付房租、付大学学费。这些工作也极大地磨炼了我的性格，促使我不断追寻更好的目标。

1973 年秋天，我当时是明尼苏达大学三年级的学生，攻读商业学位。那时，我以为自己已经很清楚生活目标，我要么像父亲一样在零售行业找一份工作，要么像叔叔那样成为一名教师。这些务实的目标正是由我所成长的工人阶级环境灌输到脑海中的。大学的商业课程我熟练应付，但它们对我而言并不是特别有吸引力。我似乎正朝着一眼望得到头的未来走着。

之后，在 1974 年 8 月的一天，发生了一件事，让一切因此而不同。我的朋友汉斯·拉德克（Hans Radke）从怀俄明州（Wyoming）西南部度假回来，他带给我一份纪念品。它是格林里弗组（Green River Formation）石灰岩层中保存完好的 5200 万年前的鱼化石，它的出现，瞬间重新燃起了我对自然历史由来已久的热情。这个标本保存得非常好，几乎无需想象力，就可想见它曾经是一个活生生的生物，而它所跨越难以想象的漫长岁月更令我着迷。我被迷住了！我的心思紧紧锁在它身上。我如获至宝，第二天，便带着它去见大学古生物学教授罗伯特·斯隆博士（Dr. Robert E. Sloan）。

斯隆教授的办公室位于皮尔斯伯里大厅（Pillsbury Hall），这是一座由巨大的红色砂岩石搭建而成的纪念性建筑，始建于 1887 年。它是整座双子城（Twin Cities）校园里第二古老的建筑，也是这所大学地质系所在地。我来到他的办公室，敲响了那扇漆得很厚的镶板门，听见一句欢快的声音——"请进"。我打开门，穿过光线昏暗的长过道，我看见他坐在房间的尽头，面朝着我，身子陷进一个宽大的软垫椅中。办公室满是灰尘，地板和桌子上杂乱地堆放了很多书和论文。我走上前去作自我介绍，并把化石递给他，问道："您能帮我鉴别一下这个吗？"他接过来，盯着它沉思片刻，然后挠了挠头。之后，他看着我，微笑着说："不行。不过，如果你选修我的脊椎动物古生物学课程，你就可以自己鉴别它！"对这个建议我还能说什么呢？几周后，我申请了这个课程。

斯隆教授是一名杰出的教师，他活力十足，讲课时爱挥舞手臂。他从不用讲义，显然，他热爱所从事的职业。他的专业是哺乳动物化石，但他对各类化石都了如指掌。在讲座中，他时不时穿插各种有趣的轶事。我发现古生物学同他气势昂扬的教学风格一样，都令人着迷。我深受吸引，课程结束后，我决定将攻读的专业从商业经济学换成地质学和动物学。果然如斯隆教授所说，我能鉴别朋友汉斯送的这份鱼化石。它是始新奈氏鱼（Knightia eocaena），是鲱鱼家族已灭绝的物种，它也是格林里弗组和怀俄明州中最常见的鱼类化石。

我曾参与一个地质学项目，竭尽所能，学习了历史地质学、古生物学以及鱼类进化等知识。斯隆教授是我最初的引路人，我从博学的他那儿又选修了几门课。我开始每年夏天去造访那个奈氏鱼化石来源之地（我将在第三章中进行更详细的介绍）。那时，我不曾料想这个地方将会成为我作为古生物学家最重要的考察之地。我对鱼化石的兴趣与日俱增，我想了解它们在鱼类进化网络中的位置，也想知道鱼的骨骼结构。三年后，我获得地质学学士学位，继续攻读地质学和动物学双硕士学位。我的硕士论文题目是"格林里弗组的古生物学，探究鱼类区系（Fish Fauna）"。在攻读硕士的那些年里，我对格林里弗组的化石有了很多新发现。到了1978年，我着手准备将论文整理成书稿出版。

我在明尼苏达大学课堂学到很多，但那里的教授可以教我的关于鱼的知识是有限的。我必须广泛而深入地研究关于鱼化石和鱼类解剖学的科学文献，以便进行论文研究。我发现一位科学家正在我感兴趣的领域开展非常创新的工作，他叫科林·帕特森（Colin Patterson）。帕特森是伦敦自然历史博物馆的首席科学官（相当于美国的策展人），他管理着世界最大的鱼类化石收藏（超过 8 万个标本）。他曾帮助开发了一项令人震惊的新型制酸技术（new acid-preparation technique），可以使 1.5 亿年前的鱼化石看起来好像只死了一天，这为科学分析提供了更多信息。他对这些化石艺术性的重新构图使它们栩栩如生（或者至少看起来像是刚对生物物种进行了解剖）。同时，他也是进化生物学的主要权威，我决定征询一下他对我出版论文的意见。

我给帕特森寄了一份初稿副本，希望他能阅读并批评指正。我不确定这样一位举世闻名的科学家是否愿意，令我惊讶的是，仅几周后他给了我答复！如此迅速的回复在那个年代是不可思议的，那时通信方式是邮寄，而不是发电子邮件。他的话鼓舞人心，他说这本书的出版将对古生物学文献作出宝贵的贡献。他强烈建议我去纽约申请攻读进化生物学博士学位，选择美国自然历史博物馆唐·罗森（Donn E. Rosen）和加雷思·J. 尼尔森（Gareth〔Gary〕J. Nelson）当导师。当时，罗森和尼尔森都是博物馆鱼类学部门的策展人。以生物多样性、分类和进化关系为研究内容的生物系统学发生了根本变化，而尼尔森走在变化的前沿。帕特森是罗森和尼尔森多年的同事，他们关系密切，他说服他们接纳我成为他们的学生，告诉他们做我的老师绝不会枉费力气。不久之后，我收到罗森的邀请来到纽约，他将给我提供四年的奖学金，够我支付所有费用及生活开支，我由此开始了学生生涯中强度最大的学术训练。

纽约的研究生课程是纽约城市大学和美国自然历史博物馆的合作项目，我在博物馆的鱼类学部门有一个办公室。1979 年，我从悠闲的工人阶级聚集地——明尼阿波利斯的郊区搬到了曼哈顿（Manhattan）的上西区，这于我是一个相当大的改变。我居住的一居室公寓位于 70 街道和百老汇街道交会处的一座高层建筑的 11 层，距离博物馆仅有 7 个街区。汽车报警器、喇叭声、发动机的轰鸣声，还有紧急车辆警报器，这些刺耳的声音终日无休无止，最终成为白噪声（white noise），日日夜夜与我相伴。很快，我便开始欣赏曼哈顿这座拥有150多万居民的岛屿的快节奏文化。

对于博物馆鱼类学部门的员工和研究生来说，唐·罗森是灵魂人物。他热爱美国自然历史博物馆，他第一个让我知道策展人无疑可以培养下一代科学家。罗森教给我许多有关鱼类解剖的知识，化石物种往往仅保存了骨骼，因此，了解生物物种的骨骼解剖结构很有必要，它能够使我更准确地识别我在化石中所观察到的事物。我还从他那里学到一项关键技术，怎样制备酒精保存的小标本：透明化和双重染色。两种可渗透进肉的染料将骨骼染成红色，将软骨染成蓝色。之后，将标本浸入酶和甘油中数周至数月，使肉变成完全透明。该过程导致染色的骨骼和软骨透过身体清晰地显现出来，该技术可用于将许多大小合适的骨架安装在显微镜载物台上，以便于进行仔细解剖和检查。我在纽约做博士论文时，为近千种鱼进行透明化并染色，学会了根据骨骼来识别大多数主要的活鱼群。这些标本的纯粹之美，进一步滋养了我对解剖学的美学及功能方面的审美（请参阅第17页）。

罗森的教学方式是具有颠覆性的。他教导学生不要惧怕质疑科学权威。在他讲授系统学的课程中，他列举了一系列假设，它们抑制了比较生物学和进化论的发展。这些假设包括：

　　"最终原因是可知的。"

　　"科学家比其他人更客观。"

　　"您的研究生导师和/或杰出的客座教授可能在大多数时候都是正确的。"

他鼓励学生挑战权威，并尝试将科学中更具经验的成分与更教条的信念和偶尔的振臂一呼区别开来。科学发挥作用，是一个不断发展（process）的过程，是一种可予检验的方法（method），而不是规定真理之书。罗森年仅 57 岁就去世了，不过，他对下一代鱼类系统学家的教育培养影响深远，他的许多博士生后来成为世界顶级自然历史博物馆的策展人。[1]

我搬到纽约几个月后，罗森请我去他办公室，向我解释了新的博士课程项目的学术走向。他首先告诉我，在美国自然历史博物馆中，就生物系统学发生了严重的观念冲突。这些观念之争有时会变得很难堪，它们四处飞溅，影响研究生。他继续解释道，参加该项目一年后，我需要通过纽约城市大学的预备笔试才能继续攻读博士。这个考试由四部分组成，其中一部分是由一些教条式追随传统系统学派的教授控制，他们自称"进化分类法"（evolutionary taxonomy）学派。他们坚决反对罗森和尼尔森所提倡的"支序分类学"（cladistics）这一系统学派。那时，系统学派之间的冲突已愈演愈烈。罗森说，对于传统主义者控制的这部分考试，可以料想到我很有可能通不过，或者分数会特别低，因为我肯定是站在自己导师以及其他支序分类学家这一边。在考试中，我需要站稳哲学立场，捍卫自己的观点，即使这样做需要付出一定的代价。因此，为了考试能整体合格，考试的其他三部分我必须交出近乎完美的答卷。罗森振奋人心的话语，顿时让我激动不已。

为了准备考试，我花费大量时间阅读了几十本书，参加系统学、科学哲学、进化及科学方法等课程。我与教授、来访的演讲者及其他同学进行科学方法的探讨和辩论。我还花了很多时间与尼尔森和罗森深入讨论，他们和伦敦的帕特森是我在纽约学习时在系统学理论及哲学领域最杰出的人物，特别是尼尔森，他是支序分类学思潮实际的领导者。

支序分类学是基于事物独特的共有特征，寻找事物之间的关系模式。[2]这种模式称为分支图（cladogram）。在进化语境中，支序分类学也被称为系统发育学（phylogenetics）。支序分类学方法可用于寻找活的有机体、地理区域、语言甚至非生物体间存在的模式。[3]当物种或更高级别的有机体的分支图被诠释为进化过程的结果时，它们被称为系统发育树（phylogenetic trees）。传统上，进化研究及古生物学重点关注从化石的记录中寻找祖先。可以说，许多进化生物学家和古生物学家认为从岩石中可以破解血统关系。帕特森、尼尔森和罗森都认为，对祖先永无止境的搜寻是在浪费时间，这使进化研究倒退了数十年。化石记录不充分，再加上许多逻辑问题，要从化石记录中寻找祖先是不可能的。另一方面，支序分类学则能够提供物种间可检验的关系模式。比较解剖学（以及之后的比较分子数据）是对进化关系进行科学分析的关键。例如，人类和黑猩猩共有鳄鱼不具备的独特特征，这表明人类与黑猩猩之间的类群关系不包括鳄鱼。但这并不意味着人类是从黑猩猩进化而来的，也不意味着包括人类和黑猩猩在内的群体是从鳄鱼进化而来的。支序分类学只是以物种独特的共有特征为基础，对物种之间的关系提出假设。在进化的背景下，那些独特的共有特征可以解释为是从一个共同的祖先传下来的，从逻辑上讲，人类和黑猩猩的共同祖先是从人类、黑猩猩和鳄鱼的共同祖先演化而来（见第 19 页）。对于我们在自然界中看到强大的支序分类模式，进化是唯一可行的自然解释。[4]

与更传统的列明特定祖先的演化树（evolutionary trees）不同，分支图和系统发育树在分支点或树干上没有祖先物种（见第 18 页）。毫无疑问，今天的博物馆藏品中存在祖先物种，可是我们没有令人满意的科学方法来识别它们是哪一特定物种的祖先。同样，我们不需要通过识别祖先来研究进化关系。我知道我女儿的上一辈是她母亲，因为我见证了她的出生。但如果你从未实时观察该过程，那么，5000 万年后，你只有我女儿和她母亲的化石，你将无从得知谁是谁的祖先（如，哪个是母亲，哪个是女儿）。尽管如此，即使不知道确切的祖先与后代的联系，你仍可以基于我女儿、她母亲及黑猩猩的化石，假设他们的关系模式。我女儿和她母亲共有的独特特征，表明她们之间的相互关系比其中任何一方与黑猩猩的关系更为紧密。

每个新的分支图都是对关系的假设，它们可以被检验、修订，也可以随着数据和种类的增加不断扩展。数据是经验性的，它们包含从实际标本所能观察到的特征。支序分类分析方法以完全相同的方式处理化石和生物物种。不过，在化石保存不够好的情况下，对化石物种的重视程度不会比生物物种更多，甚至还会更少。化石仅仅代表了额外的物种及新的特征组合，可以增加我们对生物多样性和整个生命树的理解。支序分类分析的真正卓越之处，在于它以统计学意义上非随机的模式将特征与物种完美结合起来。科学的基本工作在于为自然界的强大模式提供自然解释（理论）。进化论[5]为物种和特征数据的一致性提供了唯一的自然（即科学的）解释（例如，没有带乳腺的爬行动物，也没有带椎骨或内耳骨的植物）。通过支序分类分析，我们在自然界中发现的层级顺序是我们对于物种之间进化关系的最佳科学证据。关于支序分类学和系统发育学的内容远远超出我这本关于策展人的书所能涵盖的范围，这一主题已出版海量著作可供参考。[6]

　　学习了支序分类学后，我意识到在明尼苏达州所学知识的两个误区。一个是乔治·盖洛德·辛普森（George Gaylord Simpson）等人提出的假设："化石为进化分类提供最为坚实的依据。"[7]这暗示在进化研究中，化石比生物物种更重要。第二个假设是进化研究的目标应该是确定祖先。一旦我开始熟悉支序分类学，我就意识到这两个假设都是错误的，我开始用更加细致的眼光看待化石，并理解它们的局限性。仅根据物种及其在化石记录中、相对年龄之间的普遍相似性来识别特定的祖先与后代物种谱系，充其量只是推测。化石记录非常不完整，1%的灭绝物种中，只有一小部分形成了化石。[8]这不是说化石在科学研究上不重要。灭绝的物种化石增加了我们对物种多样性的认识，这种多样性经过时间洗礼存留下来，通过提供新物种和新特征组合，拓展了生命的分支图。这个星球上生命的进化模式最终包括所有化石物种和生物物种。但是，破译这种模式的努力既得益于化石物种，也得益于生物物种。

到第一学年末，我已经准备好参加初试。这是一个由四部分组成的测试，主要由短论题目构成。我很快就完成了，并且对自己写的东西信心十足，我觉得自己的答案无可挑剔。一周后，我收到了成绩单，正如罗森所警告的那样，由于我在答题中表现出受到支序分类学的影响，其中有一部分考试没有通过。卷面上没给任何理由，只有一个红色的大大的 ×，否定了我的答案。好在我其他三部分做得很好，足以弥补这一部分的缺憾，最终结果是我通过了考试。这次经历让我知道在一个强大的学术环境中，尤其是在既定传统受到严重挑战的时代，科学争端会发展到什么程度。

初试过后接下来的几年，我对美国自然历史博物馆思想活动的认识与日俱增。它节奏很快，引人入胜，并且思想碰撞激烈。博物馆里的每个人都在证明自己，环境极具竞争性。你的脸皮要厚，不要惧怕挑战或被挑战，这是最前沿的科学实践，就连博物馆里杰出的访问学者都被卷入感情充沛的辩论中。有时，研讨会会变成一个疯狂的论坛，里面充斥着叫喊声，每个人的自我彼此冲突，观念形态水火不容。坐在观众席的科学家们经常在受邀嘉宾演讲过程中发表意见或大声表示反对。哲学家戴维·赫尔（David Hull）在 1988 年出版的《作为过程的科学》（*Science as a Process*）一书中评论道："也许美国博物馆的研讨室并不像华莱士在亚马孙河上游的探索之旅（Wallace's Upper Amazon）那般危险，但大体也是差不多的。"在同一本书中，他将美国博物馆的积极科学讨论称为遵守"纽约行为准则"（New York Rules of Conduct）。纽约准则不以地位和外交为据，而是在抛却形式的前提下，立足明确的逻辑和激烈的辩论。我很快就爱上了这些充满活力的研讨会和其讲求实际、挑战成规的本质。

在纽约的四年学习期间，系统生物学的文化以及该领域内激烈的辩论让我着迷。关于争议的论文发表了数百篇，许多科学会议就系统学方法据理力争，但有些争论也很卑鄙狭隘且高度个人化。美国博物馆的科学家们经常会在发表的科学期刊上相互争论，而不是简单地一边在博物馆大厅里走，一边面对面讨论问题。争论已波及整个大西洋。1980年，位于伦敦的英国自然历史博物馆化石鱼类策展人贝弗利·霍尔斯特德（Beverly Halstead）在国际科学期刊《自然》（Nature）上发表了一篇论文，指责科林·帕特森传播"马克思主义"理论，因为帕特森将支序分类哲学融入博物馆的展览中。在其他论文中，霍尔斯特德指责他"与神创论者乃一丘之貉"，对于帕特森这个忠实的达尔文主义者而言，这个指责确实过于刻薄。几年后，据说帕特森被古脊椎动物学会（Society of Vertebrate Paleontology）提名候选享有盛誉的罗默-辛普森奖章（Romer-Simpson Medal），但因为他持有化石在进化研究中的重要程度具有局限性的观点，遭到了选拔委员会中有影响力成员的否定。尽管如此，帕特森并没有因此退却。他继续反对让科学停滞不前的教条主义观念。在这个问题上，他走在前列，这使他成为许多团体（包括科学家和非科学家）的攻击目标。[9]

加雷思·尼尔森受到的攻击更多，尤其是在20世纪70年代末、80年代初。进化分类的传统学派中有几位当时极具影响力的科学家，其中包括美国自然历史博物馆两位著名前策展人恩斯特·迈尔（Ernst Mayr）和乔治·盖洛德·辛普森。这两人都离开博物馆去哈佛大学任教，从不缺乏影响力。他们俩都是该领域的高产作家，也是标志性人物（迈尔在100岁时还在出版书籍），他们在晚期主要对尼尔森及支序分类学方法进行批判。1981年，辛普森在《自然》杂志上发表了一篇论文用以警告全世界的读者，他认为加雷思·尼尔森和另一个博物馆生物学家是美国博物馆的"小团体"，"他们的观点（支序分类学）既不能代表博物馆整体也不能代表大多数古生物学家的看法"。但到了这个时候，系统学的传统主义者的影响力已经开始减弱。为回应辛普森的信，美国博物馆的22名科研人员在一封持相反观点的信上签了字，这封信也发表了。博物馆的32名生物系统学家中的26名现在是支序分类学家。

支序分类哲学和系统发育学在科学界最终赢得了绝大多数的胜利，曾经的"系统学战争"的激烈程度现在几乎被人们遗忘。今天，我的一些年轻策展同事对此事几乎一无所知。在系统学研究中，支序分类学（今天主要被称为系统发育学）在很大程度上取代了所谓的进化分类学。目睹过争议的核心，见证了哲学上的根本转变，这段经历让我终生难忘，也让我对科学的发展心怀敬畏。媒体都善于宣传科学的重大发现，但往往不擅长记录导致这些重大发现的漫长转变过程。只有亲身经历了这样的转变，才能充分意识到其重要性。

美国自然历史博物馆于我而言是这个世界上最好的地方，在那里，我接受了博士教育。我学到了很多有关科学分析、标本制备及鱼类解剖的知识。或许最重要的是，我直观体会到科学是在动态的斗争中不断前行。我待在那里的第三年末，心中明确了自己想要从事的职业，即在主要的自然历史博物馆中担任研究策展人。

科林·帕特森是伦敦的自然历史博物馆古生物学首席科学官，照片摄于 1985 年，他在伦敦的户外散步。他向在纽约的美国博物馆工作的唐·罗森推荐我，使我继续接受博士教育，从此改变了我的人生。

我从科林·帕特森那里学到的酸转移化石制备方法是古生物研究的一个突破。(上图)这是有1.5亿年历史的索尔恩霍芬弓鳍鱼(*Solnhofenamia elongata*)化石,它在原始石灰石板中,采用粗糙的机械制备方法。(中图)我将同一标本嵌入环氧树脂并轻轻地从另一侧溶解硬质石灰石,在透明的硬质树脂中呈现出具有1.5亿年历史的骨架原始表面。(下图)对弓鳍鱼(*Amia calva*)骨架进行了透明化和双重染色,呈现状态可与化石相比较。

美国自然历史博物馆的鱼类学策展人唐·罗森（右）和我一起参加了1982年美国鱼类学家和爬行动物学家学会的会议。对于博物馆鱼类学部门的员工和研究生来说，唐·罗森是灵魂人物。有关其个人简介的更多信息，请参阅第352页。

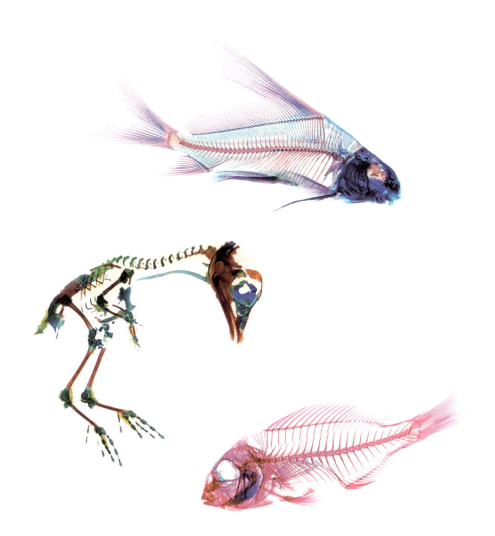

一只小鸡和两条小鱼的骨架经过细致透明化及双重染色。解剖形式的美感是我对比较解剖学产生兴趣的重要原因。我在研究生学习期间，唐·罗森教会我透明化和染色等技术，这些使我成为一名更好的解剖学家。

从传统的演化树到分支图：向科学实证主义迈进一步

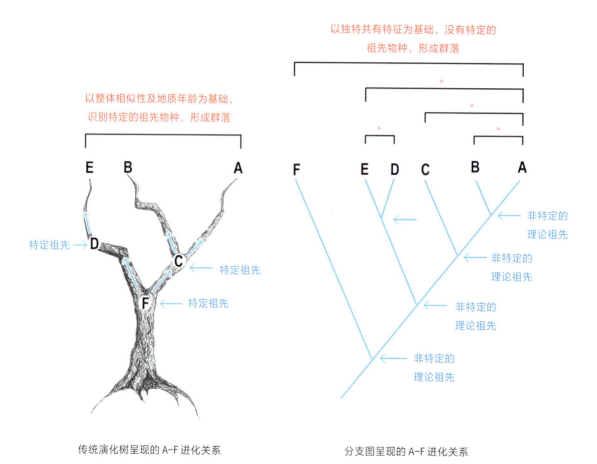

以整体相似性及地质年龄为基础，识别特定的祖先物种，形成群落

以独特共有特征为基础，没有特定的祖先物种，形成群落

特定祖先

特定祖先

特定祖先

非特定的理论祖先

非特定的理论祖先

非特定的理论祖先

非特定的理论祖先

传统演化树呈现的 A-F 进化关系

分支图呈现的 A-F 进化关系

（左图）具有特定祖先物种（F，C 和 D）的传统演化树场景。通过综合化石的整体相似性和相对地质年龄，识别特定的祖先物种。（右图）随着支序分类学的出现，进化研究更加经验化。目标变成以独特共有特征为基础确定假设的关系模式（例如，物种 A 与物种 B 的关系比与物种 C 的关系更紧密），而不是识别特定的祖先－后代的物种谱系（另请参见下一页的分支图）。当前，尤其在化石记录不完整的情况下，没有严格的科学方法来识别特定的祖先物种。

四种远亲物种分支图

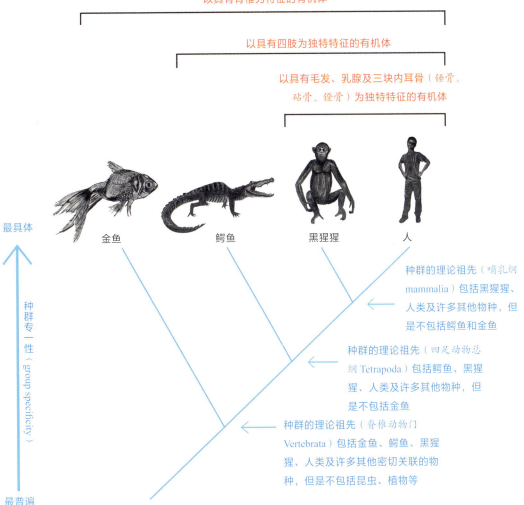

以具有脊椎为特征的有机体

以具有四肢为独特特征的有机体

以具有毛发、乳腺及三块内耳骨（锤骨、砧骨、镫骨）为独特特征的有机体

金鱼　　　鳄鱼　　　黑猩猩　　　人

最具体

种群专一性（group specificity）

最普遍

种群的理论祖先（哺乳纲 mammalia）包括黑猩猩、人类及许多其他物种，但是不包括鳄鱼和金鱼

种群的理论祖先（四足动物总纲 Tetrapoda）包括鳄鱼、黑猩猩、人类及许多其他物种，但是不包括金鱼

种群的理论祖先（脊椎动物门 Vertebrata）包括金鱼、鳄鱼、黑猩猩、人类及许多其他密切关联的物种，但是不包括昆虫、植物等

四种选定的有机物以独特共有特征（红色文本）为基础，建立了支序分类关系模型（蓝色线条及文本）。即使我们只有四种远亲物种（人类、黑猩猩、鳄鱼和金鱼），我们仍然可以基于独特共有特征将它们按相对关系的层级结构分组。随着更多种群（例如物种）和特征被添加至该分支图中，作为物种之间的关系网络，其信息越来越丰富。进化论为物种种群和特征数据的高度一致性提供了唯一的自然（即科学）解释。科学工作就是专注于对自然界中的重复模式进行自然解释。

加雷思·尼尔森（右）是美国自然历史博物馆鱼类学研究的策展人。科学家拉尔斯·布伦丁（Lars Brundin）（左）的研究启发尼尔森引领支序分类的运动。照片摄于1988年斯德哥尔摩。他们是20世纪最具影响力的两位系统生物学家。有关加雷思个人的更多信息，请参阅第351页。

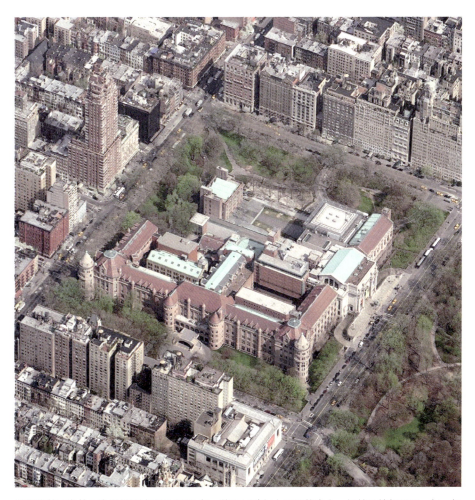

纽约的美国自然历史博物馆成立于1869年，位于曼哈顿上西区的中心，场地环境如公园一般。如今，该博物馆由27个相互连接的建筑物组成建筑群，总建筑面积约为160万平方英尺（1平方英尺约等于0.0929平方米）。我在那里攻读博士的四年时光让我更多地了解了博物馆策展人的生活。

第二章 博士找工作的奇遇：开启策展人的职业生涯

芝加哥的菲尔德自然历史博物馆位于密歇根湖南岸，在那里我开始了策展生涯。该博物馆成立于1893年（于1894年对公众开放），位于现在位置往南6英里（1英里约等于1.6093千米）的地方，1921年迁至现在的馆址。

1982 年春天，我在伊利诺伊州（Illinois）迪卡尔布（DeKalb）参加学术会议，戴维·巴达克（David Bardack）提醒我注意芝加哥的菲尔德博物馆正在招募策展人。戴维是芝加哥伊利诺伊州大学的生物系教授，也是这个博物馆的研究员。我们因对鱼化石共同的研究兴趣而彼此相识（鱼化石的世界让我们紧密相连）。他告诉我，菲尔德博物馆多年来一直在寻找研究鱼化石的策展人，尽管他们面试了一些申请人，但一直没有找到合适的人选。当前招聘信息指定招募无脊椎动物古生物学家，但戴维认为，如果合适的鱼类古生物学家申请这个职位，肯定能有出色的表现。虽然我离完成纽约博士学位论文还有一年时间，但是我觉得申请这份工作不会有任何损失。事实上，这是一个难得的机会。毕竟能有多少个古鱼类学（鱼化石）的策展工作呢？于是，我提交了申请。

几周后，我收到了约翰·博尔特（John Bolt）的来信，他是菲尔德博物馆地质学部门负责人，也是两栖动物和爬行动物化石策展人。他邀请我去芝加哥面试。罗森和尼尔森为他们又一位博士生可能找到工作而感到高兴。我那些博物馆研究生同学为鱼类学毕业生找工作的竞争压力可能减少一点也觉得开心。我也欣喜若狂，因为我可能就此步入从事研究工作的正轨，而不需要再去花费一两年的时间从事博士后科研工作。我并不期待博士后阶段的学术工作，那是一种无根的状态，博士后研究人员往往被称作吉卜赛式的流浪学者。我于 1982 年 7 月抵达芝加哥，为申请助理策展人职位准备好两次公开演讲，并经历两天的一对一面试。这是我第一次参加专业学术工作的面试，所以在飞往芝加哥的途中我有点紧张。但当飞机降落在奥黑尔（O'Hare），回到中西部，我内心本能体会到的感觉使我放松下来。

在我第一天面试的早晨，我从酒店打车，早上 9 点左右到达博物馆。菲尔德博物馆在密歇根湖阳光明媚的湖岸线上，景色美不胜收。那天，微风轻拂湖面，这个人口稠密的城市地区空气无比清新。与曼哈顿中城相比，这是一个很大的变化。我在办公室见到了约翰·博尔特。他生性风趣幽默，为人热情，很快就营造了友好的社交氛围。博尔特是第三代中西部人，在芝加哥大学完成博士课程，该大学距离博物馆仅几英里路程。毕业后，他在伊利诺伊大学当了四年解剖学助理教授，1972 年受聘在菲尔德博物馆担任两栖动物和爬行动物化石研究的助理策展人。通过面试时他所做的相关介绍，我能看出他热爱博物馆的策展工作，而且他对地质学部门的古生物学前景具有远见卓识。

上午 10 点，我给博物馆的四个科学部门（地质学、植物学、人类学和动物学）就我所做的研究进行演讲报告。演讲有 45 分钟，之后有 15 分钟的问答环节。貌似一切进展得很顺利，可我的内心却隐隐不安，因为观众都如此安静和克制。我在美国自然历史博物馆多年演讲或参加演讲的经历，已让我习惯了充满挑战性的观众。在纽约，如果没有一个人在你的讲话中挑战你，或者没有对你结论中的话表示异议，往往可以断定大家没在认真听你说。你能从观众脸上的表情读出他们对你充满智慧话语的感受。但在芝加哥却不同。观众的表情更加克制，难以读懂。有两个人对我的演讲提出了一些极具挑战性的问题，但他们都是等演讲问答流程结束后，私下悄悄地提出的。这一不同的学术习惯我得适应一下。

这一天接下来的时间里，我参加了策展人的系列面试。藏品部门负责人给我看了鱼化石的藏品，在当时就有超过 1.5 万件标本，非常壮观，这极大补充了位于一楼的动物学藏品中 150 万条用酒精保存的鱼类收藏。之后，我见到了化石标本制备人员。菲尔德博物馆的制备人员是业内真正的艺术家。他们将裹在岩石中的化石骨架展示出来，出色地完成这项工作。他们需要在显微镜下，使用针头锋利的工具一周持续工作 35

小时，甚至更长时间，这样才能将最细小、最脆弱的骨头无损地展示出来。我已经开始想象，如果我获得这份工作，我该如何将他们高超的技能与我在伦敦和纽约学到的制酸技术结合起来。这是任何一个想要以标本为基础进行化石研究的人所梦寐以求的工作。

菲尔德博物馆的另一个吸引人之处在于，同美国博物馆一样，菲尔德博物馆研究部是其核心的学术机构。菲尔德博物馆与三所当地大学有正式的合作项目，即芝加哥大学、伊利诺伊大学芝加哥分校以及西北大学。合作项目包括招收数十个研究生到博物馆的各办公室工作，策展人在博物馆或大学校园教授大学课程，策展人担任学生的导师和研究生指导顾问的角色。我将参与的主要博士项目是与芝加哥大学进化生物学委员会（University of Chicago's Committee on Evolutionary Biology，简称 CEB）合作的。该项目于 1968 年成立，菲尔德博物馆是项目发起者之一，享有国际盛誉。策展人本质上是学者，其教育培训水平与大学教授完全相同。我在纽约懂得了一个道理，研究生是活跃的研究机构的命脉，这一观念后来在芝加哥得到进一步证实。他们促使新思想不断注入科学研究项目中，为推进项目的发展带来新的活力，并使博物馆策展人与学术界紧密联系。

在菲尔德博物馆担任策展人的另一个主要好处是有获得终身任职的机会，有时称之为"职业地位"。菲尔德博物馆的策展人职位类似美国自然历史博物馆的策展人制度，以及主要大学的教授职称制度，即都采用终身任职制。[1] 终身任职制有利于保护学术自由、鼓励创新，终身任职制也是一项吸引最优秀的科学家到一个机构工作的福利。如果现代终身任职制得到有效运行，并有策略地予以适用，它是给新聘研究员作出职业承诺之前，对他们进行测评的有效方法，它包括严格的五年试用期。到了第六年，作为一家主要的研究型博物馆的助理策展人（或是典型大学的助理教授）如果没有表现出相当高的能力水平并通过漫长而全面的审查，他就会被解雇，没有回旋余地。在我来芝加哥面试前的四年中，地质学部门的两位助理策展人因未能通过终身任职审查程序而被辞退。但如果取得了终身任职的资格，科学家就可以从事长期的项目，也许多年后才能出成果，但最终会产生相应的影响力。这也可以激励年轻科学家挑战老一辈资历较深的科学家，因为在某些别的情况下，他们可能墨守成规，拒绝改变。终身任职制的总体效果是为了促进学术进步。

1982年，我还无须为终身任职审查带来的挑战而奋斗。那时，我的当务之急是被录用，获取机会证明自己。在第二天面试结束之际，我筋疲力尽，但又因自我感觉良好而内心振奋不已。第二天早上我回到纽约。招聘委员会成员似乎对我已经成功出版了一本书而印象深刻，该出版物以我的硕士论文为基础，并已再版。他们也了解到我在怀俄明州发现了一个成果颇丰的考察之地。

几天后，我接到约翰·博尔特的电话，考虑我刚博士毕业，他给的薪水不高。我毫不犹豫地答应了："可以！"博尔特笑了起来，然后，他问："好吧，难道你不想再谈一下薪水吗？我的意思是，或许我每年可以额外再给你500美元，另加一些额外的启动资金。"我回答道："哦，好的，听上去太棒了！"关于谈判的精湛技巧（自此以后我提高了的技巧），我还有很多地方有待学习。尽管如此，所有这些都是好消息。对我而言，这份工作位置合适，工作本身也很完美。

我从1983年9月下旬开始在菲尔德博物馆工作，多亏约翰·博尔特，菲尔德博物馆地质学部门的策展人员处于重要的转型时期，那时正是转型初期。[2]他正在创建世界一流的古生物学系并决定聘请一批科学家，他们将成为各自学科的带头人。1981年，该部门已超越了传统的大学型地质学部门，它拥有专门从事矿物学、岩石学和沉积学的策展人。但是，在博尔特的领导下，该部门重新将重点放在其最大的收藏实力上：化石收藏。博尔特还扩大了部门招聘人员来源的地理范围。1981年，该部门半数策展人（包括博尔特本人）是芝加哥大学的博士毕业生。尽管芝加哥大学是一所顶尖的研究生毕业院所，但任何机构如果由太多同一院校的毕业生组成，可能存在功能上的"近亲繁殖"风险，缺乏独创性。在博尔特的领导下，接下来的八年，策展人招聘范围更加国际化，所获得的教育学位来自世界各地。1982年，彼得·克兰（Peter Crane）[3]（英国雷丁大学博士）被聘为植物化石的策展人。1983年，我（纽约城市大学博士）被聘为鱼类化石的策展人。1984年，斯科特·利德加德（Scott Lidgard）[4]（马里兰州约翰·霍普金斯大学博士）被聘为无脊椎动物化石的策展人。1988年，约翰·弗林（John Flynn）[5]（纽约哥伦比亚大学博士）被聘为哺乳动物化石的策展人。1990年，奥利维耶·里佩尔（Olivier Rieppel）[6]（瑞士巴塞尔大学博士）被聘为爬行动物和两栖动物化石的策展人。我们被录用时，博物馆对我们的主要期望很明确：成为科研成果丰硕的科学家。我们负责进行新的科学发现、成功撰写资助申请书、发表重要出版物、培训博士或博士后，以推动培养下一代进化生物学家。从上一代部门策展人那里接手伊始，我们就是为专业而组建的团队。时值美国策展科学的黄金时代，也是菲尔德博物馆的黄金时期，我们五个人组成了一个相互协作的团体。[7] 随着时间的推移，我们共同的经历不断发展了彼此的友情和兄弟般情谊，即使我们中的一些人后来各奔东西、去了其他单位，这段友谊依然完好无损。

芝加哥地区成了我永远的家，我在菲尔德博物馆开始了漫长而有意义的策展生涯。我对中西部的喜爱、博物馆里的大学氛围以及新机遇带给我的狂喜，这些都激起我内心最深处的热爱。像芝加哥的其他策展人一样，我对基于馆藏的研究、写作和教学充满热情，在这里，这些活动蓬勃开展。另外，有一点有助于我获得芝加哥的这份工作，即在世界上最盛产化石的地方之一，有一个完善的野外考察项目。在我面试这份工作时这被证明是一个加分强项，它也是我整个职业生涯中一项持续不变的资产。野外工作是策展人进行科学发现、增加博物馆馆藏的最重要方式之一，它使我开启了作为科学家的职业生涯又一篇章：去野外实地考察。早在我获得芝加哥的工作之前，甚至更早时候，在我去纽约之前，在我还是明尼苏达大学地质系学生时，这一旅程就开始了。

1994 年担任菲尔德博物馆地质学部门的策展人。从左到右：兰斯·格兰德、约翰·弗林、奥利维耶·里佩尔、彼得·克兰、约翰·博尔特、斯科特·利德加德和马修·尼西基（Matthew Nitecki）。图片摄于 1994 年 5 月 4 日菲尔德博物馆"时间流逝中的生命"（*Life Over Time*）展览。

（上图）彼得·克兰，1982 年至 1999 年在菲尔德博物馆担任古植物学策展人，摄于 1995 年，他站在我和美国众议院前议长纽特·金里奇（Newt Gingrich）之间。

（左下图）2004 年，彼得陪同英国女王伊丽莎白二世参观邱园（Kew Gardens）。

（右下图）彼得与妻子埃莉诺（Elinor）在日本东京。2014 年，彼得在那里接受了日本天皇和皇后颁发的国际生物奖。

罗家族（Rowe Family）进化生物学的策展人奥利维耶·里佩尔（左）与希伯来大学的古生物学家埃坦·切尔诺夫（Eitan Tchernov）。他们拿着酸转移制备的圣域哈斯蛇（*Haasiophis terrasanctus*）标本，圣域哈斯蛇是来自中东的9300万年前的有肢蛇。奥利维耶在其职业生涯中研究过一些诸如此类的过渡形式（即具有过渡特征组合的物种）。

（左上图）无脊椎动物古生物学策展人斯科特·利德加德。

（右上图）约翰·弗林（左），1988 年至 2004 年在菲尔德博物馆担任哺乳动物化石策展人期间在智利（Chile）里奥·拉斯莱尼亚斯（Río Las Leñas）山脉考察。

（左下图）两栖动物和爬行动物的策展人约翰·博尔特，他在艾奥瓦州的三角洲发现了一个拥有 3.4 亿年历史的德尔塔霍特奇尔螈（Watcheeria deltae）头骨。它是已知最早的陆地脊椎动物之一。

（右下图）马修·尼西基，1965 年至 1996 年担任无脊椎动物古生物学策展人。

第三章

挑战高海拔缺氧环境：
怀俄明州的野外考察

我在怀俄明州的高山沙漠中找到了自己的第一个也是最成功的野外考察点，现在我已经在这里工作了40多年。

1975 年 9 月初，在转到明尼苏达大学的地质学专业一年后，我第一次踏上旅程，探寻朋友汉斯所给鱼化石的来源地。小小的奈氏鱼标本改变了我职业生涯的方向，这一标本来自怀俄明州西南部高山沙漠地区，距离凯默勒（Kemmerer）小镇约 12 英里。在那里，大约海拔 7000 英尺（1 英尺约等于 0.3048 米）处的石灰岩层，是被称为格林里弗组的化石山段（Fossil Butte Member，以下简称 FBM）中的一层。这里封存了现已灭绝的 5200 万年前的动植物物种群落，它们像是被瞬时冻结。完好保存下来的数十亿化石开启了一扇非比寻常的窗口，从那里可以窥见地球遥远的过去。我仍清楚地记得首次进行此次旅行时的期待与激动心情。

　　我是和朋友汉斯、他的姐夫里克·杰克逊（Rick Jackson）一起去的，他们俩在前一年去过那里，很乐于分享其见闻和经历。我们在凯默勒郊区哈姆斯福克河（Hams Fork River）河畔的露营地或拖车公园搭建帐篷睡觉。一年中这个时节里，虽然白天温度通常在 70°F（°F 为华氏度，1 华氏度约等于 -17.22 摄氏度）或 80°F，但高山沙漠区的夜晚寒冷至冰点。第一个晚上，睡眠成为一项挑战，因为得适应海拔 7000 英尺的缺氧环境，而且出人意料的冷（温度降至 17°F！）。由于我们搭帐篷的地点紧挨着铁路货场，整晚都会听到柴油发动机空转的声音，睡眠倍受干扰。大型拉煤火车轰隆隆驶过时，地面就会像小地震一样周期性震动。不过，营地至少有饮用水、洗手间甚至还有洗衣机可以洗衣服。我们有州外钓鱼许可证，可以在哈姆斯福克河钓到新鲜的虹鳟鱼当晚餐。遇上下大雨，路面陡峭泥泞，没法开车去化石采石场，只需几分钟的路程就可以去小镇吃午饭、补给所需物资、消磨时间。

　　我们在露营地度过了一个寒冷的夜晚，第二天，在凯默勒的第一个早晨，汉斯、里克和我去参观了当时最著名的商业化石采石场之一——乌尔里希采石场（Ulrich quarry）。FBM 的化石开采已经商业开发了 150 多年。这些遗址出土的绝大多数化石来自商业收藏者。这些化石进行良好的制备后，它们的美得以展现，能满足严肃的化石收藏者的需要，它们作为艺术品也可满足自然艺术品经销商及室内装饰者的需求。甚至有些公司用 FBM 石板制作高档台面和壁炉，这种石板往往含有常见的鱼类。到 2014 年，至少有十家不同的商业企业在 FBM 开采化石。这里的化石储备范围广泛，占地面积数百平方英里（1 平方英里等于 2.59 平方千米）。这意味着这个化石区域开发实际是无限的，因为一个 8 英尺 × 10 英尺，仅 18 英寸（1 英寸等于 2.54 厘米）厚的区域就需要 20 人花费一个月甚至更长时间合理挖掘。就算有稳定的商业开发，这里足够丰富的化石矿藏也可以持续开发几个世纪，甚至上千年。

卡尔·乌尔里希（Carl Ulrich）、他的妻子雪莉（Shirley）和他们的儿子沃利（Wally）都是 FBM 众多商业化石挖掘者中的成员之一，这里的开采历史可追溯至 19 世纪末期。卡尔展示了他发掘化石用到的技术，他允许我们在他的采石场进行挖掘。我们不能带走所发掘的化石，除非我们愿意购买它们。但我将整个过程视为一种学习体验。我可以观察乌尔里希家族如何挖掘化石，学习他们过去几十年的经验。卡尔获得了国有土地上挖掘化石的商业许可。在当时，办理这个许可证几乎无需任何费用。许可证的限制条件是他可以保留六种最常见的鱼类化石、植物化石和昆虫化石，但要求他将所有其他化石（所谓的"稀有脊椎动物物种"）移交给怀俄明州大学或位于拉勒米（Laramie）的怀俄明州地质调查局（Wyoming State Geological Survey）。从理论上讲，这项政策尽管基于严格的诚信制度，但也让各方（采石场和国家）都受益。我们在乌尔里希采石场工作了几天，发现了几百块化石。我们只得到一些化石碎片，还可以留存几件最常见物种——奈氏鱼的完好标本。我们发现的其他化石如果想买也可以买。抬起岩石板，看到那些 5200 万年后重见天日的动植物化石，这让我非常兴奋，也增强了我对古生物学日益浓厚的兴趣。在世界上化石产量最高的遗址之一挖掘化石，这种乐趣无与伦比。

首次旅行后，我每年都会回到怀俄明州做更多的野外工作。对FBM的化石产地了解得越多，我就越知道自己原来对它知之甚少，也愈加清楚这个产地所蕴藏的潜能。对我而言，它不仅仅是一个化石产地，我将其视作一个完整的生态系统，其独特的生物多样性记录了地球深处复杂的过往历史。它仍有很大的探索空间，我需要长期投入其中来破解FBM所提供的历史信息。早些年，对我来说主要的挑战是，我得为在乌尔里希采石场收集的大部分化石支付费用。我每年花费数百美元购买自己发掘的普通化石，稀有品种的化石我买不起。我把这些碎石带回明尼阿波利斯，自己在显微镜下用针进行制备。参加地质学课程后的第二年，我在斯隆的古脊椎动物生物学课上用在怀俄明州发掘、购买和制备的化石作了演讲。我开始意识到基于标本进行研究是我喜欢从事的职业。但是第三年去怀俄明州，我明白作为一个穷学生，继续购买在采石场发现的化石已不太可能，因为实在囊中羞涩。我需要通过其他途径来继续充实研究藏品。于是，我有了一个主意。

我在乌尔里希采石场工作中学到，18英寸厚的原始化石层几乎完全是呈水平分布的，它一般位于海拔约7000英尺处。5200万年来，通常地球的变形不会明显向FBM倾斜。于是，我在地形图上搜索了附近海拔7000英尺的地带，认为这些地方应该也有化石层。然后，我在显示土地所有权的土地使用地图上，将潜在的化石遗址地相应标出。我发现了许多潜在的新遗址，我搜索了要在这些地方工作需要沟通的个人或机构名称。作为一名学生，我并不想开办商业采石场，也没钱租用推土机和设备。所幸的是，里克·杰克逊能做到。多年来，他一直梦想着拥有自己的采石场，但苦于找不到遗址。于是，我和他达成协议。我会告诉他我知道盛产化石的位置，他负责申请国家许可证、支付许可费，并支付推土机的费用以拆除20英尺高的覆岩。他开办采石场期间，我有权在采石场开挖，并可以保留一半我发掘的化石。他也会将貌似具有特殊科学价值的化石交给我，这对我来说意义非凡，从此，我不再需要购买自己发现的化石，包括那些我无力从乌尔里希家族那儿购买的罕见物种化石。

1978 年，我们在国有土地上开设了采石场。我们将帐篷从凯默勒的露营地搬到采石场正上方的小山顶。如我所料，这个采石场产量非常高。里克遵守诺言，他很尊重同我的约定，从不食言。我开始收集各种化石，包括鱼类、昆虫、蜗牛和植物。里克天生好脾气，他喜欢化石，热爱家庭，喜欢喝廉价的中西部啤酒。他在家中设有化石制备实验室，这让他妻子很沮丧，因为制备化石会弄得周遭尘土飞扬。在怀俄明州，里克喜欢凝视夜空，坐在篝火旁喝咖啡、抽烟。他对咖啡因极度上瘾，每天喝四壶咖啡，外加六罐或两瓶可乐。他声称如果不把晚上的咖啡全部喝完，就无法入睡。我不确定什么因素对他更不利：摄入的全部咖啡因、他每天要抽的两包烟，还是这些年他在没有通风的情况下制备化石时吸入的所有灰尘。这些习惯中的一些或全部最终导致他于 2001 年早逝，享年 58 岁。我很乐意在这里聊聊里克，因为他在我的职业发展中发挥了重要作用，我不希望他在我对 FBM 最初工作经历的介绍中被遗忘。

里克在 FBM 开设采石场仅维持了几年。到 20 世纪 80 年代初期，他开始面临充满挑战的文化环境。那时，化石盆地（Fossil Basin）的商业采石场之间竞争残酷。一些较老的采石场采挖者憎恨里克这样来自外州的后起之秀，认为他们降低了化石的价格，将之前稳固下来的市场价值降低。他们把他当作威胁生计的竞争对手。一些人匿名给怀俄明州官员递送虚假报告，说里克滥用许可站点，甚至还有竞争对手威胁他的生命。后来，有偷盗者破坏采石场，还盗走了化石，于是，我们去镇上置备物资时，不得不留人看守采石场。每年夏天，里克从他位于明尼苏达州的家来到怀俄明州采石场。问题是他每年仅有几个星期待在那儿。只要他回明尼苏达州，破坏采石场的行为就会出现，而他鞭长莫及。公职人员终于觉得不能接受这个糟糕的局面，于是怀俄明州在1982年撤销了他的许可证。

到1983年，带着建立世界上最好的FBM藏品系统的愿景，我开始在芝加哥从事策展工作。里克·杰克逊的采石场许可证被撤销对我来说是一个挫折，但我并不因此畏惧。随着时间的推移，我对FBM的兴趣只增不减。我可以随时从怀俄明州获得科学许可，但在20世纪80年代，怀俄明州对商业采挖者给予的政策优惠远比科研采挖者的慷慨。在当时，怀俄明州的商业许可成本几乎为零，采挖者获得化石的所有权，而怀俄明州的科学许可只允许将化石长期借给怀俄明州的科研机构。与商业采石场合作是我最好的选择，但是，根据与里克共事的经验，我意识到我需要与怀俄明州的当地居民合作，他们能够常年照看好采石场。

我仍保有FBM潜在化石区域的地图，其中一些区域在私人地产上，我认为这比单独建立一个国有采石场要容易得多。基于地图显示及初步探索，怀俄明州化石区的刘易斯家族（Lewis family）拥有的私人农场似乎是理想的开采之地。因此，我组建了一个新的合作团体，成员有我、土地所有者及名叫吉姆·E.廷斯基（Jim E.Tynsky）的怀俄明州第三代商业化石开采者。我会告知廷斯基最有前景的采石场地点，在它开发初期，我将担任顾问。廷斯基向刘易斯支付五英亩（1英亩约等于4046.8564平方米）采石场的租赁费用，提供所有推土作业，并保证采石场全年运转。对所有参与其中的人来说，这就是一场赌博，因为最初的投资成本很高，租赁费用也很多，而且不能保证那里18英寸的高含量化石层可以开采。但如果成功了，我会获得终身开采特权——至少在廷斯基持有租约期间，每年，我将团队发现的一半化石留给博物馆。我会选择对科研收藏最有用的藏品，博物馆对其拥有明晰的所有权。

1983年夏天，我们铲平20英尺的覆岩，直至我预测会发现富含化石18英寸岩石层的区域。从生物学角度看，我们赢了赌注。到1984年，显然，我们发现了FBM中拥有最丰富的化石遗址之一，我迄今仍在这个遗址工作。在过去的 31 年中，每年夏天有两三个星期，我会带上由 12 至 20 名菲尔德博物馆的工作人员、学生和志愿者组成的考古队来这里工作。在这里，我们已经挖掘了成千上万件保存完好的精美化石，供博物馆收藏，发现了数十种新物种，以独特的方式生动展现了地球深刻的过往。尽管在过去的几十年，我可以随时在州或联邦土地上获得科学许可，但对于通过这些挖掘许可的标本，博物馆无法获得明晰的所有权。自从进入菲尔德博物馆，我需要管理已超过 2 万种鱼化石的藏品，我不希望将从其他机构或州政府借来的标本分类至该藏品时增添额外麻烦。因此，与私人采石场合作仍是最实际的方法。

开发野外考察地就像生活中许多其他重要的事情一样，你会随着时间的推移逐步构建它。一开始，我的目标是对 FBM 地区进行初步探索，但是几年下来，我们逐渐认识到这个拥有 5200 万年历史的地区体现了复杂的生物多样性。我很快意识到，为获得足够的样本量进行研究，我需要与人、地方和组织建立起复杂的个人关系网。于是，我逐渐建立了一个程序化联盟，成员有 FBM 土地所有者、采石场采挖者、化石收藏家、商业化石交易商、当地大学老师、博物馆策展人、国家公园管理局员工以及怀俄明州的公职人员。最终，我建立起商业化石收藏者和业余化石收藏者构成的大型网络，一旦某个 FBM 采石场发掘出新的或不同寻常的东西，他们就会通知我。我大力倡导古生物学的公众科学（citizen-science）方法。这种方法以大众来源为基础，进行资源收集，它利用了大量业余爱好者和非科学家的努力。对我而言，这就等同拥有数百名全职野外工作人员每年在采石场开采六个月。这也是一个让公众参与科学过程的好方法，有助于大家更好地意识到科学的重要性。这种方法并不是每个古生物学地区都能奏效（例如在储备非常有限的地区），但是，FBM 的地理范围广泛，资源极其丰富，很难找到其他行之有效的方法去探索它。我在芝加哥也请了一批忠实的志愿者，他们帮助进行化石制备，协助对标本进行分类。今天我的许多做法与在 FBM 时的运作有千丝万缕的联系，这有时让我惊讶。

这些年来，我见过 FBM 区域内在十来个活跃的商业化石采石场工作的大多数人。这些采石场每年从积雪融化的 5 月下旬开始开采化石直至 10 月的第一场大雪。每个采石场有两到十几名工人不等，还有一些志趣相投的志愿者，在 FBM 每年有数百人花费五个月，甚至更长时间开采化石。在我对 FBM 过去生物多样性的研究中，公众科学这一概念显得尤为实用。我的队员从 12 人到 20 人不等，每年工作 2 周（其中休息 2 天），每年挖掘化石的天数总计在 120 到 200 个工作日之间，而商业采石场每年总计超过 2 万个工作日。这些采石场中有不少在不断寻找我请他们留意的不寻常的标本，他们发现这些化石时会通知我。这个庞大的网络让我以前所未有的眼光看待 FBM 内部的多种组合。在这样的地方，由于许多物种很稀缺，大量的化石样本至关重要。例如，狗鱼目（Esociformes）标本的出现率较低，不超过鱼类标本的一百万分之一。如果我同我的博物馆工作人员在接下来的十个世纪中，每年夏天都在工作，我们也别想从 FBM 中取到 100 万条这类鱼标本。过去的 150 年间，所发掘的 FBM 化石中超过 99％的部分是从商业采石场和业余化石采石场开采出来的。

在重要的古生物学遗址应实行商业收集还是科学收集化石这是一个敏感问题。关于这个问题极端的看法是，一些人认为商业采挖化石应该对所有土地、公众及私人放开，另一些人认为应该禁止化石商业化，因为那是对科学的威胁。实际上，对于每一个化石产地应当具体问题具体分析。一些遗址需得到保护，比如联邦土地上仅有少量重要化石存量的遗址；另一些遗址，比如 FBM，没有业余爱好者的帮助及可靠的商业利益驱动，是不可能为科学研究充分采集到样品的。光凭博物馆及大学的力量，永远无法充分利用这些遗址的资源。甚至有一天，需要借助业余爱好者的力量和商业挖掘进行抢救性作业。采矿利益关系者曾提出要在 FBM 一些化石矿床下露天开采富含石油的岩石来生产石油。要以盈利为目的，就需要破坏性地移除包含FBM18英寸层的覆岩。

商业化石收藏者和专业古生物学家彼此之间并非总是如此意见相左。最早一批FBM化石的商业采挖者可追溯至19世纪70年代。而今，他们以"帕普·惠勒"（Pap Wheeler）、"炉管史密斯"（Stove-pipe Smith）和"独腿克雷格"（Pegleg Craig）等五花八门的名字而闻名。这些顽强的人过着艰辛的生活，没有电锯、拖拉机或卡车，他们以采挖化石谋生。有些人如独腿克雷格（他只有一只脚）艰难地推着满载工具和化石的独轮车在陡坡上上下下，有些人最终因在野外受伤而死去。他们是行业先驱，将化石卖给了东边的博物馆，如耶鲁大学皮博迪博物馆（Yale Peabody Museum）、美国自然历史博物馆和史密森学会（Smithsonian）。[1]的确，一些商业采挖的标本具有独特的重要性，有时会落到私人手中，但大多数最终进入博物馆。实际结果表明，博物馆在商业收藏的帮助下所获得的独特的标本比没有借助他们的力量获得的标本要多。关于商业采石场另一个常见抱怨是，有些采石场没有为他们收集的化石充分记录位置数据。对于采自FBM的材料不必担心这个问题，因为它来自相对狭窄、易于识别的地层（即包含化石的岩石具有来源地的特征）。我通过检查岩石或知道标本的采挖者，几乎就能判定这一标本的最初出土之地。多年来，我同FBM的商业采挖者及业余收藏者的合作对我的工作帮助很大。我所积累和研究的化石多种多样，它们呈现了5200万年生态系统不同寻常的复杂图景。尽管在过去的一个半世纪中已经发现了数百万种化石，但每年我仍能看到FBM新的动植物物种的化石不断被发现。

FBM化石组合展现了地球历史的重要章节。这是6500万年前白垩纪大灭绝事件发生后，北美地区早期生命复苏情况的最好记录。这场灾难性事件是由小行星对尤卡坦半岛（Yucatán Peninsula）海岸大规模的撞击造成，地球上多达75%的生物物种因此消失。它导致恐龙（鸟类除外）、海洋爬行动物（沧龙和蛇颈龙）、飞行爬行动物（翼龙）、菊石以及许多其他动植物种类灭绝，但是地球仍在继续进化。大规模物种灭绝为显花植物、花粉媒虫、哺乳动物、鸟类和其他群体多样化的进化扫清了道路。FBM 生动地记录了小行星造成损失后的约 1300 万年间，世界的生物圈如何重塑自身。所有的 FBM 物种都已经灭绝了几百万年，但其中许多物种是科和目的早期代表，随着时间的推移而逐渐多样化，直到今天的蓬勃发展。

FBM 化石保存得非常好，骨骼完整，包括鳞片、羽毛、皮肤印记甚至有时是彩色图案。数百种灭绝的动植物物种，小到微小的花粉和昆虫，大到 12 英尺的棕榈叶和鳄鱼，都被保存在一起，它们作为一个拥有 5200 万年历史的亚热带社群整体凝固在了石头中。FBM 包含的不仅仅是灭绝物种的孤例。这里有大多数鱼类的整个生长系列，有盘绕在卵中的标本，也有大型成年鱼类的标本。有些物种甚至显示了繁殖和出生的阶段，尤其是在星鳞缸（Asterotrygon maloneyi）中很明显。这是稀有物种，截至 2013 年，已知只有 40 个标本，有一个厚板显示雌雄标本处于交配位置（是的，化石记录中的性！）。另一个标本显示怀孕的雌性，其内部可见胚胎，另一块厚板显示，雌性鱼在分娩后不久被保存下来，旁边有两条鱼宝宝化石。我怀疑这个物种通常生活在连接的支流中，它们游到化石湖（Fossil Lake）进行繁殖。我们同样可以进行化石湖社区其他行为研究及生态研究。厚板上保存了整个集群，清晰地记录了鱼的集群行为。保存完好的胃、嘴里的内容物及变成化石的排泄物揭示了许多物种的日常饮食。带有昆虫咀嚼痕迹的叶子以及给叶子留下咀嚼痕迹的昆虫被保存下来。在 FBM 生物体中，甚至还有关于疾病和伤害的化石记录。解剖学以及生长、行为和病理学的详细记录都使这种组合更加生动有趣，我们可以像研究互动的活跃社区那样对其进行研究。我的另一本书《化石湖的失落世界》（The Lost World of Fossil Lake）详细说明并讨论了化石的多样性，这本书于 2013 年出版。

FBM 的很大一部分在 1972 年被确立为国家保护区（National

Monument），该遗址被定为一项国家遗产。20 世纪 80 年代后期，国家公园管理局让我帮助开发一个新博物馆，并将其作为保护区的一部分。20 世纪 70 年代初期成立保护区，最初建造的房子是改装后的单人房拖车，家具很少，屋顶漏雨。公园管理局已认识到 FBM 的重要性，应对游客中心进行全面升级。国会同意，为此批准了一项数百万美元的提案。接下来的两年里，在业余时间，我作为承包商与西弗吉尼亚州（West Virginia）哈珀斯·费里（Harpers Ferry）的公园管理局解释设计中心（Park Service's Interpretive Design Center）合作，并与加利福尼亚的洛马·琳达大学（Loma Linda University）的沉积学家保罗·布赫海姆（Paul Buchheim）一起工作，为保护区建立一个标杆性的古生物学博物馆。这包括为展览案例设计布局，与壁画艺术家合作重建 FBM 场景，从当地采挖者购买化石进行展览，为菲尔德博物馆大型标本制作一些铸模展出，并制作解说视频每天在保护区展示。该项目历时两年，1990 年新楼对外开放。这是一幢设计精美、具有环保理念的建筑，坐落在山谷中，被包含 FBM 区域的山丘所环绕，从那以后，它成为怀俄明州西南部的亮点。这些为我的 FBM 项目所构建的网络体系带来了另一个实体：国家公园管理局（简称 NPS）不断增加的古生物学工作人员。多年来，NPS 已派出许多公园实习生和员工与我的野外工作人员一起在刘易斯农场采石场工作。他们还与当地采挖者一起合作，以便每年将一些重要新发现并入保护区或菲尔德博物馆的藏品。NPS 古生物学家阿尔维德·奥瑟（Arvid Aase）在维系商业采石场、菲尔德博物馆及国家公园管理局之间关系方面做得非常出色。在芝加哥的策展生涯中，我有很多不同的研究项目和出版物，侧重于生物学、地质学甚至哲学的主题。但这些项目与化石山段化石有着千丝万缕的联系，我最早也是因为此地而在古生物学领域名声大噪。在过去的 33 年里，我在 FBM 的野外工作极大地扩充了菲尔德博物馆收藏的 FBM 化石，到目前为止，与别的博物馆相比，它规模最大、种类最多。它包括数千个会被永久保存的标本，以供全世界的科学家研究。2006年，我用其中一百多件藏品设计了菲尔德博物馆常设展——"进化星球"（*Evolving Planet*）的画廊，每年有超过一百万的观众来参观。2013年，我的著作《化石湖的失落世界》成为地球科学的畅销书，获得PROSE奖（专业和学术卓越奖）。总之，FBM让我收获颇丰。

在过去的13年中，我还在芝加哥大学格雷厄姆学院（University of Chicago Graham School）讲授野外古生物学课程，名为"石头和骨头"，主旨是把为研究所做的古生物学发掘与对积极进取的学生进行教育培训相结合。这是针对世界各地高中生的高级预科暑期课程，选了这门课，可以从芝加哥大学获得八个学分。这些学生是我曾教过的最聪明、最富有热情的人，也是出色的野外工作者。这门课程野外工作部分接近尾声时，我发给每个学生一个属于他们自己的奈氏鱼标本，这些标本都是他们自己在采石场发掘的。这个物种是FBM中最常见的鱼化石，也正是很久以前我的老朋友汉斯送给我的那种鱼化石，它促使我在大学从商学院转到科学领域。也许这小小的鱼化石就放在他们家的书架上，它将有助于他们保持并不断增加对古生物学的兴趣，一如这鱼化石对于我的影响。指导这些学生从某种程度上说感觉像是在还债，以此致敬那些鼓励我不断攀登知识高峰的教授和同事们，将他们的精神传承下去。

尽管FBM是我第一个野外工作点，它也成为我最重要的野外工作点，在我的职业生涯中，我还探索了世界的其他地区。策展人的野外考察有时也要碰运气。我在芝加哥当策展人的第三年中，墨西哥南部一个涉及一亿年历史的鱼化石产地机会降临我面前。在开发这一区域的过程中，我了解到墨西哥的许多方面，认识了一个令人难忘的人——谢利·阿普尔盖特（Shelly Applegate）。

1984年，吉姆·廷斯基（在拖拉机上）和我在刘易斯农场。这里，我们在 FBM 向下推平了 20 英尺，以寻找富含化石的"18 英寸层"，即古生物母岩。

（上图）推土至18英寸层厚板的几英寸后，用手铲和吹叶机小心翼翼地清理覆盖的岩屑。

（下图）之后，我们以半英寸到一英寸的厚度小心地撬起18英寸层，一次一层。

（上图）抬起每块石灰石板时，我们往下寻找隆起线，那预示着表面之下有骨架，如我正在看的大鱼（鱼头朝上，上面覆盖着石灰石）。

（下图）首次发掘时，绝大多数化石被一层薄薄的石灰石覆盖，必须使用专用设备将其移除（请参阅下一页）。

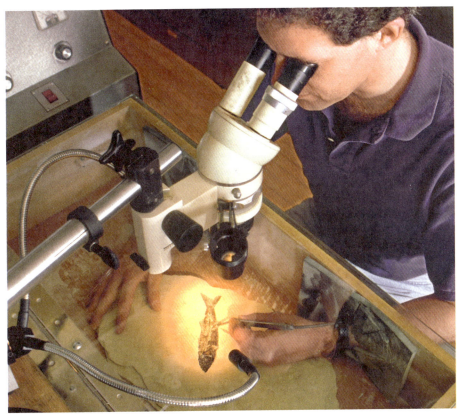

（上图）在显微镜下，用精细工具小心地去除覆盖化石的石灰石薄层。

（下图）去除覆盖的石灰岩后，精美的鱼化石展现出来，其鳞片保存为棕色，骨头保存为黑色（这是上一页下图那件化石经过精心制备后的样子，没有修复或是添加颜色）。

FBM 生动地记录了一个具有 5200 万年历史的动态亚热带生态系统。(上图)叶子边缘留有昆虫的咀嚼痕迹。(下图)可能留有此类咀嚼痕迹的相关昆虫,包括臭虫(下图中间)和蜡蝉(左下图和右下图)。

FBM 保存了许多未曾被描述过的花和其他植物。始新世（Eocene）早期，显花植物及以它们为食或给它们授粉的动物之间出现了多样性的大进化。

来自 FBM 保存精美的棕榈叶（还有几条小鱼）。这些标本证明了 5200 万年前在怀俄明州西南部存在亚热带环境。我用类似这样的精美藏品设计了菲尔德博物馆常设展"进化星球"的化石湖画廊，每年有超过一百万的观众来参观。

化石中的"性与分娩"，FBM 星鳞魟记录。（左上图）正在交配受精的一对鱼，雄性在雌性后方，处于交配位置。（右上图）怀孕的雌性，其胚胎（带有蜇针）盘绕在骨盆区域（箭头）。（下图）鱼妈妈和两只刚出生的鱼宝宝被保存在一起。

齿状双棱鲱（Diplomystus dentatus）生长系列，这是 FBM 一种类似鲱鱼的原始鱼。标本范围从 18 毫米长仍在卵中盘绕的个体（左上图）到 24 毫米的鱼苗（右上图）到 100 毫米的幼仔（中图）到 531 毫米大体积的成年鱼（下图）。对于许多不同种类的动物，FBM 记录了相对完整的生长系列。

由于许多保存下来的标本的嘴和胃里有食物，可以据此获知相关饮食信息。在这里，我们看到了两个拟中狼鲈（*Mioplosus labracoides*）的标本，一个（上图）颌中有一条鱼，另一个（下图）胃里有一条鱼。

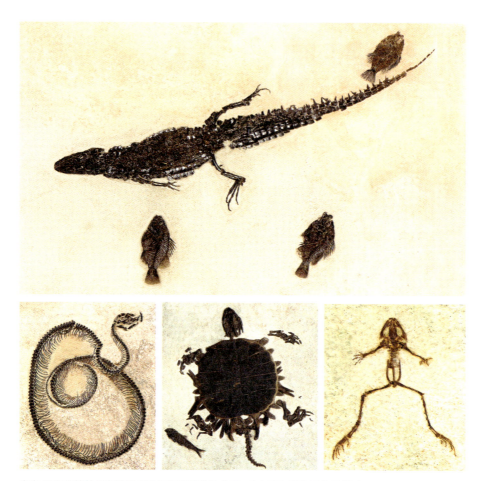

来自FBM的精美保存的爬行动物和两栖动物化石。（上图）格林里弗怪鳄（*Tsoabichi greenriverensis*）与滑古狼鲈（*Cockerellites liops*）；（左下图）类似大蟒蛇的艾氏始蚺（*Boavus idelmani*）；（下图中间）异痕滑鳖（*Apalone heteroglypta*）和始新奈氏鱼（*Knightia eocaena*）；（右下图）小格林里弗蛙（*Aerugoamnis paulus*）。

FBM 的鸟类化石，骨架被完好保存下来，有时还附有羽毛。（左上图）未曾被描述的不会飞的新鸟；（右上图）未曾被描述的新陆地鸟，羽毛上仍保留着彩色图案；（左下图）未曾被描述的新鸟类，不知其所属的科；（右下图）罗氏曙雨燕（*Eocypselus rowei*），是一种原始鸟类，在解剖学上介于雨燕和蜂鸟之间。

与其他类似年龄的化石区不同，那里，哺乳动物化石留存下来的是碎片，而 FBM 保存完好的哺乳动物化石通常是完整的骨骼。未曾被描述的会爬树的食肉动物，它是已知最早具有易于缠绕尾巴的哺乳动物。

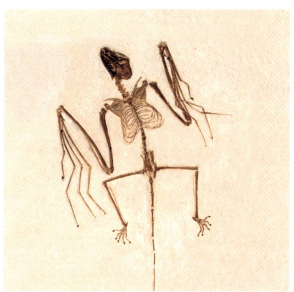

（上图）广居原山马（*Protorohippus venticolus*），成年时肩高只有 20 英寸；（下图）芬氏爪蝠（*Onychonycteris finneyi*）。

我每年会带"石头和骨头"课程的学生去怀俄明州了解 FBM，一些学生是我曾有过的最好的田野工作者。他们来自世界各地，认真专注于挖掘化石，他们的热情甚至对我和我的资深组员都极具感染力。图为我 2011 级诸多奋发上进的学生之一。

要开发一个多产的野外遗址，需要一支专业且经验丰富的团队共同努力。在过去的 15 年里，我有一个最好的团队。前排从左到右依次是我团队的核心成员迈克·埃克隆德（Mike Eklund）（他背着除尘器）、布赖恩·莫里尔（Brian Morrill）（他拿着铲子）、我、吉姆·霍尔斯坦（Jim Holstein）以及新野明子（Akiko Shinya）。还有最近的三名志愿者：乔恩·米切尔（Jon Mitchell）（在我身后）、埃伦·吉泽（Ellen Gieser）（最右边）和德鲁·卡哈特（Drew Carhart）（在艾伦身后）。这张照片拍摄于 2015 年刘易斯农场，当时是我在怀俄明州工作的第 41 个年头。

第四章

大地震与幽灵汽车：和墨西哥古鱼类学之父一起的大冒险

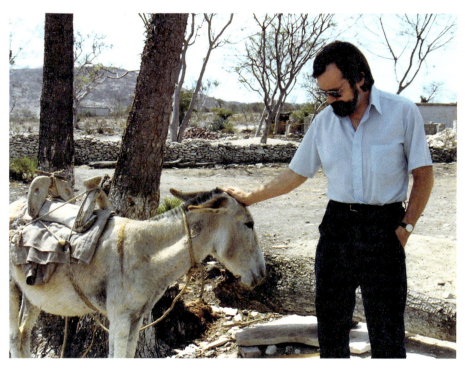

1986 年，我在墨西哥的特佩希（Tepexi）乘坐当地的一种交通工具。从特佩希开始，我将田野考察项目扩大到全球范围。

我在菲尔德博物馆担任策展人职务后的几年里，开始寻找各种途径将研究业务扩展到全球。在这方面，我与已故的谢尔顿·普莱曾茨·阿普尔盖特（1928—2005，Shelton Pleasants Applegate，以下称他谢利）合作的项目首次告捷，他是墨西哥国立自治大学（以下简称 UNAM）的策展人兼教授。在 20 世纪 80 年代中期，谢利对我早期策展人生涯有重大影响，他吸引我去墨西哥探险，至今，那些经历仍历历在目，犹记心间。

　　谢利是我认识的最不寻常的科学家之一。他生于弗吉尼亚州里士满，并长于此地，说话带有弗吉尼亚州口音，鼻音很重。他在芝加哥大学读的博士，从 1962 年到 1975 年，他在阿肯色州立大学（Arkansas State University）、杜克大学（Duke University）、史密森学会和洛杉矶县自然历史博物馆（Natural History Museum of Los Angeles County）等地任职，直到 1975 年他在位于墨西哥城的 UNAM 任职，终其余生在此开展职业生涯。那是我初次见到他的地方。谢利并没有出很多书，在他的著作中，有一些成为他研究领域中的经典错误案例（例如对鱼的主要错误辨识）。谢利从不害怕为他的观念承担风险，他身材高大、声如洪钟、头发花白，酷似没有胡子、仍穿着前一天晚上睡觉的衣服的圣诞老人。他拥有自由精神，对生活充满了渴望，对如何生活保持务实的态度。他缺乏约束力，总想参加聚会。他声称曾经与"白人女巫"结婚，并通过生产和销售塔罗牌来补贴他在墨西哥的微薄收入。他相信神秘主义和魔法，我总觉得这与科学家格格不入，但这就是谢利。幸运的是，他将自己丰富而复杂个性的各方面划分得很清楚，从不将他的超自然主义信仰强加给其他人。

谢利热爱科学家的工作。在墨西哥，他把时间投入研究巴哈（Baja）西海岸的活鲨鱼与在普埃布拉（Puebla）研究鱼化石。在 UNAM，他是一位敬业的老师，被誉为墨西哥的"古鱼类学之父"。他在 UNAM 建立了大量脊椎动物化石收藏，并成为策展人。对我的职业生涯最为重要的影响是，谢利发现并分享了一个新的化石区域，成为我第一项主要国家科学基金会（以下简称 NSF）研究申请的关注重点。

我通过伊利诺伊大学芝加哥分校（简称 UIC）的同事戴维·巴达克（以下称他戴夫）认识的谢利。当时，我仍是菲尔德博物馆初出茅庐的助理策展人，戴夫是 UIC 生物科学系的正教授。谢利是戴夫的旧相识，他给戴夫寄了一张墨西哥南部一幢建筑的照片，这座建筑采用了一些非比寻常的建筑材料。建筑物的外墙由大型红色石灰石板制成，内含象牙色的鱼化石。这些化石属于一些之前未知的新物种，它们的来源地以崭新的面貌展现了地球深邃的过往。

这些富含化石的石头来源于 Tlayúa 组（Tlayúa Formation）的一个小采石场。该采石场位于普埃布拉的特佩希 – 德罗德里格斯（Tepexi deRodríguez）的一个贫穷村庄。Tlayúa 这个名字来自当地阿兹特克人（Aztec）的语言纳瓦特尔语（Nahuatl），意思是"晦涩的地方"。

采石场由唐·米格尔·阿朗古蒂（Don Miguel Aranguthy）及其儿子费利克斯（Felix）、拉努尔福（Ranulfo）、福斯蒂诺（Faustino）、塞巴斯蒂安（Sebastian）和本哈明（Benjamin）所有并经营。在谢利和阿朗古蒂一家人的协助和配合下，戴夫和我决定围绕采石场进行一个研究项目，我们向 NSF 递交了一份 70 页的提议，计划聘请阿朗古蒂一家人，扩大他们的采石场业务，雇佣期为两年，鼓励他们专注为我们寻找化石，而不是简单地为建筑采挖石板。在整个项目期间，戴夫和我每隔几个月就会飞往墨西哥城，同谢利一道驱车前往特佩希检查新发掘的化石。一年后，经过 NSF 和同行科学团体的广泛审查，该申请获得批准。我很高兴。在接下来的两年半时间里，我在墨西哥收获了与同事、与各种活动相关的永恒记忆。

戴夫和我于 1986 年 4 月到达墨西哥城开始了这个项目。我们计划第二天在 UNAM 与谢利见面，一起参观鱼化石的藏品，会见大学里的同事。一两天后，我们驱车前往特佩希，去看那里的运转情况。戴夫和我入住了位于市中心的高层酒店。晚餐时，戴夫告诉了我一些谢利的趣事，我们俩都在尝试学习一些西班牙语的重要短语，如 "¿Cuántospesos？"（多少比索？），"El agua embotellada,por favor"（请给我瓶装水）以及 "¿'Dondéestáelbaño？"（洗手间在哪里？）。晚餐后，我回到五楼的房间。

那晚，睡意很快袭来，我清楚地记得做了一个狂欢节旅行的梦。大概凌晨 1 点，我从梦中缓缓醒来，我感到床在猛烈地来回移动，空气中飘浮着灰尘，天花板的小碎片掉落下来。我及时跳到房间的阳台上，看到明亮的光束照亮了夜空。到处都响起了警报、警笛的鸣叫声。我在刚醒的状态下，第一反应是一枚核弹爆炸了。我心想，难道我来墨西哥的第一天就要死在这里了？我呆若木鸡地站在那儿望着城市，直到最后，一切总算停止了晃动。我才缓过神来，这不是爆炸。那些光束是闪电，房间震动是由地震造成的。之后，我们才知道墨西哥城刚刚经历了一场大地震。第二天早上，戴夫和我站在酒店外的前方时，我们看到酒店外墙出现了一条大裂缝，远处，另一座建筑物倒塌了。城里的电话线都失灵了，我们没法打电话回家，让大家知道我们没事。就在那时，我们决定搬到谢利的房子里，房子安全地坐落于山区牢固的基岩上，俯瞰城市。我们花钱找了一位司机带我们去那儿。到达时，谢利刚起床。地震时，他睡得正香，山区中的地震震级低很多。他热情地高声欢迎我们，邀请我们入住并告知我们想住多久住多久。从那以后，我们与同事谢利建立起了深厚的友谊。

房子坐落的土地，谢利并没有合法所有权。他类似于违章建筑搭建者，周边环境有点像狂野西部。谢利所在社区的很多房子电线都是临时拉在最近的公共电线上，从输电线路系统网络偷电。谢利房子的规模在不断扩大。每年，他要是手头有钱或疏通人脉，就又会造上一两面墙。这座房子几乎完全由混凝土、砖块和煤渣块建造而成。该建筑裸露出钢筋段，它们从墙面上伸出来，好像在急切地期待下一个施工阶段开始。房子和没有草的小前院被八英尺高的混凝土及砖结构的墙所包围，边缘锋利的碎玻璃被砂浆固定在墙的顶部。墙上有几扇大铁门，它们通向车道的入口。之后，戴夫和我偶尔会将这个地方称为谢利堡（Fort Shelly）。谢利可能并没有那么担心房子的产权，但他显然担心安全性。尽管外墙呈现出冷硬的风格，但房子内部则别有洞天，这是一个温馨而又充满节日氛围的家。墙壁和地板贴着彩色瓷砖，色彩明亮。房屋的中心区域布置成开放式的派对场地。中心区域还设有大窗户，一天中的不同时段，阳光或月光会照射进来。他的私人浴室里有一个非常大的浴缸，贴着小块黄色瓷砖，其大小足够容纳两个谢利体型大小的人。

我们去墨西哥的旅途中，仅在谢利的房子里停留了一天。我们最终目的地是特佩希小村庄。戴夫和我对第一次要看到那里的化石采石场充满了期待，兴奋不已。谢利有一辆开了18年的福特卡车，作为我们的交通工具，它似乎老而不朽。墨西哥南部的卡车在当时是一种宝贵的商品，经过维修和保养，它的寿命远超出其在美国的预期寿命。谢利的卡车看起来尤为不安全，他在UNAM的同事们称其为El espantomóvil（幽灵汽车）。谢利开着"幽灵汽车"带着我们行驶在绵延数英里的墨西哥沙漠地带，去往特佩希的路上，戴夫和我只能在心中默默祈祷。由于我们俩都不懂西班牙语，我们依赖谢利做翻译，戴夫和我有时会后悔给予他如此大的信任。谢利声称自己经常看电视上的墨西哥肥皂剧，从中学到了所需用到的西班牙语。尽管我第一次见到他时，他已经在墨西哥生活了很多年，但他的墨西哥同事说他仍在说西班牙式英语（Spanglish），即对英语和西班牙语难以捉摸的混用，还夹带浓重的弗吉尼亚口音。谢利与墨西哥居民之间的简单对话有时会花费很长时间，常常像一场热情洋溢的看手势猜字谜游戏。但是他的墨西哥同事是在开玩笑而不是真的抱怨，他们非常有耐心。对我们而言，幸运的是谢利的翻译大多数时候是够用的。

特佩希位于普埃布拉南部，距离墨西哥城东南部 140 英里处，乘坐谢利古老的汽车有三个小时的车程。我们离开墨西哥城时，谢利警告我们说，在穿越沙漠的途中，我们会经过几个危险的区域。旅途中可能会遇到毒贩，他们会试图拦下我们。他坦率地告诉我们，如果这些人挡住去路，我们不要阻拦他直接开车撞过去。他说这话时特别认真。幽灵汽车大战毒贩？谢利继续解释说，在之前的驾车旅行中，他已经与武装匪徒和一些红木偷猎者密切接触了两次，他可不希望再来第三次"不解之缘"。戴夫和我开始怀疑自己陷入了什么危险境地，但是现在没有回头路了。于是，在出发前往普埃布拉的旅途中，我和戴夫就把自己交给了新同事谢利。

还好，我们顺利到达目的地。这片区域是一个阳光明媚的沙漠环境，又热又干。在红色沙漠风光中，一座座绿色柱状仙人掌林围绕着村庄。许多仙人掌高 20 至 30 英尺，无茎，从树干上开出雏菊状的花。色彩明艳的蜂鸟在仙人掌花间穿梭飞行，阿兹特克人认为蜂鸟是由那些战死沙场的战士转世而来。进入阿朗古蒂家的大院子里，就像回到过去。自阿兹特克人时代以来，墨西哥的这一地区风景迷人但生活特别贫困。阿朗古蒂家在几英亩的土地上有几栋看起来很原始的建筑。这些房屋主要由石头、煤渣砌块和灰泥建造而成，屋顶是用茅草搭盖的，谷仓和仓库像是用木棍和原木搭建出来的。房屋没有自来水，得通过驴（该地主要交通工具）或是人力（大多靠妇女和孩子）走上一段路从山谷的一条小溪取水。房屋是有电供应的，但主要电器就是天花板垂下来的电灯泡。戴夫、谢利和我都睡在小床上，房间面积仅有 8 英尺 × 10 英尺左右，地上铺着石质地板，墙是用煤渣砌块垒的，屋顶是金属做成的。到了晚上，谢利如雷的鼾声在这个小房间里久久回荡。

我们第一天看到很多孩子都打着赤脚站在外面。显然，对于许多人来说，他们是一种边缘的存在，但看上去很快乐自足。许多居民是纯正的中美洲土著人，他们仍说前西班牙时期的语言，如阿兹特克人的纳瓦特尔语或古老的米斯特克语（Mixtec）。实际上，该地区古迹比比皆是。遇到暴风雨时，一千多年前的前哥伦布时期（1492 年哥伦布发现美洲大陆前）的文物会被冲出山丘。一些看着不错的文物（小碗或雕像）被阿朗古蒂家拾起，用作家里的装饰。谢利在暴风雨后找到了一个前哥伦布时期的哨子，他将它清理干净，晾干之后还能吹响！定期就有无价的手工艺品从山上冲了出来，谢利说由于博物馆存储空间有限，博物馆不接收这些物品。对于像我这样的博物馆策展人来说，这是一次让人心生敬畏的经历。有一天，我差点踩到一把从泥土中冲出来的黑曜石刀。我捡起它，惊奇地盯着它。谁知道它曾经被用来做什么？切肉？祭祀？这块刀片要在芝加哥肯定会成为展品，我把它交给谢利，他把它放回地面。将前哥伦布时期的文物带出墨西哥是严重违法行为，被严格禁止。

这里具有浓郁的古老文化氛围，现代化的痕迹很少。比如，阿朗古蒂家有一台旧冰箱，但冰箱的制冷设备无法正常工作。冰箱被用作储物的隔热柜，用来存储水、蔬菜和几瓶多瑟瑰啤酒（Dos Equis）。他们有一盒普瑞纳（Purina）狗粮给家犬吃，有时也用来喂山羊。有一辆送多瑟瑰啤酒的卡车会来镇上送货，类似我孩提时期在明尼阿波利斯见到的送牛奶卡车。当然，这里还有谢利的幽灵汽车和几辆旧卡车。除此之外，在墨西哥这片区域，鲜少能见到 20 世纪的技术产品。戴夫和我都很诧异，在这个缺乏我们所认为的生活必需品的环境下，这个家庭的幸福感很强。这里的生活简单朴素，却明艳无比。

我们 NSF 项目计划向阿朗古蒂家支付一笔全额工资，让他们专注于开采化石的采石工作，而不是采集建筑石材。我们认为每年 1.8 万美元是合理的工资。之后的两年里，我们每隔几个月会过来查看进展情况。事实证明，我们的这笔工资预算对于 20 世纪 80 年代中期的特佩希地区来说，算是很慷慨，因为它与美元挂钩。当时，墨西哥经济正处于崩溃的边缘，墨西哥比索钱（Peso）的价值一落千丈，而美元在墨西哥价值飞涨。头六个月快结束时，我们支付给阿朗古蒂家的费用金额大约是他们之前做采石业务能挣到的五倍。他们在当地的生活水平急剧上升。第二次我们来到特佩希时，所有孩子都穿上了鞋。这家人买了一台能用的冰箱，还搭建了一座新房子。费利克斯·阿朗古蒂正在竞选当地的政治职位，他已经成为当地名流，部分原因在于他为当地吸引了外国游客和外资。我开始怀疑我们是不是在不经意间扰乱了这里正常的文化发展进程［或许在潜意识中，我想起青少年时期看的电视剧《星际迷航》（*Star Trek*）及其永远存在的"主要指令"，阻止对土著文化的干扰］。

经过几次来特佩希跟踪项目进展情况后，戴夫和我成了受欢迎的访客。不幸的是，我们完全依赖谢利那混有西班牙文的英语翻译。我们在与特佩希打交道的人中，真的完全没有人会说英语。回想起来，对我来说，我们方方面面如此依赖谢利也真够神奇，细思极恐。谢利的翻译并不准确，当地人很难理解他。在一些意外场合，通过谢利进行沟通，我们看见了对方因失望而愤怒的脸。最恐怖的一次是在我们来的第二年，我们参加了一场为我们而举行的庆祝活动，活动非常盛大。我们的项目进展顺利，阿朗古蒂家甚至用木材建造了新的小房子，用来存放 NSF 材料。门上有个告示牌，上面写了关于 NSF 的内容。由于费利克斯·阿朗古蒂对当地政治感兴趣，他邀请了军警负责人、秘密警察负责人以及这一地区其他高级警察和军事官员。他们出现时，有些人带着枪与女朋友同来。有一个人甚至还背着子弹带，就像一部老电影中埃米利亚诺·萨帕塔（Emiliano Zapata）演的那样。刚开始，我们都觉得既着迷又愉快。但那天晚上晚些时候，谢利喝了太多龙舌兰酒，头脑逐渐不清醒，他挑逗了其中一名武装分子的女朋友。房间里的氛围立刻发生了变化。谢利试图用混杂着西班牙文的英语为自己解释，大家的脸上怒气更盛，喊叫声更大了。一位武装的赴会者甚至将手摸向了随身携带的武器。我向戴夫靠了过去，问道："我们现在该怎么办？"戴夫睁大双眼坐下，紧张而沉默地看着事态变化。突然，谢利对激动的人群安静地说了一些戴夫和我都听不懂的话（直到今天我们还不知道他说了什么）。这话仿佛拧开了一个魔法开关，每个人都再次大笑，彼此拍拍背。如同之前很多次，墨西哥让我们感受到一惊一乍，好在最终一切顺利。

第二年，又发生了一件特别令人难忘的事。那是一次从墨西哥回程的航班，我们在墨西哥城国际机场登机，飞机滑行了一会儿，最终停在了停机坪外围附近，在那里停了几个小时。最后，当我们向窗外望去时，一辆满载着身穿制服的军人的卡车开了过来。这些身着戎装的人从卡车下来，包围了飞机。我们全被要求走下舷梯，出飞机去领取已经卸在跑道上的行李。所有乘客都拿好各自的行李，只剩下一个小袋子。另一辆配备厚实铁丝网拖车的卡车开了出去，两名身穿防弹衣的男子将那个袋子装在担架上。他们将这个携带神秘袋子的担架放入拖车，然后开车离开。此后，我们重新登机，飞行员一言不发地起飞了。整个过程让我们在跑道上待了五个多小时。戴夫和我猜测一定是有炸弹威胁（甚至是真正的炸弹），但这只是我们的推测。要在美国，此事件会成为头条新闻，但在墨西哥，据我们所知，它没被报道出来。它体现了20世纪80年代墨西哥文化中充满魅力和异国情调的部分，也是关于在发展中国家进行策展野外考察的重要一课。你必须与本土的同事紧密联系，积极适应，总会有意料之外的收获。

在为期两年半的项目中，我们从特佩希采石场挖出了数百件化石。大多数是鱼化石，当然也有植物、无脊椎动物、乌龟、蜥蜴、鳄鱼和翼龙。我们确定该矿床有超一亿年的历史（从白垩纪的阿尔布阶开始）。有许多有待描述的新物种，包括鲱鱼家族中最古老的物种（我很幸运，我的博士论文就是关于鲱鱼及其近亲的）。我将从特佩希获得的一些材料用于关于弓鳍鱼的大型研究项目中，相关著作此后由我与同事威利·比米斯（Willy Bemis）共同发表，我会在第五章介绍他。墨西哥硕弓鳍鱼（*Pachyamia mexicana*）特别有趣，它的近亲是在中东耶路撒冷以北 20 英里处被发现化石的弓鳍鱼。中东物种和墨西哥物种的关系反映出一亿年前大陆的不同位置的联系，那时，没有大西洋将北美洲与中东隔开。特佩希地区第一次详细反映出阿尔布阶中美洲的生物多样性，记录了地球历史的重要篇章。

NSF 项目于 1989 年结束后，谢利继续负责阿朗古蒂采石场的化石采集工作，直至他于 2005 年去世。最后，共收集了 6000 多个化石。

挖掘出的大部分标本成为墨西哥 UNAM 古生物学的馆藏，一小部分标本用于充实在特佩希－德罗德里格斯创办的一个小型地方博物馆，该博物馆由费利克斯·阿朗古蒂发起成立，名为牛脚博物馆（Museum Pie de Vaca）。最后，作为菲尔德博物馆、阿朗古蒂家族、UNAM 及墨西哥普埃布拉政府官员之间原始合作协议的一部分，一些代表性的化石样本入藏菲尔德博物馆。芝加哥的菲尔德博物馆是墨西哥以外唯一一家从 Tlayúa 采石场合法获得化石藏品的机构，这为其研究收藏增添了更为独特的元素。

大多数芝加哥标本将由其他人而不是我来研究，因为它们属于我专业及兴趣之外的鱼类家族，菲尔德博物馆的藏品增加了 Tlayúa 组化石，这是自然历史博物馆策展人在全球范围内如何构建多样研究藏品的经典案例。我不研究的东西有一天会对别人未来的研究项目至关重要。谢利后来怎么样了？他在 UNAM 的藏品构建工作有助于墨西哥建立古生物学课题，该课题至今仍蓬勃发展，墨西哥在自然历史研究人员的国际网络中牢牢地占据一席之地。他的学生成为墨西哥第一批鱼类古生物学家。或许，有些事归因于他的神秘主义气质，他的同事们告诉我，谢利的灵魂仍存在于特佩希以及 UNAM 的收藏室中。

我最早的国际探险队同事之一谢利·阿普尔盖特，他在墨西哥的巴哈，手里拿着鲨鱼的下颌骨。他是帮助我获得 NSF 第一笔主要研究经费并将我吸引到墨西哥的关键人物。

1986 年，谢利·阿普尔盖特的家 ——"谢利堡"安全地坐落在环绕墨西哥城的山脉基岩高处。前一天晚上被强烈地震惊吓后，这里对戴夫和我来说是一个备受欢迎的避难所。

1986 年，谢利的"幽灵汽车"（El espantomóvil）与谢利（左）。这辆卡车是我们在墨西哥普埃布拉的主要交通工具。那是一次险象环生的旅行，但谢利却不同意我们租车。

1986 年，阿朗古蒂家族的一些男性成员与我和戴维·巴达克（以下称他戴夫）在莫雷洛斯移民镇（Colonia Morelos）。我在照片的左下方，单膝蹲下来，戴夫在我的左边，还有阿朗古蒂家长唐·米格尔（他在戴夫的左边，山羊的后面）。后排从左到右依次是唐·米格尔儿子中的三个——福斯蒂诺、塞巴斯蒂安和本哈明。照片上还有一个身份不明的采石场工人（戴着绿黄相间的棒球帽）以及一个邻居（在唐·米格尔的左边）。

阿朗古蒂家的孩子们站在房子前。莫雷洛斯移民镇的生活看上去平静而简单。

（上图）在国家科学基金会的资助下，阿朗古蒂采石场得以扩建，谢利和我正穿行于采石场中。

（左下图）阿朗古蒂的家庭成员正在采石场工作，他们将一亿年前的石灰石劈成厚板。

（右下图）剖开的厚板显现出一条卷曲的巨鳡嘴鱼（*Belonostomus*）。

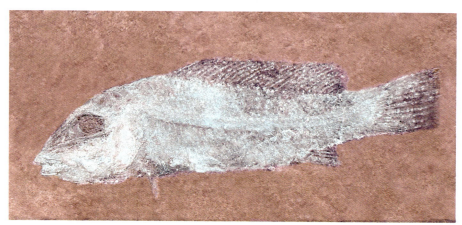

阿朗古蒂采石场的化石保存成粉色或红色石灰石中象牙色的骨骼。（上图）来自灭绝的巨半椎鱼科（Macrosemiidae）的新物种；（左下图）鲱鱼家族中最古老的成员；（右下图）墨西哥硕弓鳍鱼的头部区域（俯视呈压扁状），1998 年，它由我与同事威利·比米斯共同命名并进行了描述。

阿朗古蒂采石场周围环绕着高大的仙人掌林，有些仙人掌高达 20 英尺甚至更高，它仍是我对莫雷洛斯移民镇沙漠最深刻的记忆之一。

第五章

游弋于文化水域的河豚：威利、放射性的辐鳍鱼及钓鱼竞技会

2002 年，威利·比米斯在马萨诸塞大学的实验室，身边是从亚拉巴马州深海钓鱼竞技会（Alabama Deep Sea Fishing Rodeo）获得的鱼的骨骼。多年来，威利成为我最重要的研究合作伙伴，他也是我的密友，我们一起经历了许多冒险。

啊，关于威利……对于时隔多年，感情如兄弟般深厚的同事你能说些什么呢？在我成为策展人的发展道路上，有许多人对我产生了重要的影响，威利·比米斯是其中重要一员。作为对全球背景下进行研究充满兴趣的策展人而言，与威利共事拓展了我对旅行的需求。我们在相互合作的研究项目中，一起参观了世界各地的博物馆和化石遗址，这让我的策展生涯又上一个新台阶。在这个持续了 15 年的项目中，我们私交甚好。

到了 20 世纪 80 年代后期，我在墨西哥的项目已经结束，我正在寻求建立有关鱼类解剖和进化的长期合作研究项目。威利是马萨诸塞州大学生物学教授，我们相识多年。他对鱼类胚胎学和软组织解剖学的知识是百科全书式的，这与我对骨骼解剖学和古生物学的了解完美互补。1987 年夏天，我们在博物馆见面，决定在辐鳍鱼方面建立合作研究项目。辐鳍鱼纲（学名 Actinopterygii）包括大部分现存 3.5 万种鱼类，它们的化石记录可以追溯到 4 亿多年前。这是地球上最为成功的脊椎动物种群，我们将专注辐鳍鱼进化树底部附近的几个种群，它们仍有一些现存物种，如鲟鱼（sturgeons）、匙吻鲟（paddlefishes）、长嘴硬鳞鱼（gars）及弓鳍鱼（bowfins）。我们会研究这些种群中所有已知的物种，研究跨越时间（有化石也有活物），跨越空间（来自世界各地）。研究通过确认进化树底部辐鳍鱼的解剖特征，最终帮助其他鱼类学家在进化树更高处研究辐鳍鱼种群。在这一过程中，新的计算机程序会被设计出来，用以计算支序图，研究将对程序进行测试。威利和我一起向国家科学基金会提交了一些申请，我们非常成功。1988 年至 2000 年间，我们收到了五笔 NSF 主要资助（总额超过 100 万美元）用于辐鳍鱼的研究。只有国家科学基金会，而不是其他机构资助，才让威利和我进行的基础研究成为可能。这个项目使我们足迹遍布世界各地，包括12个不同的国家和美国的十几个不同的州。

1994年5月，我们出发前往莫斯科和耶路撒冷。我们动身之前同俄罗斯同事交谈，想了解在莫斯科待一周需要准备些什么东西。我们被告知要带上大量小面额且未有任何标记的美元现钞。当时，许多俄罗斯人不喜欢收卢布（俄罗斯货币）；他们同样怀疑有书写痕迹或其他标记的美元（认为它们可能会由于某种原因而被追溯，或者更糟糕的是怕碰到假币），而且在莫斯科没人找零钱。这就需要我们携带大量现金，大部分是面额5、10和20的美元新钞，我们将钱塞进腰包里。这让我想起20世纪80年代中期去墨西哥，当时通货膨胀非常厉害，可是货币的最高面额并未相应增加。

威利和我开玩笑说，我们鼓鼓的腰包让我们看上去很富有，但实际上，在这样一个充满挑战的经济环境中，这么一大堆现金也仅勉强够生活。一位来菲尔德博物馆参观的俄罗斯同事还告诉我们，我们应该带咖啡和巧克力作为礼物送给俄罗斯科学家，要带瓶装水以避免入住酒店的城市自来水细菌问题。我们在芝加哥救世军商店（Salvation Army store）以5美元的价格购买了一个红色大手提箱，里面装满了礼物和瓶装水以备旅程之需。

经过11个小时的飞行，我们到达了莫斯科机场，在那里，尤金妮亚（Eugenia K. Sytchevskaya）接到我们，并慷慨地开车送我们到酒店。她是俄罗斯科学院古生物学研究所（The Paleontological Institute, Russian Academy of Science，以下简称PIN）鱼化石方面的策展人，该研究所是世界上最大的古生物学研究所之一，有100多位科研人员。它拥有一个大型博物馆，拥有大量的展品和藏品。在去酒店的路上，尤金妮亚给了我们几句关于在苏联解体后的莫斯科生活的忠告。她告诉我们要避免去市中心，因为自从苏联解体以来，私有化快速开始，这里已成为俄罗斯黑手党的聚集地。政治转型带来了对迅速发展的资本主义的极大探索。我们开车穿过莫斯科部分市区时，那里看起来像一个迷你拉斯维加斯，拥有70多个灯火通明的赌场，还有许多价格昂贵的酒店、商店及餐馆。大型广告牌随处可见，上面写着本地投资银行提供储蓄账户50%至100%年利率（几年后，事实证明，对大多数机构及其客户而言，这在金融上是致命的）。向资本主义过渡，即20世纪90年代所谓的"私有化"正如火如荼地进行着。私有化的主要金融受益者过于偏向个人，导致莫斯科成为世界上亿万富翁人数最多的城市（根据《福布斯》2011年年度榜单）。与此相反，我们之后发现，尤金妮亚和她在PIN的同事面临通货膨胀及公共服务下降的双重压力，这使他们维持日常生存的预算紧张。

尤金妮亚把威利和我送到乌兹科酒店（Hotel Uzkoe）入口处。莫斯科市中心的酒店即使在20世纪90年代中期，每晚也需要花费几百美元，而乌兹科酒店距博物馆不到一英里，每晚仅需约50美元。我们入住酒店时，被告知酒店及周边地区没有热水。中央泵站热水供应出现了故障。在莫斯科的大部分地区，家庭和旅馆很少配备独立的热水器。大多数情况下，热水和热量通过城市效率极低的集中供热设施，经由地下管道进行输送。据报道，莫斯科的供暖系统每年消耗的天然气与整个法国消耗的一样多。热力就像电力和天然气一样被视为公共设施，其输送系统是苏联时代国家管控下的基础设施。这对于在一个每家每户都有自己独立热水器和火炉的国家中长大的我们来说，简直不可思议。我们还被礼貌地警告晚上11点至凌晨2点间要远离酒吧和大堂区域，因为那里预留给了来自莫斯科市中心隶属于俄罗斯黑手党的一个团体，担心他们有时与不会说俄语的外国人发生不可预测的冲突。我们在酒店餐厅吃了一顿斯巴达式（权且填饱肚子的）晚餐，然后回到房间睡觉，这样，第二天一早我们可以尽早出发。

到PIN的第一天又是一次文化适应的过程。这是一幢大楼，化石展区涵盖种类从蜗牛到恐龙。展区比美国的博物馆光线更暗。和我们入住的酒店一样，它反映了莫斯科生活中更为节俭的一面。博物馆的公共洗手间没有卫生纸。在没有马桶座圈的马桶旁边有一块木板，有根大钉子，上面钉着数十张5英寸×5英寸从报纸上裁下来的正方形的纸。其他许多基本用品也供不应求。在收藏室里，有灯泡插座，却没有足够的灯泡。我和威利沿着黑暗的收藏室通道摸索前进时，得把身后的灯泡拧下来，然后拧入行进方向位置的空灯泡插座中。20世纪90年代初期和中期，俄罗斯的学术机构面临财政紧缩的挑战。但对我们来说最重要的是PIN拥有大量化石藏品，西方世界很少有科学家得以亲见，PIN的科学家让我们自由接触想要研究的藏品。

PIN有一些特别有趣的辐鳍鱼化石，来自蒙古的6000万年前的岩石。尽管同事尤金妮亚已经说了它们的名字并进行了简短描述，但仍有一些未描述的解剖学部分我们需要了解以做研究。标本很漂亮，但是有一个难题，它们具有放射性！由于含有大量的镭，它们被放置在特殊的铅盒中。有放射性化石存放在目前买不起厕纸和灯泡的机构中。尽管如此，我们还是花了几天的时间密切关注材料，暗自思量它会对我们的后代产生什么影响。

我们在那一周剩下的时间里为数十种化石拍摄照片并绘制了图纸。这仍是摄影的前数字时代，所以威利和我带来了一堆摄影器材，以便使用4英寸×5英寸的底片照上百张相片。我们在那里冲洗了底片，以确保图像清晰，因为我们知道我们不会很快回到莫斯科。我们通过放射性物种及许多其他化石记录下来的信息和图像丰富了辐鳍鱼的支序图，这是一次满载收获的旅行。

我们从莫斯科飞往以色列去研究那里独特的鱼化石。飞往特拉维夫的航线很长，途经法兰克福。德国和以色列的安全部对从莫斯科抵达的乘客似乎不是特别信任，到处都是身着黑色制服、挎着冲锋枪的卫兵。有人开车送我到一个很大的室内帐篷里，经过仔细搜身之后，我的每一件行李都被打开检查。威利和我经过漫长的过程，终于进入以色列，我们走进明媚的日光中，一切都不一样了。首先让我震撼的是我从机场出来后立刻感受到前所未有的温暖。莫斯科很冷、潮湿又灰暗。相形之下，特拉维夫阳光灿烂的天空是深蓝色的，空气干净、温暖而干燥。我立刻觉得精神振奋、充满活力。

我们乘出租车去了耶路撒冷。车开得越远，风景就越好。椰枣和其他果树还有茂密的橄榄树似乎无处不在。我们的目的地是天堂酒店，在莫斯科待了一周后，这个酒店的名字让我们感觉很贴切。餐馆和商店中有大量新鲜水果、蔬菜、肉类、奶酪和美酒。酒店一尘不染，灯火通明。第二天早上，我们去希伯来大学拜访该大学古生物学收藏策展人埃坦·切尔诺夫和鱼化石专家耶尔·查利法（Yael Chalifa）。我们原计划去位于拉马拉（Rallallah）的一个白垩纪时期采石场收集化石，那里属于以色列在1967年六日战争（Six Day War）期间占领的约旦河西岸地区的一部分，其中包含有争议的以色列定居点，其国际合法性值得怀疑。采石场有一些特别有趣的物种，我们在研究中需要用到。我们对这次旅行充满期待，可以参观采石场，也许还能发现更多材料。但在我们动身去采石场的前一个晚上，出现了枪击，随后又发生暴徒投石事件。接待我们的人说现在去那儿太危险了，如果看看希伯来大学博物馆藏品中的标本，威利和我可能会感到满意。幸运的是，这些标本竟提供了许多我们正在寻找的信息。

旅程即将结束时，耶尔带我们去见拉马拉附近的一位化石收藏家，她认为他那儿也许有一些我们会感兴趣的材料。在去那里的路上，我们的轮胎漏气了。我们将车停在路边修理时，另一辆车驶近并停在我们身后。

耶尔非常紧张，她让我们待在车上，她去同另一辆车上的人沟通。她再三叮嘱我们待在原处不要动，我们听从了。她告诉我们，她认出车牌来自巴勒斯坦地区，这意味着麻烦出现了。她下车并走向我们后面的那辆车。威利和我透过后窗观看时，她与同样下了车的司机说了几句话。他们彼此交谈，看上去紧张而充满警惕，几分钟的时间仿佛漫长的煎熬。之后，耶尔回到车上，说没事。但直到那辆车开走了，她的紧张感才逐渐消退。我们下车，换了轮胎，继续前进。由该事件和其他同事的评论可知，以色列的日常生活之下始终存在紧张状态。到达收藏家的房子后，我们受到了欢迎，并被邀请进入他美丽的家中。他的房子坐落在西岸占领区内。绵延数英里未曾开发的沙漠般的山丘让我想起了怀俄明州的沙漠山丘，每年夏天我都在那里做田野考察。这个收藏家的藏品中有许多精美的化石标本。多年来，他从拉马拉的采石场购买化石，积累的鱼化石藏品数量几乎可与希伯来大学的相媲美。我们花了一个小时的时间研究他的藏品，到了要离开的时候，他借给我们一些材料，让我们在芝加哥进一步研究。我们正是以这样的方式，来到世界各地许多地方，亲眼看看这些可以随身携带的材料，以便借回芝加哥研究。我们离开收藏家的房子，道别并感谢他的热情好客。

如同这次旅行的莫斯科站，中东站也获得了成功。我们有很多材料可以带回芝加哥，进行几个月的制备和研究。拉马拉化石让威利和我获得有关的解剖信息，以帮助解析辐鳍鱼进化树。它们进一步印证了我在墨西哥工作时发现的一亿年前墨西哥南部和中东之间的联系。威利和我在需要借用标本的人群和机构之间享有很高的国际信任度。

第二年年初，我们因项目去了日本北九州。我们需要看那儿的化石，策展人是北九州市立自然史·历史博物馆（Kitakyushu Museum of Natural History and Human History）的籔本美孝（Yoshitaka Yabumoto）。我对他们从亚洲和南美洲收集的鱼化石特别感兴趣，之前我对怀俄明州辐鳍鱼化石的研究表明，5200万年前，北美西部与亚洲东部及澳大利亚之间关系密切。古植物学家发现北美西部5200万年至4800万年前的植物与亚洲植物的关系比与欧洲植物的关系更近。他们的发现同我的观点不谋而合。[1] 这种北美西部、亚洲东部和澳大利亚之间的关系类型支持了地球物理学家阿莫斯·努尔（Amos Nur）和兹维·本－亚伯拉罕（Zvi

Ben-Avraham）提出富有争论的关于"失落大陆"的假设，他们称之为太平洋古陆（Pacifica）。

太平洋古陆是一个大的大陆区域，两亿多年前开始分裂（请参阅第100页）。太平洋古陆的大块区域从今天的澳大利亚东海岸分开，慢慢迁徙穿过太平洋，跨过太平洋海底自然蔓延的山脊。数千万年后，太平洋古陆"漂流"的碎片与北美、南美和亚洲大陆边缘碰撞。今天太平洋沿海地区发现异乎寻常的大陆地体等可证明这些碰撞。其中一个名叫兰格尔地体（Wrangellia），它在白垩纪晚期与北美太平洋海岸发生碰撞形成，造成该地区形成密集的山脉。而且，今天太平洋海底仍以可测量的每年几英寸的速度扩张。失落的太平洋古陆次大陆可以解释澳大利亚、日本、中国和北美西部的淡水鱼与植物化石之间的密切联系。它们都起源于太平洋古陆特有的原始物种。由于裂片化、跨洋移动及大陆碰撞的过程发生得非常缓慢（每年仅移动几英寸），因此动植物物种得以安全转移。在渐新世时期（Oligocene time），北美西部与亚洲之间强烈的跨太平洋格局最终消失了，地质证据表明，划分北美东部和西部的航道已经干涸，落基山脉被侵蚀到最低点。屏障的消失使具有跨大西洋关系的物种从北美东部进入北美西部，形成了今天的混合生物群。

太平洋古陆假设就是这样一个例子，可见涉及不同科学领域的综合研究可以指向更大的问题（这个案例即结合了对鱼化石、植物化石及地球物理学的研究）。太平洋古陆理论最初由环太平洋关系和地质过程发展而来，这一综合方式与大陆漂移理论本身没有太大不同，该理论源自环大西洋的关系模式、海洋地壳运动的地质过程以及当今大陆的土地形状。太平洋古陆关于动植物分布的理论用于解释淡水生物转移机制在地质界存在争议（例如，一些地质学家认为，这些大陆碎片在移动过程中部分被海水淹没），但争议推动了科学的进步。即使是如今为地质学家广泛接受的大陆漂移这个一般概念，也曾在数十年中引起了激烈的争论。我们在第一章曾讨论过的美国自然历史博物馆著名的古生物学家乔治·盖洛德·辛普森，他是支序分类学的主要批评者，20多年来他也是大陆漂移理论的主要批评家。科学就是一个不断发展的过程。

在北九州的下班时间，威利和我探索了当地文化，并与籔本美孝及那里的其他人交了朋友，他们让我们的旅行很成功。这种社交活动主要涉及用餐。北九州处于响滩（Hibiki-nada Sea）海岸，该地区摄取的几乎所有蛋白质食品均来自海洋。他们名声在外的美味佳肴是河豚（fugu），又称"气泡鱼"。我们是2月份到那里，时值河豚节。到处都有广告牌及海报宣传这一珍贵的鱼，还有河豚气球、河豚风筝、河豚灯、河豚旗帜、河豚汽车和河豚卡车，甚至还有河豚飞船在天空中飞来飞去。看到人们如此热爱一种鱼，真是太神奇了，且这种鱼如果烹饪不当，能让食用者在几个小时内中毒致死。这种鱼的某些部位含有剧毒，它会使食用者在仍有意识的情况下肌肉麻痹，无法呼吸，最后死于窒息。它的毒性比氰化物强1200倍，目前没有解药。在日本，每年都有人因食用处理不当的河豚而死亡。但因为是北九州的河豚节，我们在那儿见面的每一个人，只要带我们出去吃饭，都坚持请我们吃河豚刺身。在那儿待的六天时间里，我们冒了三次险。作为策展人，我在多年的旅行中，学到的重要一课是，要跨越地理和文化边界，建立信任及宝贵的联系，尊重东道主的传统必不可少。有时这意味着在法国喝上等葡萄酒和奶酪，在英格兰吃香肠和土豆泥。有时则意味着在墨西哥南部吃烤焦的玉米和烧烤蚱蜢，在日本吃海胆和生河豚。

通过旅行，威利和我建立了强大的国际同事合作网络。因辐鳍鱼项目，我们除了去过俄罗斯、以色列和日本，还去了意大利、西班牙、德国、比利时、奥地利、法国、英国、加拿大和墨西哥。在美国国内，我们到过犹他州、科罗拉多州、堪萨斯州、亚拉巴马州、加利福尼亚州、怀俄明州、宾夕法尼亚州、马萨诸塞州、康涅狄格州、纽约州和华盛顿特区。在我们任务繁重的旅行计划中，威利谦虚、友善的说服天赋经常派上用场。我们的一些国际航班要持续飞十个小时甚至更长时间。我们不可避免地在最后一刻来到机场登机口的柜台，选经济舱的座位，这时，威利会与柜台后面的女人开始一场魅力十足的对话。他最终会说出大体如下的话："我朋友和我已经旅行了好几周，现在离家还有很长的路程，您看看有没有什么办法让我们升入商务舱？"第一次听到这话，我差点笑出声来，心想，这家伙疯了！第二次威利的方法奏效了，从此我对威利的能力深信不疑。在长途远洋飞行中，没有什么比免费升商务舱或头等舱更让人舒服惬意的了。

威利天生的说服能力延伸到他职业生涯的其他方面，尤其在为辐鳍鱼研究获取鱼标本方面。他从水族馆商店、海滩、渔民和围网那里收集死鱼，在水箱、池塘甚至后院的游泳池里养鱼（这让他的妻子很沮丧）。我们的研究项目需要数百条辐鳍鱼骨架。威利最成功的收藏项目来自亚拉巴马州深海钓鱼竞技会（简称 ADSFR），我于 2002 年把他拉了进来。

ADSFR 成立于 1929 年，在亚拉巴马州沿海名为多芬岛的小障壁岛上举办。根据吉尼斯世界纪录所载，它是世界上最大的钓鱼赛事。为期三天的比赛涉及来自超过 24 个州 3000 多名钓鱼者，他们在 4.5 万平方英里的墨西哥湾钓鱼。一整天，近千艘参赛船驶进驶出岛屿港口，船上载着潜在的奖杯得主。在竞技赛期间，站在岸上，你能看到等待停泊的船只排着长队，一直延伸到视线最远处。竞争激烈的船只大多是 20 至 50 英尺长，它们的名字有"深不可测"（*In Too Deep*）、"扮演胡奇"（*Play N Hookie*）和"脏兮兮的白种男孩"（*Dirty White Boys*）。比赛为 30 种不同类别的项目提供了 40 多万美元的奖金，从最大的梭鱼到最大的刺鲅（是的，这是一种鱼）。最重要的是，比赛有 7.5 万名观众。

7 月中旬我到达岛上时，天空乌云密布，海洋散发出浓湿的微风，大海和鱼的气味无处不在。威利见我时，身着竞技服，竞技服由短裤、凉鞋和印花夏威夷衬衫组成。他带我来到了类似宿舍的建筑物中，科学家和研究生住在那里，他带我快速参观了一下他的杰作。威利把附近多芬岛海洋实验室（Dauphin Island Sea Lab）两栋建筑之间的阳光房改造成解剖室。海洋实验室是由名为盖恩斯堡（Fort Gaines）的老军队哨所改建而成，美国南北战争中该哨所在莫比尔湾战役（Battle of Mobile Bay）中扮演了重要的角色。在这场战役中，法拉格特海军上将（Admiral Farragut）说出了传奇名言："该死的水雷，给我全速前进！"从某种意义说，这句话也体现了威利面对钓鱼竞技赛诸多挑战因素的决心。临时解剖实验室的地板由碎贝壳铺成，里面安装了大型排气扇，可以将死鱼的味道吹出房间。威利在房间中间摆了两张大木桌，上面可放置重量几磅（1磅约等于0.4536千克）到几百磅不等的鱼。在解剖实验室外，挖了一个巨大的坑以处理一吨甚至更多的鱼内脏，这些鱼内脏是在制备骨架过程中积聚起来的，骨架将运送到马萨诸塞大学（UMass）及菲尔德博物馆。威利将这个空置的空间改造成有效加工中心，在接下来的几天里，他将这些成为战利品的鱼变为博物馆研究的宝藏。我们会为马萨诸塞大学及菲尔德博物馆的藏品收集鱼类，其中一些我们可能会在辐鳍鱼项目中用到。

有时也会出现混乱局面。有一天，我差点被一辆全速前进、装有40磅重的金枪鱼的推车给撞倒。尽管竞技赛弥漫着马戏团般的热闹氛围，但它对鱼类研究是一个福音。它为许多博物馆和大学提供了宝贵的标本，赞助了几项大学奖学金，帮助支持多芬岛海洋实验室，每年为南亚拉巴马州大学海洋生物系带来超过10万美元的收入。自1997年至2005年，威利负责"最不寻常的鱼"的比赛展位，这是由我之前的博士生导师加雷思·尼尔森建立的，多年来，他通过它为美国博物馆的收藏增加了成千上万的鱼骨架。退休后，他搬到澳大利亚，就将这个机会传给了充满热情、跃跃欲试的威利。获取最不寻常的鱼的奖金为200美元，但要参加比赛，得将鱼捐赠给科学事业（在这里由威利代表）。这是一种行之有效的方法，可充分利用比赛中近千艘渔船为博物馆收藏各种鱼，这是通过公众科学方法为研究收集标本和数据的又一案例。威利这么做的这些年间，通过数以百计的捕鱼人的努力，收集了250多种不同的鱼类。竞技赛的捕鱼人带来了大量珍贵的鱼类，如大型石斑鱼、金枪鱼和马林鱼。威利为他们提供一项额外的服务。他身着短裤、凉鞋和粘满鱼黏液及鱼血的衬衫，几个小时站在码头那边，看着小船载着潜在冠军得主一同驶入。当他看到有人带着一个特别壮观的庞然大物进来时，便会走过去，提供专业片鱼服务。威利和他的团队（2002 年我也是成员之一）会为鱼的所有者将鱼肉从骨架上剔除干净，以回报他们将鱼骨架捐赠给科学事业的义举。他的语言说服天赋让人难以抗拒，片鱼服务能有效收集此类鱼类学的巨鱼骨架，而这往往是博物馆很难获得的。

竞技赛的一个附带好处是可供烹饪的海量选择。许多钓鱼选手会把渔获物留在码头或评委展位上，因为他们并不特别喜欢吃鱼。钓鱼法规禁止出售比赛中捕获的鱼类，死鱼无法放回水中，因此，除了吃掉它们，别无他选。我们乐于获得许多这样的鱼为科研人员提供食物，我们每天都吃各种各样的新鲜鱼。我尝过很多种鱼，包括一些通常不被认为是食物的种类。在我们能获得的大约 40 种可食用种类中，扳机鱼（triggerfish）是我的最爱。我在那里时，还吃过刺鲅、军曹鱼、金枪鱼、鲭鱼、比目鱼、鲷鱼、蓝鱼、马林鱼、石斑鱼、鲳鲹、鲨鱼和星鳞魟。我特别着迷于美丽的扳机鱼，很多年前我为一个海洋水族馆购买了一条小扳机鱼作为观赏鱼，价格超过 100 美元。

很幸运，在重达 385 磅的华沙石斑鱼（Warsaw grouper）被带来的那天，我正好也在竞技比赛现场（见第 103 页的图）。这是该物种有史以来的第二大标本，巧舌如簧的威利用专业去骨切片服务成功地说服所有者交出骨架。那时，石斑鱼片的售价每磅超过 10 美元，所以，对于所有者来说，将近 200 磅的鱼片用作个人消费的食物，价值数千美元。而对于我们来说，骨架是无价的。巨型华沙石斑鱼在博物馆收藏中极为罕见。我用锋利的大砍刀和短柄斧解剖鱼，而不是用手术刀或精细手术剪，这是一种全新的体验。

解剖巨型石斑鱼揭示了它史诗般的生命历程以及最终从深海被捕获的故事。我们在它的胃里发现了 12 个旧钓钩，这表明在这之前，它咬断钓鱼线，逃脱抓捕至少 12 次！这次钩住它的捕鱼者在小船上被无望地拖拽着，在大海上漂了好几个小时，之后，他们被一艘带有更大绞盘的船拉着。捕鱼者伺机而动，向这艘大船请求帮助，将钩住鱼的网线交给了他们。大船上的船员把线放在绞盘上。借助这个强大的机械装置和大渔船，他们将鱼拖上了船，最终拖到岸上，一架起重机把它从船上抬了出来。如果这些捕鱼者没有遇到大船，他们最后肯定要被迫切断钓鱼线，以防止小船被大鱼永远地拖拽着。华沙石斑鱼目前被美国渔业协会（American Fisheries Society）列为濒危物种，但是，一旦它从深海被带到水面，就没有存活的可能。该物种的大型成年鱼生活在水下 2000 英尺的海洋深处。由于极端的压力变化，仅将它们带到水面的行为往往就是致命的。但至少欣慰的是，这个庞然大物会因科学展览而永垂不朽。

那年竞技赛的最高奖金是 3 万美元，不同类别的项目优胜者也能获得其他丰厚的奖励。因为涉及金钱奖励，有时会出现有损道德的行为。威利在竞技赛场这些年，发现好几次这种情况。有人用铅填进鱼肚里以增加重量，尴尬的是，鱼在称重时，最少有一块铅掉到秤上。有一次，有人拿来在哥斯达黎加捕的鱼，声称它是在比赛区捕获的。还有一次，为了努力给教会筹措额外资金，一位牧师交来了一条琥珀鱼，他在鱼肚里面塞满了许多冷冻鱼饵，以增加其重量。作弊之风盛行，于是比赛为奖金争夺者引入测谎仪，为鱼引入了电动新鲜度表（是的，确有其物）。引入测谎仪的第一年，一个本来要获胜的人未能通过测试。

经过三天的比赛，威利彻底筋疲力尽。在整个活动过程中，我主要是在观察，对于威利操作方式的了解浅尝辄止，光这样，我都累了。整整 72 个小时里，威利除了要说服参赛者捐出战利品，还得管理一大群热情高昂的学生、志愿者和来访的鱼类学家，将鱼肉从上百件鱼骨架上剔除后，将骨架运往马萨诸塞大学和菲尔德博物馆，通过食肉皮蠹进行最后的清理。[2] 存放鱼内脏的巨大沟渠被填满、掩埋，部分去肉的骨架装船运走，组员们被片鱼刀意外割伤或被鱼刺刺伤的手经过了冲洗并包扎好了。是时候该离开了。这是一次非常成功的旅行，为研究辐鳍鱼收集到数百件鱼骨架，包括那具385磅石斑鱼的骨架。

我和威利在一起取得了新的科学发现，培养研究生和博士后，我们因合作研究项目出版了许多专业书籍、发表科学期刊文章。我们的工作在世界顶级学术期刊《科学》中得到如下评论："为使比较生物学达到技术和方法论臻于完美的水准，使该学科傲然进入21世纪，这个典范为如何去做提供了指引。"[3] 在此期间，我提高了绘画技巧，以展示我们在出版物中所研究骨骼的解剖学细节。解剖学仍是我认为很美的事物，正如我读研究生时，科林·帕特森和唐·罗森告诉我的，要真正认识解剖结构，你必须绘制它。我在薄膜上用黑色墨水描摹骨架的照片，然后将描摹痕迹减少50%或更多。这能产生外观非常细腻的线条图。我喜欢将手绘图与我关于鱼类解剖学的专著及期刊文章中同样大小的照片进行比对出版（如第108页），这一过程让我获得智力上的充实与审美上的满足。我与威利的合作极大地提高了我的科学声誉，是我职业生涯中最为愉悦的时期之一。[4]

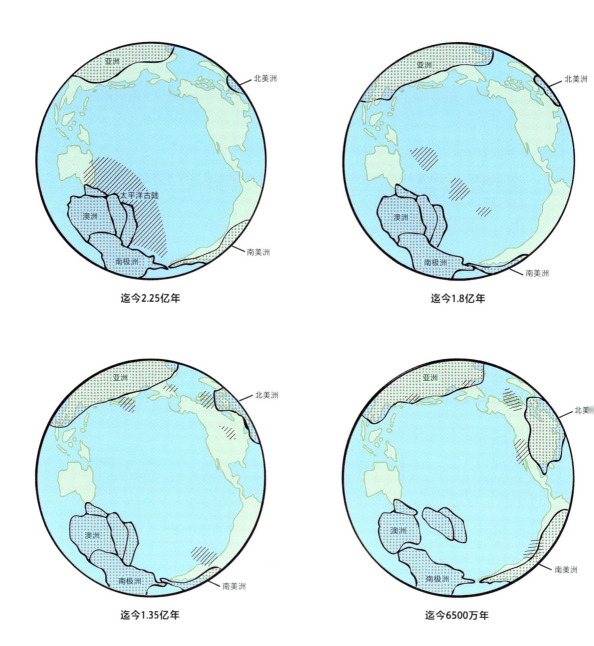

迄今2.25亿年　　　　　　　　　　　　迄今1.8亿年

迄今1.35亿年　　　　　　　　　　　　迄今6500万年

太平洋半球在遥远过去的四个时间点，显示了失落大陆 —— 太平洋古陆缓慢地分裂、移动和沿海碰撞。太平洋古陆过去的位置用对角线标出，其他大陆过去的位置加点标明，在地理背景下，绿色标注了当今大陆的相对位置。基于 Nur 和 Ben-Avraham（1977）。

1994 年，尤金尼亚和我站在位于莫斯科的俄罗斯科学院古生物学研究所（简称 PIN）前面。尤金尼亚是 PIN 的鱼化石策展人，在她的帮助下，威利和我看到了俄罗斯以外的人未曾见过的化石。

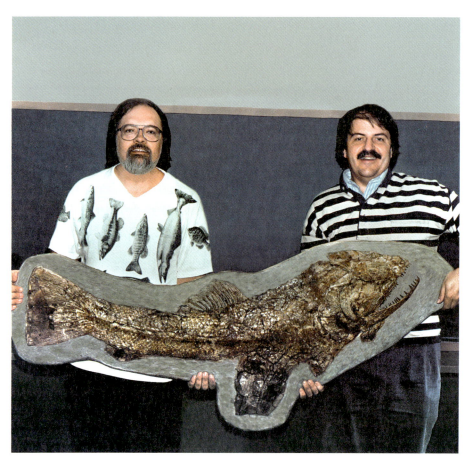

1995 年，威利和我在日本北九州博物馆研究他们的辐鳍鱼化石收藏。这件特殊的标本是一条来自巴西东部一亿一千万年前石灰石的弓鳍鱼。我们的研究显示其最近的亲属来自非洲西部，这表明那个地质时期内各大陆的不同位置。

在 2002 年亚拉巴马州深海钓鱼竞技会上，威利和 385 磅重的华沙石斑鱼，它在被捕获时是有史以来该物种的第二大标本，我们通过为所有者片鱼而获得骨架，用于科研事业。

在 2002 年亚拉巴马州深海钓鱼竞技会上，威利和我解剖了一条 300 磅的马林鱼。要处理大型的"足以获奖"的海鱼，解剖需要用到大砍刀和短柄斧，而不是用精细手术剪或手术刀，这个工作不适合软弱或胆小的人来干。

多芬岛海洋实验室的学生志愿者在将梭子鱼骨架包装好运往芝加哥菲尔德博物馆之前，先将其大部分鱼肉片开。运回博物馆后，这个骨架以及其他部分去肉的鱼骨架会被放入装有食肉皮蠹群的缸中进行最后的清理。

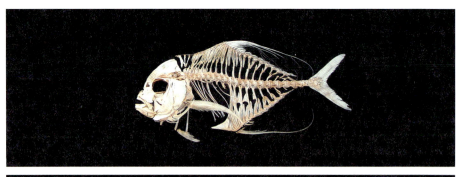

经过皮蠹的最后清洁，上一页的梭子鱼（中图）和其他辐鳍鱼如鲳鲹（*pompano*，上图）、鬼头刀鱼（*mahi-mahi*，下图）被漂洗、干燥，准备用于研究并纳入博物馆的永久收藏。我们使用这种方法对钓鱼竞技会收集来的大型骨架标本进行制备。

威利和我还合作培养博士，我们的学生之一埃里克·希尔顿（Eric Hilton）现在是弗吉尼亚海洋科学研究所（简称 VIMS）的鱼类策展人，被认为是当今最重要的鱼类解剖学家之一。这里，他正拿着一个美国鲥鱼的标本，它是 VIMS 藏品中超过 50 万种酒精保存的鱼标本之一。

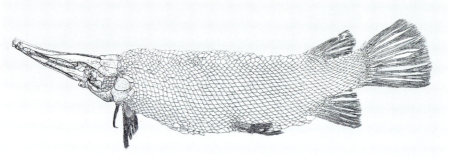

雀鳝（*Lepisosteus bemisi*）的照片和线条图。雀鳝是一种长嘴硬鳞鱼（garfish），为了纪念我和威利多项合作开发项目，2010 年，我用威利的名字对其进行描述和命名。这个保存精美的标本长两英尺半，来自怀俄明州西南部 5200 万年的野外考察点（第三章）。这也是我多年来发表的数百幅描述化石和活鱼骨架的比对图像之一。

第六章 被抢夺的分手礼物：
麦当劳、迪士尼都曾
赞助的霸王龙化石

标志性的恐龙苏（SUE）骨架长 42 英尺，被安放在菲尔德博物馆大厅中。这个标本引发了许多情感和政治上的问题，我参与恐龙苏的工作是作为策展人的生涯中的又一次重要经历。

影响我策展生涯的，除了我的导师、同事、野外考察，还有一些不同寻常的事件。我在策展生涯中经历过一次最为难忘的审判，"审判"一词既是字面意思，也有所喻指，它涉及博物馆标志性展品——恐龙苏。

霸王龙是所有恐龙中最受欢迎的，这个名叫苏的标本是世界上最大、保存最完整的霸王龙骨架。该化石已成为芝加哥菲尔德博物馆的标志，它是博物馆的镇馆之宝，被放置于入口主厅的核心位置。按官方说法，这个标本编号 FMNH PR 2081，是这家博物馆 2700 多万件藏品之一。可这件标本太了不起了！甚至它的名称已被注册商标（所有字母为大写的形式）。从它到芝加哥以来，它成为科学发现、公众宣传和博物馆推广用之不竭的灵感源泉。苏首次亮相博物馆的那一年，参观人数跃至 240 万，比前一年增加了 90 万名访客。

苏从被发现、发掘到被联邦扣押，以及最终被菲尔德博物馆拍卖获得，这个过程成为有史以来古生物学的非凡传奇，全国各地的策展人以及其他形形色色的个人都卷入其中，它改变了许多人的生活和财富。有至少两本主要专著、几本较短的儿童读物、名为 "T. rex 的诅咒" NOVA 特刊以及一部荣获艾美奖的影片《恐龙 13 号》(Dinosaur 13) 均以此为主题。这个故事被不同人从多个视角进行讲述，如商业化石交易商、法律期刊的律师、电视记者、纪录片导演、联邦探员、报纸记者和政客等。我很早涉足其中，我所工作的机构最后获得苏的永久收藏权，我可以从另一个内部视角来讲述这个故事，这是一个置身疯狂中的博物馆策展人的视角。

我们大概可以快速了解苏的早期历史：苏活着时，站立起来，臀部的高度超过 13 英尺，长度为 42 英尺，体重可能接近 10 吨。在已知陆生动物中，它拥有极强的撕咬力，以其他恐龙为食，包括它同类中较小的成员，它一顿可以吃数百磅肉。这个充满掠夺性的庞然大物活到28岁，这对霸王龙来说是成熟的年纪，它身上有多处伤口，被认为是挣扎的猎物造成的，包括肋骨断裂、肌腱撕裂和肩胛骨受损，生前还患有各种疾病（关节炎、痛风和外科感染）。尽管这个标本昵称是苏，但我使用代词"它"而不是"她"，其性别从来没有被最终确定。幸好苏死的时候离水很近，它可以在较短的时间内被淤泥和沙子掩埋。这样可以保护其身体免受食腐动物的侵害，使骨骼矿化，并在地质时期内完好地保存下来。

尽管苏似乎过着艰难的生活，但可以说，它真正的麻烦始于约6700万年后，其化石重现于世，麻烦重新开始。在它被发现并发掘不到两年时间里，它点燃了有史以来关于化石最为广泛的法律战争。事实证明，它触发了南达科他州（South Dakota）最大的刑事案件。调查历时五年，其中包括两个大陪审团，最终以陪审团审判结束，历时八周。美国联邦政府与一家名为布莱克希尔斯地质研究所（以下简称BHI）的商业化石公司进行激烈的斗争，后来扩散到几个主要博物馆，涉及来自全美各地的博物馆策展人，包括我。审判的诉讼费几乎使BHI破产，其创始人、总裁彼得·拉森（Peter Larson）被送交联邦监狱，许多南达科他州人将对他的指控视为滥用检察权。这个案子情况复杂，今天，美国各地的法学院在课堂中将其作为文化遗产法规的经典案例。为确定争端的背景，有必要首先解释BHI是什么，它与基于学术的非营利性自然历史博物馆的区别。

布莱克希尔斯地质研究所有限公司由彼得·拉森于1974年创立，位于希尔城（Hill City）。BHI是一家买卖化石、矿物和化石铸件的企业（苏被发现的那一年，公司约700人）。它还维护着一个小博物馆，里面具有独立展览和用于研究、不对外出售的藏品。该公司已经声明他们最终希望将该博物馆剥离为一个单独的非营利实体，名为布莱克希尔斯自然历史博物馆，但到目前为止，该计划尚未实现。BHI博物馆的运营费用目前是通过商业运作得以支撑。BHI的主要业务是贩卖化石，但它自称是研究所，这在专业古生物学界引起争议。有些人认为BHI是商业机构，却将自己标榜为合法的学术机构。另一些人将BHI视为资本主义创业企业，还没得到机会顺利进行，就遭受了知识精英不公平的攻击。直至今天，就此问题双方所持的极端观点仍在发酵。电影《恐龙13号》进一步加剧了冲突。这部电影毫无理由地认为学者们囿于一隅，缺乏商业化石获取者所具备的野外专业知识。通过我自己近40年的化石探险，我非常重视这个问题。博物馆策展人数十年来一直在各地区寻找恐龙，从蒙古的沙漠到南极洲的山脉。他们与联邦机构合作，为公共土地制定收藏政策，以确保收藏有计划且专业地进行。专业（学术）古生物学家的目标是要确保将重要的标本放置于公共信托中，以便现在和将来都可以研究这些标本。《恐龙13号》不是纪录片，它将BHI看成各种博弈力量悬殊之下的失败者，过于表明对它的不懈欣赏，而其他人成为代价。这太糟糕了。电影的这种渲染完全没有必要，因为苏从被没收到针对BHI案件的反转，都具有真实的戏剧性，无需夸张或任何媒体偏见就能拍出好电影。

　　20世纪70年代后期，我第一次接触彼得·拉森，那时我正在明尼苏达大学读硕士学位。他给我发了BHI博物馆藏品中一些重要化石的照片，我打算在准备出版的关于格林里弗组古生物学的书中使用这些照片。他在明尼阿波利斯停留，亲自送来了标本。我很感激他特地送来标本供我研究。这个来自南达科他州的人试图在这个时代，白手起步建造一座博物馆，这令我印象深刻。尽管我们的核心目标来自不同角度（我是学术的，他是商业的），但他是一个讨人喜欢的人，个性慷慨大方。多年来，我们偶尔会通信，讨论BHI永久藏品中的各种标本。他留着浓密的胡须，戴着眼镜，肤色是美国西部的人们常见的那种被晒黑的颜色。即使现在，60岁出头的他仍保留某种乡村男孩般的气质，虽然其貌不扬，但深受媒体喜爱，有助于他成为南达科他州的当地英雄。从某种程度上说，他也是一名普通的古生物学家，但毫无疑问，BHI 的业务是他的首要任务。

BHI 博物馆的化石藏品中包含一些对科学界研究具有独特重要作用的化石。多年来，我借用了一些这样的标本进行研究，有一次，我从 BHI 借了一些化石用于我在菲尔德博物馆策划的一个临时展览，展览名为"石封的记忆：化石湖的史前生物"（*Locked in Stone: The Prehistoric Creatures of Fossil Lake*）。我还从 BHI 商业部门为菲尔德博物馆的收藏购买了一些重要的物品。他们例行将许多标本卖给世界各地的自然历史博物馆，范围从哈佛比较动物学博物馆等小型的大学博物馆到史密森学会的国家自然历史博物馆。虽然将 BHI 称为研究机构有些言不由衷，但一直以来，拉森对与我有联系的科学机构都很合作，帮助很大。可是，因为菲尔德博物馆的业务，我与拉森和 BHI 早年的关系最终使我陷入了具有挑战性的考验中。在有关苏的审理案件伊始，我和其他来自全国各地的策展人和专业科学家一样，被卷入其中。

恐龙苏是拉森以发现它的女人苏珊·亨德里克森（Susan Hendrickson）的名字为它命名的。亨德里克森被全国各种博物馆策展人冠以"野外古生物学家""海洋考古学家""探索者""勇敢的环球旅行者""寻宝猎人"以及一堆其他的名头，褒贬不一。她未从高中毕业，却通过了 GED 高中同等学力测试。她没上过大学，但获得了伊利诺伊大学芝加哥分校（University of Illinois at Chicago）的荣誉博士学位。她不是科学家，但她是一位成果斐然的探险家。1998 年到 2001 年间，她以特邀嘉宾的身份多次出现在菲尔德博物馆，向媒体讲述苏的发现。亨德里克森在寻找重要发现方面具有天赋。她虽然缺乏专业训练，却通过坚持不懈、好运气加上人格魅力得以弥补。用休斯敦自然科学博物馆（Houston Museum of Natural Science）恐龙策展人鲍勃·巴克（Bob Bakker）[1]的话说："有些人能找到化石，而有些人则找不到。在古生物学领域，苏珊具有判断位置的天赋。这是天生的。她就具有这种能力。"1990年8月12日，亨德里克森进行了影响她一生的古生物学发现：发现了世界上最著名的恐龙标本。

亨德里克森喜欢做野外工作。从某种意义上说，她是为野外工作而生。她没同BHI寻找恐龙时，就在佛罗里达群岛附近进行水下打捞工作，在多米尼加共和国的洞穴中寻找琥珀化石，或者与中东的海洋考古学家团队一起工作。她在20世纪80年代初参观了我在怀俄明州的考古现场，在那里，我第一次见到她。你可能会说她像策展人一样，对探索和野外工作充满热情，但她会承认自己缺乏策展人所需具备的对研究和分析的热情。那个早晨，她进行了伟大的发现，而这之前她与BHI一起在许多私人农场就恐龙探险进行了长期的考察，其中一个属于名为莫里斯·威廉姆斯（Maurice Williams）的农场主。那天，天气阴沉。据史蒂夫·费弗（Steve Fiffer）《霸王龙》一书描述，此前一些天，她和彼得·拉森决定结束彼此之间的浪漫关系。她选择独自一人留下来继续勘探，拉森和其他组员则去了附近南达科他州费斯镇（Faith）修理漏气轮胎。在远处，距离营地七英里的地方，有一个砂岩悬崖在几周前就引起了她的注意。她徒步出发，到达时几个小时已经过去了。她站在60英尺浅黄色的小山前，开始寻找骨头。当她沿着悬崖底部的地面搜寻时，正好一些小骨头碎片从高处滚落下来。当她抬头看向山坡并寻找骨头来源时，发现了三个饱受风雨侵蚀的大椎骨和一条腿骨从悬崖山侧露出来。从大骨头的外观和位置，她立刻判断山里还有更多的骨架。让她更加兴奋的是，她注意到她发现的位于山脚附近的骨头具有非常独特的外观，表明这是一种食肉恐龙。她收集了一些骨头碎片，几乎全速跑回营地，告诉从费斯镇回来的拉森。她将搜集的骨头碎片给他看后，他认出它们来自霸王龙。他们赶紧跑回悬崖山侧。据说，他们到达后，亨德里克森指着骨架说："这是我给你的分手礼物。"拉森当时对亨德里克森说，他会以她的名字命名骨架。那是欢乐时刻，但对他们而言，后来却曲折发展，成为悲剧性的传奇。

在接下来几周中，拉森、亨德里克森和 BHI 几个其他成员努力挖掘霸王龙苏的骨架。这些骨头被埋在近 30 英尺的粉砂岩、砂岩和沙子中，为了检索包含骨骼的石块，必须用手清理（不用拖拉机）。拉森和其他三个人进行挖掘。他们不得不每天远足，因为莫里斯·威廉姆斯不允许他们在他的土地上开车。在每天温度超过 100° F 的酷热环境中，用镐头、铁锹和刀作业，这是一项艰苦的工作。两个多星期来，他们每天工作长达 12 个小时，终于将含有苏骨头的粉砂岩块暴露出来。将大部分骨头表层暴露后，拉森给了威廉姆斯一张 5000 美元的支票，用于购买地下的恐龙（但这笔交易的意图之后遭到威廉姆斯的质疑）。之后，细致的挖掘工作在继续。每块骨骼在被移动之前都被标记好位置进行记录。如鲍勃·巴克以及后来我们在菲尔德博物馆所确定的，所有报告显示挖掘工作都是专业水平的。BHI 对所有骨头在出土之前的位置在地图上做了详细的标注。威廉姆斯和他的家人有时会来观看挖掘的进展状况。覆岩层一旦被取下，包裹骨头的岩块暴露出来，它们就被盖上石膏护套，并用木框架支撑好，以安全运送到 BHI 设施中。带护套的岩块很大，最大的岩块重近 1 万磅。在最后一天，BHI 团队被准许开车驶过威廉姆斯的土地，将包含化石的岩块从农场运回位于南达科他州希尔城的 BHI 化石制备设施中。借助绞车的力量，团队将岩块装载到几辆车上，包括一辆五吨拖车。之后，在 1990 年 8 月的最后一天，未经制备的霸王龙苏的骨架被运往希尔城。

在 BHI 卸下标本后，对其进行制备的工作便立即开始了。BHI 化石制备者之一特里·温茨（Terry Wentz）专职负责苏的制备工作。拉森、他的兄弟尼尔和罗伯特·法拉尔（Robert Farrar）在业务不忙的时候也花时间进行制备。在接下来的 20 个月里，关于巨型霸王龙的数十个故事出现在报纸和杂志上。苏骨头周围的岩石被搬开，里面发现了其他化石，包括植物、乌龟和一只小霸王龙的骨头。部分化石被送到世界各地的策展人和其他研究人员那里进行鉴定和分析。在1991年10月的古脊椎动物学学会（以下简称SVP）[2]会议上，拉森介绍了迄今为止苏出土材料的相关发现，并邀请古生物学家来希尔城研究该材料。到了1992年初，34位古生物学家报名合作编写以苏为主角的霸王龙专著。头骨和上肢是其中已经制备好的最重要部位。苏是已知的上肢得以保存下来的第二只霸王龙，到目前为止，苏的上肢是这两只中保存得最好的。它被借给丹佛自然与科学博物馆（Denver Museum of Nature and Science）的策展人肯·卡彭特（Ken Carpenter）进行研究，他基于苏的上肢证明霸王龙的前臂力量是之前设想的两倍。尽管它们按体型比例来说很小，但它们粗壮、肌肉发达，苏的上肢一次可以举起数百磅的重物。

但是，关于苏，古生物学家和其他利益相关方并非都能和谐相处，对于BHI的动机有人产生了质疑。BHI商业出售化石的事实使之与专业科学界的许多人发生冲突，科学界认为具有重要科学意义的化石归私人所有是不道德的。同样，此前有指控称，BHI是在联邦土地上非法收集化石。古脊椎动物学学会对于在联邦土地上的化石采集活动，正在推动制定更为严格的联邦法规，而BHI在努力游说放松限制。

SVP认为脊椎动物化石是一种重要的不可再生资源，一旦在公共土地上发现，就应置于公共信托中，最好放在博物馆或研究机构里，使整个科学界受益。BHI的立场是，如果南达科他州的荒地国家公园（South Dakota Badlands）及其他地方的化石一旦被风化，而没有被收集，那它们对任何人都是没有用的，因为在风化作用下它们会被迅速破坏。他们争辩说，目前很多化石正暴露在这些不利因素中，但太少专业古生物学家能对它们进行收集和保存。他们支持1987年美国国家科学院（NAS）委员会对美国内政部长的建议，允许一些机构通过规范的许可，系统进行化石的商业收集（拉森是该委员会的成员）。这份报告是应美国内政部的要求完成的，但内政部长拒绝了NAS的建议。

争议继续升温。SVP内部存在意见分歧，最终导致其副会长兼史密森学会策展人克莱顿·雷（Clayton Ray）辞职，但那时 SVP 代表（执行委员会）对 BHI 主要持批评态度。专业古生物学家就这个问题分成了两派。SVP 秘书长、SVP 政府联络委员（Government Liaison Committee）成员鲍勃·亨特（Bob Hunt）的如下言论曾被引用："布莱克希尔斯地质研究所的负责人尚未发表过科研成果，他们也没法找到最适合从事这项研究的专家，这表明他们在恐龙研究方面的科学专业度上存在严重问题。"作为回应，哈佛大学的恐龙古生物学家鲍勃·巴克力挺拉森，认为他是一位负责任的古生物学家，他将人们对 BHI 的批评称为"诽谤活动"。

到 1991 年，刑事及民事法院的介入让 BHI 及其高级职员的麻烦不断增多，联邦官员收到多份关于在联邦土地上非法收集化石的报告。他们建立刑事案件，其中包括对非法收集苏的指控。莫里斯·威廉姆斯也认为，即使他兑现了支票并在录像中承认了这笔交易，他会以 5000 美元的价格出售这些骨头，就是上当受骗了。他决定在民事法庭上对与 BHI 的交易提出质疑，声称这笔款项只是让 BHI 有权取出化石并为以后的出售做准备。此外，苏族部落（Sioux Nation）也参与其中，因为威廉姆斯是一名苏族人，他的农场位于夏安河苏族印第安人保留地（Cheyenne River Sioux Indian Reservation）内。他们声称威廉姆斯无权拥有化石，化石应属整个部落拥有。一篇报纸文章引用了部落的律师史蒂夫·埃默里（Steve Emery）的言论："我们的保留地有这个国家第 14 和第 29 贫困的县。我们没有部落赌场，我们认为恐龙化石将成为'旅游'博物馆的基础。"威廉姆斯不得不就恐龙的所有权问题与自己的部族开始法律之争。现在有三个不同实体声称拥有苏的所有权：莫里斯·威廉姆斯、BHI 和苏族部落。

回到希尔城的小镇，经过 20 个月的工作，苏的头骨制备工作取得重大进展。周边的人都被这个过程吸引住了。2000 多名访客来 BHI 博物馆的里屋观看头骨如何制备。参观人数是希尔城人口总数的两倍多。由于苏带动了小镇旅游业的发展，当地许多居民开始将化石视为地方遗产。来自北美各地的科学家及记者不断前来看它。随着铰接式头骨制备工作仍在继续，BHI 决定使用一些新技术来检查其内部解剖结构：通过 CT 扫描。头骨原计划于 1992 年 5 月运送到位于亚拉巴马州汉斯维尔（Huntsville）的 NASA 马歇尔太空飞行中心（Marshall Space Flight Center）进行扫描。在此之前，情况发生了巨大变化。

1992 年 5 月 14 日上午 7 点，35 名联邦特工加上 30 名国民警卫队的士兵出现在布莱克希尔斯地质研究所，来了一场突袭。他们整体没收了苏以及其他化石，还有许多盒文件和信件档案。现在，出现第四个实体声称拥有苏的所有权：联邦政府。最初，联邦政府执法官员认为他们拥有骨架是因为在发掘恐龙时，美国内政部长以信托方式持有威廉姆斯的土地。他们花了三天时间打包并运走所有的化石和文书。联邦调查局、国家公园管理局和国民警卫队将相关材料搬进了大型军用卡车，当地居民开始聚集起来。到了第三天，当地已经有近 200 名抗议者（这只是 700 个抗议城镇中的一个），他们高举着类似 "以你为耻""别这么冷酷，救救苏" 等标语。群情激愤，甚至连希尔城的市长也参与其中。对于政治上保守的民众来说，这是一种煽动性的状态，他们本能怀疑联邦政府对当地事务的干预。针对苏的突击行动由代理美国检察官凯文·希弗（Kevin Schieffer）组织进行，他上任才一周就被要求调查此案。这也为国家公园管理局对 BHI 活动的早期调查提供了介入途径。

在恐龙苏出现之前，联邦政府已经在调查 BHI。自 1985 年始，国家公园管理局开始调查对 BHI 在联邦及印第安土地上非法收集化石的指控及证据。这项调查由国家公园管理局的护林者也是一名古生物学家文斯·圣图奇（Vince Santucci）主导，在名为苏的霸王龙骨架发现之前，对 BHI 的调查工作已进行了六年。圣图奇是化石山段国家遗址（Fossil Butte National Monument）的主要护林者，我在怀俄明州化石盆地进行野外工作时，曾见过他几次，他坚信要保护国家公园内的古生物遗址免受盗掘者的侵害。在 20 世纪 80 年代中期为国家公园管理局工作期间，他开始担心从国家公园盗窃化石问题日趋严峻的形势，这包括亚利桑那州（Arizona）的石化森林国家公园（Petrified Forest National Park），尤其是南达科他州的荒地国家公园。据报道，他将化石偷盗者与盗墓者和抢劫者相提并论，并且，他被石化森林国家公园的负责人及新闻界人士称为政府唯一"带着手枪的古生物学家"（Pistol-Packing Paleontologist）。在对荒地化石盗窃案的调查中，圣图奇不断看到 BHI 的名字以及一些特定的个人。国家公园管理局就荒地国家公园化石偷盗活动，多年来一直在寻求美国检察官办公室的协助未果。但是，让圣图奇感到郁闷的是，一旦位于南达科他州皮埃尔（Pierre）的美国检察官办公室开始关注苏的案件，国家公园管理局对荒地国家公园的调查便被卷入其中。关于苏化石、其他化石的刑事和民事审判，均由同一批律师使用苏被扣押期间收集的相同证据进行。这导致公众对案件的个别性产生了混淆，国家公园管理局的案件完全被媒体和公众对恐龙的关注淹没了。

希弗认为让苏作为联邦案件的焦点将确保它引起广泛关注，它的确做到了。据报道，除却对化石盗窃活动的担忧，它可能还有关乎政治野心的个人动机。但在保守的南达科他州，联邦当局的震慑策略最终适得其反。在希尔城以及后来的拉皮德城（Rapid City），当地认为这是联邦政府对南达科他州内部事务的过度干涉。当联邦政府用卡车拉走苏的骨架时，希尔城的居民进行抗议，持续表达他们的关注，甚至有视频拍到有一个人躺在一辆联邦卡车的前方试图阻止苏被拉走。

突袭之后的调查包括美国司法部、联邦调查局、美国国税局、美国海关总署、土地管理局、美国国家公园管理局、美国森林管理局和印第安事务局。这似乎是联邦各机构的一次惊人联合，也是美国税金的一项重大花费。一年半以后的 1993 年 11 月，经过美国检察官办公室数月的艰苦努力，BHI 和该组织中的一些个人接到令人难以置信的起诉书，指定了 39 项罪名及可能的 153 项定罪。[3] 针对 BHI 创始人彼得·拉森的指控，可将其判处 350 年以上监禁和超过 1300 万美元的罚款。联邦调查局的人可不是闹着玩的！于是，许多南达科他州居民的情绪再一次骚动起来。拉森通过多家媒体宣称，政府想让他获得的监禁时间比杀害并进食15 人的连环杀手杰弗里·达默（Jeffrey Dahmer）的监禁时间还长。

在菲尔德博物馆，我们首次意识到博物馆被卷入此案当中是在 1993年 3 月初。联邦调查局此前给史密森学会的一位哺乳动物化石策展人克莱顿·雷发出传票，让他来拉皮德城在大陪审团面前回答有关 BHI 的一些问题。雷出庭作证，据报道，联邦政府检察官对他的提问非常具有攻击性。这让史密森学会感到惊讶，他们是国家自然历史博物馆，这是联邦政府的案子，他们本以为会对雷自愿作出的证词给予合作尊重。这个转折的消息传回博物馆界，有消息称，全国各地都会收到传票，菲尔德博物馆也不例外。政府从 BHI 没收的文件中包括多年来所有的往来信函，其中还有拉森同我在明尼苏达大学读书时的通信。联邦律师注意到所有曾与 BHI 有过往来的人，并将名单汇总在一起作为控方证人。希弗采取了强硬手段，他似乎感觉到任何与 BHI 有关的人或地方都隐藏了可用于他的案子的信息。基于对 BHI 的起诉书和政府案件规模，为了赢得诉讼，希弗似乎在孤注一掷。

3 月 15 日，联邦调查局的工作人员来菲尔德博物馆并送来三张传票。一张给了博物馆馆长威拉德·"桑迪"·博伊德（Willard "Sandy" Boyd）用于索取文件。另外两张给了我和博物馆的另一名档案保管员，要求我们去拉皮德城在大陪审团面前出庭。我们在桑迪的办公室见面，一起见面的还有博物馆的法律顾问理查德·孔茨（Richard Koontz）、桑迪、我和送传票来的联邦调查局工作人员。这名工作人员超级有礼貌，我从未见过类似场面，因此印象十分深刻。他问了几个问题，我作了如下回答。

"你有没有听说过布莱克希尔斯地质研究所？"

"听说过。"

"你同他们签过何种合同？"

"我偶尔从他们那里借研究用的标本，我为博物馆购买了一些标本。我曾去过他们在希尔城的商店。"

"你同他们一起做过野外工作吗？"

"没有。"

"你对南达科他州的鲶鱼化石有了解吗？"

"是的，我为博物馆购买过一些。它们代表一个新物种，有一天可能会代表科学描述的类型系列。"

"你从布莱克希尔斯地质研究所为博物馆购买过化石吗？或者为个人购买过吗？"

"没有，我仅为博物馆购买过。"

"什么是类型系列？"

"新命名的物种所基于的标本。"

"你认识布莱克希尔斯地质研究所的彼得·拉森及其他人有多长时间？"

"大约十年。"

"我怎么能联系上利·范·瓦伦（Leigh Van Valen）及戴维·劳普（David Raup）（以送达传票）？"

"这个我不清楚。利·范·瓦伦及戴维·劳普都是芝加哥大学的教授。你为什么不直接同大学联系呢？"

然后，对话就结束了，但对于我和博物馆档案管理员来说这仅是个开始。与联邦调查局工作人员会谈结束后，另一个漫长过程开始了，我三次前往南达科他州。桑迪·博伊德是一个聪明谨慎的人，具有丰富的法律知识。来菲尔德博物馆之前，他曾任艾奥瓦大学（University of Iowa）法学院院长，并于 1969 年至 1981 年间担任该校校长。他非常保护博物馆及员工。桑迪聘请了顶级律师内森·P.艾默（Nathan P. Eimer）（我们喊他奈特），他来自芝加哥西德利＆奥斯汀律所（Sidley ＆ Austin）。桑迪说，我和档案管理员只要去南达科他州，奈特都会陪着，他将代表博物馆、档案保管员和我。这个令人震惊的事件缓缓启幕，事实证明奈特发挥了非常宝贵的作用。

我第一次去拉皮德城在大陪审团面前作证是1993年10月上旬，我们计划在那里待三天。我们于10月4日周一入住华美达酒店（Ramada Inn）为第二天早上的会议做准备。那时在拉皮德城没有太多工作要做，我们决定充分利用这段时间缓解紧张情绪。奈特和我一起去市区转转，几个小时的时间，我们差不多转完了。下午晚些时候，我想起我们附近有这个国家最壮观的化石遗址之一——荒地国家公园。鉴于对BHI的调查由此地开始，我们花些时间去看看公园也在情理之中。这里以拥有全球最丰富的渐新世哺乳动物化石而闻名。布鲁尔组（Brule Formation）露出地面的岩层为该地区大约3300万—3000万年前的生物面貌提供了独特的视角，这里四处都有风化的化石。在公园开发了的区域，风化的化石已被透明的塑料穹顶盖住，以保护它们免受各种因素（及纪念品收集者）的侵害。这些装有展品的透明容器沿着便利的游览路线摆放着，人们可以近距离观察它们。我们穿行荒地国家公园时，奈特问我有关古生物学的问题，我问他有关联邦陪审团制度的问题。奈特指点我诉讼过程中将会发生的情况。大陪审团是一个法律机构，有权调查潜在的犯罪行为，以确定是否应提起刑事诉讼，以及案件目标（本案目标为BHI）是否需要接受审判。大陪审团制度留有英国法律制度的痕迹，其历史可追溯至1166年亨利二世颁布的法案。它不是法院，调查的对象（例如博物馆策展人克莱顿·雷、我本人及其他人）不允许有律师出现在大陪审团室。奈特说他会在外面等我弄完。我出来之后要转述给他里面发生了什么。

奈特坚持认为，博物馆档案保管员、博物馆和我在同意作证或对联邦检察官说任何话之前应该得到美国地方法官的豁免令。他对联邦法院系统有相当丰富的经验，他解释说，一个具有攻击性的检察官（例如凯文·希弗）的常见策略是让调查对象进入大陪审团室，然后向他们提出一系列问题，房间的后面会有助理将给出的答案都记录下来。第二天，他会让调查对象回到陪审团室，问几乎相同的问题。如果第二天给出的答案与前一天的有出入，联邦检察官会暗中威胁调查对象涉嫌作伪证，除非调查对象针对案件目标（本案中的 BHI）提供额外的信息。奈特说，这一般出现在检察官认为调查对象在隐瞒案件目标信息的情况下。麻烦的是，我没有关于 BHI 的其他信息。奈特警告说，在获得豁免权之前，档案管理员和我应该不回答任何问题，不进行对话，甚至不给希弗任何机会。"只要阅读这张卡片上的文字。"他说。然后，他写下了这些字眼，大致意思是："在律师的建议下，根据美国宪法第五修正案赋予的权利，我拒绝作证。"这对于我来说，一切似乎都充满戏剧性。为什么我不要与联邦政府充分合作？他们是好人，对吧？我很难相信在拉皮德城会发生这样的事情。但是奈特非常坚持，他的话一听就是经验总结。

第二天早上，希弗请我和博物馆档案保管员来到陪审团室。我坐了下来，桌子的另一边是一名充满活力的检察官。档案保管员坐在我右边。然后，希弗第一次问我入住的酒店怎么样，这是否是我第一次来拉皮德城？我转过身，看到我身后另一个人正在做记录。奈特在前一天的话描述了这样的场景，这让我深受震撼，我感觉自己的脸红了。我拿出卡片，开始读上面的字。这下，联邦检察官的脸红了。他问了我另一个问题，我也作出了同样的回答。最后，他看着我和档案管理员，说了大意如下的一番话："你应该在拉皮德城里找个舒适的地方住下，因为在我第二次见你之前，你不能离开拉皮德城，而下次会面一时半会儿还进行不了。"现在，我们担心起来。我可不想下个月甚至未来两个月被隔离在南达科他州的拉皮德城。档案保管员看上去明显动摇了。我们出来后，看见奈特在走廊里等着，便告诉他相关情况。奈特告诉我们不要担心，说这只是检察官威胁我们的手段，他认为我们有所隐瞒，便试图以此获取信息。奈特说，他的律所第二天会从南达科他州召集一名参议员，我们很快就会离开那里。奈特说得没错。第二天早上，我们得到了豁免令（实际上，豁免令早在一个多月前就已经签署了，但是我们第一次到达时，并没有给我们。）我们根本不需要与希弗进行第二次会面，便获准离开拉皮德城。由此，我非常庆幸我和档案管理员有一个具有政治背景的优秀法律顾问，我在想那些没有律师陪同的人该怎么应对。我们回到芝加哥，为了这个案子，之后我又两次回到拉皮德城。

几个月后，我回到拉皮德城为审判做证人准备，那时，凯文·希弗已从办公室离职。严格说来，希弗下令对 BHI 进行突袭时，他只是代理美国检察官，之后，他的美国检察官一职并没有得到克林顿政府的批准。这个案子变得一发不可收拾。希弗由罗伯特·曼德尔（Robert Mandel）取代，他似乎想让政府不失体面地从这个案子中全身而退，仍在寻找违反法律的行为。这个案子成为政府公关的一块烫手山芋，我能想象这种情况下，政府得寻求什么样的止损方式。曼德尔再一次问我对关于 BHI 与这个案子有关的信息还有没有什么要说的，尤其是考虑到我和博物馆都享有豁免权。"我没有"，我是这么告诉他的。他边走边同我说在审判中作证我将面对什么状况，此后一切就非常简单了。他非常友好，他碰巧提到政府将把苏的骨架还给莫里斯·威廉姆斯并鼓励他卖掉它。苏族放弃了他们对恐龙的诉求，声称他们现在认为它是属于莫里斯·威廉姆斯的财产。当时，我突然有种无法解释的预感，我感觉苏注定要来到芝加哥。我抑制住兴奋的心情，但心中对这种可能性充满了希望。

总体而言，在针对 BHI 的诉讼中，联邦政府处于不利地位。控方似乎在努力抓住一切可能来证明此案浪费纳税人大量的金钱具有合理性。最初媒体报道的"苏审判案件"现在已经完全变了味儿。我再次回到拉皮德城参加审判，我用了一分钟的时间，作为 90 名证人之一站在证人席上参加诉讼。他们要求我提供有关 BHI 的信息，他们似乎觉得我可能还能想起来什么，但是我真的没有更多可说的，说这话的时候，我在想他们为什么让我出庭。那是我最后一次参与针对 BHI 的联邦案件，第二天我回到芝加哥。

审判一直持续到 1995 年 3 月 14 日。之后，经过近三周的审议，陪审团对所有 39 项罪名和 153 项可能的定罪几乎宣告无罪。最后，彼得·拉森个人被定的唯一重罪是，对于超过 1 万美元的出入境汇款没有填写正确的海关表格。对于政府而言最重要的是（尤其对于文斯·圣图奇），有一项针对 BHI 从荒地国家公园盗窃化石的重罪判决。[4] 即使案件规模缩小，这也是具有里程碑意义的案例。它是美国历史上第一个经过刑事审判因化石盗窃被判重罪的案例。BHI 对从联邦土地上非法收集化石的指控认罪，尽管他们认为，这些错误是由地图上关于地区的产权界限标识不清、被土地所有者误导其财产界限的位置，或是从那些声称自私有土地采集化石的人那儿购买化石等原因造成的。

判决一经确定，还有一件事仍然存在：量刑。针对 BHI 的盗窃重罪指控只需被处以小额罚款，但对彼得·拉森的重罪指控（未向美国海关报告他从日本带来的 3.17 万美元旅行支票，未汇报他带去秘鲁用于田野工作的 1.5 万美元现金），结果却完全不同。有公开的说法声称，拉森的律师帕特里克·达菲（Patrick Duffy）在此案进行过程中向新闻界发表了太多公开声明，令法官感到反感。辩方在三个不同的场合以非常公开的方式试图更换该案法官，认为法官在此案上有失公允。这是败诉的辩方有策略地做的一个赌注，看上去似乎法官可能会对此采取某种个人态度。拉森的律师预测他未申报支票的重罪定罪会简单判处零到六个月的缓刑。达菲被拍到在案件结束后，在法院外炫耀地抽着胜利的雪茄。但是，事与愿违，法官判处拉森两年监禁，将其关进位于科罗拉多州弗洛伦斯俗称"落基山脉的恶魔岛"的联邦监狱，要求他 1996 年 2 月 22 日入狱。拉森最终在弗洛伦斯服刑 18 个月，在重返社会训练所工作了 3 个月，因表现良好而减刑 3 个月。在此之后，他再服了 24 个月的缓刑。到弗洛伦斯的第一天，因犯清单上他的关押原因写的是"未填申报表单"。据说，带他完成入狱程序的警卫低头看名单说："哇。你肯定得罪了什么人。"用美国自然历史博物馆的无脊椎动物古生物学策展人奈尔斯·埃尔德雷奇（Niles Eldredge）的话说，这一系列事件"是美国古生物学中可怕的插曲，绝不应该再次发生"。对于曾参与苏审理案件的许多人来说，如克莱顿·雷和史密森学会，这仍是他们的痛点。2014年1月，我请求雷在这本书里对那次经历发表一下评论，他拒绝了，他说那时史密森学会的律师让他保持沉默，除此之外，别无他话。多年后，在芝加哥苏的开幕仪式上，苏珊·亨德里克森说，政府的行动和拉森的判决对她产生了很大的影响。她在开幕仪式上说："这打破了我对美国政府的信仰。"1997年，她搬到偏远的洪都拉斯的海岛上。

BHI在选择收集或购买化石的地点方面过于仓促、松懈。他们被指控从公共财产（荒地国家公园）进行盗窃，构成了严重犯罪。该指控最初由文斯·圣图奇开启了针对BHI的调查。但是，事实证明，检方将苏带入案件中是一个重大错误，而联邦政府针对拉森未申报出入境的支票采取的行动有点小题大做。这为这个扣人心弦的故事又添一笔，最终吸引了作家和电影制片人等。联邦审判后，BHI在收集和购买化石的地点选择上更加谨慎。他们更为有名，他们出售化石铸件（复制品），扩大业务范围。后来，甚至史密森学会的国家自然历史博物馆也从拉森和BHI那里购买一具名为斯坦（Stan）的霸王龙铸模，并在其恐龙馆中展出，全球另外30多家博物馆也这样做。

民事审判结束后，苏的骨架成为莫里斯·威廉姆斯的合法财产。联邦政府认为，由于莫里斯在先前向BHI出售苏之前未获得美国政府的必要许可，因而出售行为归于无效。苏来自美国政府为威廉姆斯代管的苏族部落保留地，这意味着他在出售时，对标本并没有明确的所有权。现在，联邦政府将苏骨架的完整所有权交给他并授权他将其卖给最高出价者。这个判决对威廉姆斯犹如中大奖，他已经听说这个化石售卖估价是100万美元甚至更多。1997年，他将苏放到纽约苏富比进行拍卖。如此重要的标本如果最终被赌场购买或成为某个亿万富翁私人住宅的装饰品，那将太遗憾了。不久以后，芝加哥方面开始行动起来。

我从拉皮德城的审判回来时，菲尔德博物馆正在换新的馆长和首席执行官。约翰·麦卡特（John McCarter）于 1996 年夏天被博物馆聘用，在这个平台，他将增加博物馆的参观人数作为其中一个目标。纽约苏富比拍卖行执行副总裁戴维·雷登（David Redden）于 1997 年初与麦卡特取得联系，想了解是否可以在即将出版的目录中使用菲尔德博物馆的一幅壁画，而这一期拍卖将主推恐龙苏的拍卖。在谈话中，他问麦卡特：
"你的博物馆没有霸王龙，对吗？"麦卡特回答："没有。"雷登说："你应该有一个。"麦卡特开始思考这个问题。如果苏来菲尔德博物馆会怎么样呢？那将成为增加博物馆每年参观人数的重要因素。麦卡特找到地质部门主任约翰·弗林，让该部门的策展人进行投票，以慎重决定是否要努力参加竞拍获得苏。我们考虑该标本是否满足要尝试获取它的三个必要条件（对收藏很重要、对研究很重要、对公共教育很重要）。我们的投票是充满热情的回答："是的！"于是，麦卡特、弗林和首席化石制备师比尔·辛普森（Bill Simpson）去了位于曼哈顿上东区的苏富比仓库看化石。麦卡特想让弗林证实标本的科学价值，让辛普森评估标本是否能及时制备并安装，以在 2000 年某个时候揭幕，成为千禧年的盛事。他们三个人检查了护套及箱子，里面装着部分制备好的骨架以及所有相关文件，然后，麦卡特问辛普森和弗林："你们想得到它吗？"他们说："是的。"由此，大家开始齐心协力为博物馆争取苏。

麦卡特开始寻找主要的捐助者来赞助对苏的竞拍。他试了多家公司但没有成功，之后他联系了麦当劳。麦当劳不仅承诺投入 500 万美元，还带来迪士尼公司另外 500 万美元的承诺。现在，博物馆有了强劲的后盾去参加拍卖会。麦卡特还联系了一位知名艺术品经销商，他的朋友理查德·格雷（Richard Gray），想借助他的经验赢得拍卖。

麦卡特与菲尔德博物馆古植物策展人兼博物馆副馆长彼得·克兰于 10 月初前往纽约参加拍卖。麦卡特、克兰和格雷会躲在拍卖场上方的私人房间里，格雷通过电话为博物馆进行出价。房间很黑，这样没人能看到谁在里面。菲尔德博物馆将与其他19个竞标者比拼，其中包括至少两个其他的博物馆：史密森学会（也是秘密竞标者）和北卡罗来纳州自然科学博物馆（在主场公开参与竞标）。对苏的最初估价预计超过100万美元，但之后估价则高达1200万美元。菲尔德博物馆和史密森学会之所以都选择秘密竞标，是因为他们认为如果大家事先知道他们是竞标者，那么价格还会上涨。在苏富比拍卖场开始竞标后，没人知道这种策略是否能缓解激烈的竞价。

1997年10月4日下午，苏富比的拍卖人戴维·雷登登台，从50万美元开始起价。出价迅速进行，以每10万美元的速度递增，很快突破了百万美元大关。在给出250万美元的出价后，史密森学会退出。在给出720万美元的出价后，北卡罗来纳州自然科学博物馆也退出了。之后，佛罗里达房地产大亨杰伊·基斯拉克（Jay Kislak）出价730万美元。菲尔德博物馆提出了740万美元的出价。基斯拉克给出了750万美元的出价，克兰告诉格雷，这是博物馆预先设定的限额。格雷敦促克兰和麦卡特再出价一次。经过简短的讨论，他们同意让格雷最后出价760万美元。760万一次，760万两次，成交！我们赢了！加上支付给苏富比10%的佣金，购买这个没完全制备的骨架，花费的总价高达836.25万美元。博物馆与诸多实体参与了苏富比拍卖场的竞标，其中有几个秘密竞标者，一个是一名有钱的私人收藏家，他想让苏成为他宽敞客厅的装饰品，另一个是拉斯维加斯的一家大赌场。甚至有谣言说流行歌手迈克尔·杰克逊（Michael Jackson）曾是投标人之一。最终，菲尔德博物馆中标了，我们兴奋至极。菲尔德博物馆成功确保世界上最著名的恐龙永久地服务于研究和公共教育目的。

菲尔德博物馆获得苏的所有权，真正的工作开始了。首先，我们得把骨架从纽约苏富比运到芝加哥的菲尔德博物馆。芝加哥的皮肯斯·凯恩装运公司（Pickens Kane Moving and Storage）专业运输艺术品，他们同意无偿将苏的骨架运到芝加哥。比尔·辛普森和另一个菲尔德博物馆化石制备员史蒂夫·麦卡罗尔（Steve McCarroll）前往纽约监督包装工作。超过五吨的骨架、石膏护套和岩石被装入一个两层的大型半挂车中。整个旅程临近傍晚开始，持续了整个晚上，一辆载有武装警卫的汽车全程跟在卡车后面一直行驶到芝加哥。卡车第二天早上到达博物馆的停车场，我们开始投入到庞大的工作当中。这是媒体的盛宴，整个地区的电视记者和摄影人员都等着一睹世界上最著名的恐龙的风采。护套和骨架被卸下来，辛普森接管了工作。尽管 BHI 已经在标本中投入了约 4000 个小时用于制备，但这仅占完成工作所需时间的一小部分。大部分骨头仍被包裹在岩石中，许多骨头折断了，需要重新组装。我们举办了一个题为"走出板条箱的苏"（SUE Uncrated）的小展览欢迎苏来到博物馆，该展览吸引了成千上万的观众。在进行最后制备之前，我们将头骨运到洛克达因公司（Rocketdyne），这是位于洛杉矶的一家机构，该公司有足够大的 CT 机，可以扫描装在大型防护箱中的整个苏的头骨。这样可以获取有关其内部解剖结构的详细信息，这将使制备人员能够了解其内部的细微结构。之后，标本被运回芝加哥。在接下来的两年多时间里，在辛普森的督导下，12 名制备人员投入了另外 3 万个小时进行制备，使骨架可用于研究和安装。前半部骨架在芝加哥的菲尔德博物馆进行制备，而后半部骨架在菲尔德博物馆第二制备实验室进行制备，该实验室设在佛罗里达州奥兰多的迪士尼世界。这是一个巨大的工程。辛普森帮助设计了佛罗里达的实验室，并改造了芝加哥的实验室以适应该项目。

　　来自全美国各地的人们想尽早看到苏的骨架。他们可以追踪恐龙制备及组装的进展，因为芝加哥和奥兰多的特殊制备实验室都设有玻璃墙，供公众观看进度。甚至在芝加哥的实验室中还安装了摄像机，可以实时在网上播放，这样人们可以在线观看活动。从学校团体到当地政客，从科学家到媒体，苏即将登场的消息迅速传播开来。我们在芝加哥制备并重新组装了苏的脚，之后电影导演史蒂文·斯皮尔伯格（Steven Spielberg）过来观看。他的大片《侏罗纪公园》（*Jurassic Park*）电影三部曲拍了三分之二，他那才华横溢的电影团队让霸王龙在银幕上栩栩如生。

他曾将霸王龙描绘成一只凶猛的巨兽，身材比例有些夸张。他在我们制备实验室一看到已知最大霸王龙铰接的脚，第一句话大体说的是"我本认为它的脚还要大些"。总有人比其他人更难取悦。

事情一开始进展顺利，然而围绕标本，新的问题又浮出水面。彼得·拉森声称对苏这一名称拥有权利。（似乎这个化石总能引起波澜！）不久以后，关于名称所有权的谈判破裂了，博物馆最终宣布它将停止使用苏的名称，并发起了一场面向全国小学生题为"给霸王龙取名"的比赛。博物馆与拉森之间的谈判，耗费了本应用于博物馆对苏实现研究、教育和宣传目标的时间。在苏的命名权问题上，最好的解决方式是给它重新取名。要参加比赛，孩子们需要提交一篇关于化石的文章并给出建议的名称，我们收到的参赛作品数不胜数。比赛开始后的几周，事情出现了转机，拉森与博物馆之间的纠纷消失了。苏珊·亨德里克森和鲍勃·巴克代表菲尔德博物馆与拉森进行沟通，随后他将苏这一名称的所有权利转交给博物馆。到那个时候，参赛作品已有 6000 份，博物馆不能简单地宣布比赛无效。因此，我们选择了提交频率最高的名称"达科他"（Dakota）作为最佳名称，并从提出该名称的一堆参赛者中选出了三篇最佳文章，三位获奖者各获得一台新的台式计算机作为奖励。宣布获奖选手后，博物馆也随即宣布决定保留苏的名称，因为我们现在已经拥有该名称的权利，而它也是公众对该标本最为熟悉的名字。事实证明，"达科他"这个名称已为至少一家公司所有。

将苏推向世界的下一步是组装好骨架举办公开展览。苏到达芝加哥后，古脊椎动物生物学策展人（弗林、博尔特、里佩尔和我）及辛普森就此讨论了各种方案。大家一致同意在展览中使用真正的骨架。一些博物馆可能更愿意摆放铸件，将真正的骨架放在不对外开放的陈列室中，以方便研究使用，但菲尔德博物馆在展览中都展示标本原件。于是问题就来了。谁能安装制备好的骨头，使它们既能以一种给人深刻印象的方式展示，同时又能为科学研究留有充分余地？我们将项目描述清楚，进行招标，收到了一些投标，这项工作的报价范围从20万美元到200万美元不等。审查所有提交的方案时，考虑到苏骨架的独特性，我们最终选择了最昂贵的提案：来自菲尔·弗雷利（Phil Fraley）的提案，他之前就职于纽约的美国博物馆。显然，他的计划很完美，这是有史以来最著名恐龙的最佳选择。我读研究生时在美国博物馆就知道弗雷利，他曾是那里展览的项目经理，负责在展厅中安装标本。每天结束时，我离开博物馆回家，在路上会遇见他，他通常在安装工作室的一部分标本。有时我会停下来同他或他的员工聊天，我知道他们团队很有才华，非常可靠。我们告诉他聘请他安装苏的决定，他便向美国博物馆请假以开展该项目。他们拒绝了，于是他从博物馆辞职，成立了自己的公司，名为菲尔·弗雷利生产公司（Phil Fraley Productions），开始为菲尔德博物馆安装苏。

弗雷利设计的支架是工程学上的一个天才之作。他的团队有焊工、金属工、工程师和艺术家，他们的工作是设计一种安装方式，无需对骨头进行任何钻孔，没有永久性胶水，无需锚固骨头，就能将骨头组装成一副令人震撼的骨架。它允许必要时可取出任何一根骨头进行研究。这项工作规模空前，即使对于弗雷利和他经验丰富的团队来说也是一个挑战。每根骨头得像镶钻中的钻石一样，镶嵌在自己的锻造金属支架中。大多数金属制品分好几部分在新泽西州弗雷利工作室完成。苏的每个骨头一经制备，就必须小心地运送到新泽西州，以对黑色金属结构进行尺寸调整和成形。可以确定的是，真实的头骨对于支架来说太重了，因此它会在苏支架上方的展柜中进行展示，而支架上的头骨将使用更轻的原件空心铸件。最终，整个骨架连同头骨铸件在新泽西弗雷利工作室进行安装。整个安装达到弗雷利严格的标准后，会被拆卸并在预定的揭幕日前六个星期运回芝加哥。大厅里，在苏的展示区域附近临时搭建了一堵20英尺高的大墙，弗雷利和他的组员们每天加班加点、没日没夜地将所有物件组装在一起。他们本需要六周时间来完成这项工作，但弗雷利和他的团队在芝加哥开始安装的最后阶段都兴奋不已，他们只花了两周多一点时间就做完了。因此，在接下来的四周中，完整安装好的苏的骨架仍藏在临时墙后，等待在预定时间揭幕。在此之前，博物馆不想披露苏的姿势细节或将弗雷利的杰作展现出来。

博物馆围绕苏的部分项目包括对其骨架进行持续研究。那时，我们没有恐龙策展人，因此，在 1998 年 1 月，我们聘请了一名博士后研究员克里斯·布罗许（Chris Brochu）[5] 专注研究苏。巧合的是，克里斯出生于 8 月 12 日，与苏珊·亨德里克森发现苏是同一天。他是爬行动物专家，主要研究各种鳄鱼以及鳄鱼化石。他非常了解恐龙，擅长使用洛克达因公司获取的苏的 CT 扫描数据。克里斯全程参与制备过程，由此对苏进行研究，最后写了一本 138 页有关苏的解剖专著，后来由古脊椎动物生物学会出版。

博物馆选择 2000 年 5 月 17 日正式对外开放，部分原因是这天是免费开放日，我们希望与尽可能多的人分享这一天的喜悦。芝加哥市长理查德·M.戴利（Richard M. Daley）、数百名媒体人员和数千名其他访客都来到现场，彼得·拉森和苏珊·亨德里克森也来芝加哥观看苏的盛大开幕。揭幕当天，博物馆参观人数约为 1 万人，但有超过 15 家电视台进行电视报道，吸引了全球数亿人。数十家来自世界各地的报纸记者也在那里。对于菲尔德博物馆而言，这是一个盛大的日子，苏立刻引起了轰动。两天后，比尔·克林顿总统和几位美国参议员来到博物馆参观了这个著名的化石。现在，苏在这家大型自然历史博物馆安了家，它将受到精心保管，并永远为科学界充分研究利用。

苏在芝加哥展览取得的成功为博物馆吸引了各种捐赠者，其中有一位认为菲尔德博物馆应该有自己的恐龙策展人。这位匿名捐赠者的捐款数额不仅够资助一个策展人岗位，而且还够聘请一位化石制备员。2001年，彼得·马克维奇基（Pete Makovicky）被聘为恐龙策展人。彼得是美国博物馆的一名学生，就像我来芝加哥之前那样。[6]他在丹麦长大，在他的记忆中，很早就对恐龙一直感兴趣。他与其他数十名博士申请者一起竞争这份工作，他轻易获胜。他的野外工作遍布世界各地，从蒙古国到南美洲，从美国西部到南极洲。

彼得撰写论文修改了苏生前的体重估算（从 7 吨改为 10 吨）并记录它曾患过的某些疾病（关节炎和各种感染）。他通过一些骨头计算每年增长曲线，从而推算出苏是 28 岁死亡。在它主要生长期中，它每天以超过五磅的惊人速度增长。这只动物必须吃掉大量其他恐龙来维持如此惊人的增长速度，在白垩纪时期它是只恐怖的巨兽！快速的生长和庞大的体型使它不够敏捷，它的臀部和腿部肌肉很大，主要功能是支撑和平衡自己的巨大重量。尽管如此，虽然这种动物体型巨大，它仍然可以达到每小时最高 10 至 25 英里的奔跑速度。

彼得·马克维奇基还监督创建第一个霸王龙数字项目。这是一个漫长的过程，需要 CT 扫描、激光扫描和白光扫描苏的所有骨头，包括单个骨头及组装好的骨架。所有扫描数据结合起来汇成霸王龙的第一个 3D 数字图集，该数字文件可用于以任意尺寸精确缩放 3D 打印苏的任何骨头。3D 打印成品是类似铸件的三维复制品，可由塑料、石膏、金属甚至食物制成（巧克力的苏头骨，有人做吗？）。研究人员无需到芝加哥对苏的骨头进行测量，数字文件可以通过网络发送到世界各地，各机构通过 3D 数字打印甚至可以创建苏骨头的精确副本进行研究。3D 的头骨标本是原件八分之一大小，它用石膏制成，在博物馆的商店售卖，这样任何人都可以拥有以准确比例进行缩放的苏的微型头骨（第 150 页）。

苏的故事也是一个充满争议的传奇，其中有探索与热情，有正义与不公，[7]最终关乎开创性的研究和国际性的公开展览。这个独一无二的化石经过充分制备，全世界科学家可毫无障碍地对其进行详细研究。用彼得·马克维奇基的话说，苏所提供的关于霸王龙的信息在过去一个世纪中比其他任何标本都多。截至 2016 年，关于这个骨架，已出版超过 50 种科学技术出版物，在大众媒体上发表了数百篇文章。到 2016 年年底，已有超过 2400 万游客来博物馆参观苏。此外，我们制造了苏的铸件参加巡回展，到 2016 年，展品已在全球十多个国家进行巡展，吸引了超过一千万人观看。苏最后来到芝加哥，这是最适合它的归宿。在这里，世界参与对苏的分享，这是世界上其他机构所无法比拟的。在此过程中，这只霸王龙成为博物馆最知名的象征，也是芝加哥的标志性收藏之一。

与苏的这场经历使我对古生物学，尤其是恐龙问题上所潜在的政治、情感和道德争议有了新的认识。那 BHI 的彼得·拉森呢？争议仍在继续。2015 年，南达科他州立法机关以压倒性多数通过了一项决议（103∶2），要求奥巴马总统正式赦免拉森。我完成这本书时，华盛顿尚未作出任何决定。

1990年8月12日，苏珊·亨德里克森在莫里斯·威廉姆斯农场发现了霸王龙苏的化石（她左手边的水平棕色层），化石由于风化作用露出悬崖一侧。那时，还看不出骨架，当时她还不知道这个化石是多么完整或者它将多么有名。

苏珊·亨德里克森告诉彼得·拉森她的发现后，彼得和他的兄弟尼尔开始从含有苏骨架的骨层上方移走 30 英尺的覆岩。苏的骨头部分因风化作用露出悬崖表面，该表面覆盖了石膏护套和蓝色篷布，以防止碎石掉落。

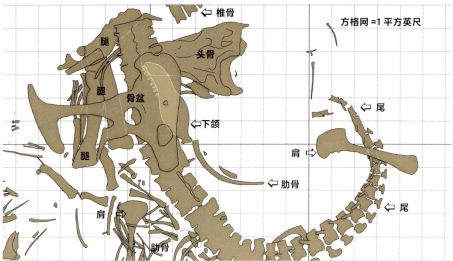

经过数周在经常超100°F的环境中挖掘，布莱克希尔斯地质研究所的工作人员挖掘出苏的剩余骨架。（上图）显示裸露的骨头仍在地下。身穿蓝色汗衫的彼得·拉森坐在苏珊·亨德里克森身后。（下图）BHI绘制位置图，记录挖掘前骨头在地下的位置。

一个含有苏骨头的砂岩，用铝箔、粗麻布、石膏包裹好，以2英寸×4英寸面积的木块打包。大约有2万磅此类木块包装从莫里斯·威廉姆斯的农场运往BHI在希尔城的工厂进行制备。

国家公园管理局的文斯·圣图奇被新闻界人士及石化森林国家公园的负责人称为"带着手枪的古生物学家"。20 世纪 80 年代中期,他开始对从公有土地特别是从荒地国家公园非法收集化石的行为进行长期调查。令他郁闷的是,司法部后来将他的案子卷入涉及苏的不公正起诉中。

（上图）1992 年 5 月，希尔城的抗议者聚在布莱克希尔斯地质研究所外，抗议联邦政府没收苏的行为。

（下图）国民警卫队的士兵将没收的苏的骨头装箱到军用运输卡车上。数年后，政府将骨头归还给农场主莫里斯·威廉姆斯，他将它们委托给纽约苏富比拍卖行。

1997年10月4日，拍卖锤在苏富比拍卖行落下，这使菲尔德博物馆成为霸王龙苏新的所有者。中标金额为760万美元（加上苏富比佣金共计836.25万美元）。站在苏头骨后面，从左到右依次为：约翰·麦卡特（时任菲尔德博物馆馆长）、黛安娜·布鲁克斯（时任苏富比总裁）、彼得·克兰（时任博物馆的主任）、理查德·格雷（芝加哥艺术品交易商，他代表菲尔德博物馆进行出价）和戴维·雷登（拍卖师）。

鲍勃·毛谢克（Bob Masek），是菲尔德博物馆对霸王龙苏进行制备的 12 个化石制备者之一，他在比尔·辛普森的监督指导下工作。照片显示的是他 1998 年对头骨下侧进行制备的场景。

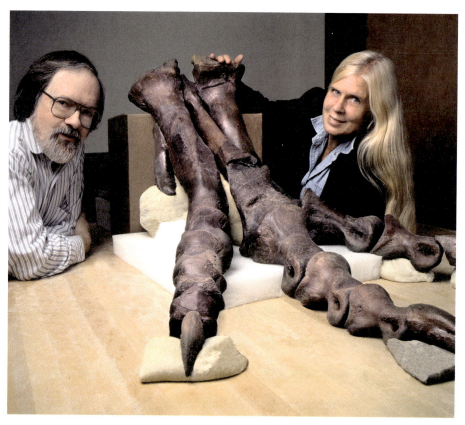

1999 年 2 月，苏珊·亨德里克森和我在欣赏霸王龙苏经过充分制备的右脚。它刚从迪士尼的博物馆化石制备团队那儿退还过来，苏珊正在参观菲尔德博物馆，帮助宣传即将到来的苏的开幕仪式。几天后，负有盛名的电影《侏罗纪公园》的导演史蒂文·斯皮尔伯格也过来观看了这只脚。

2000 年 4 月 19 日，苏与公众见面前的几周，我（右）与菲尔·弗雷利（从右边数第二个）及组装团
队其他成员进行了交谈。在博物馆正厅，围绕恐龙搭建了 20 英尺高的临时墙，所有组装工作都在墙
后完成。

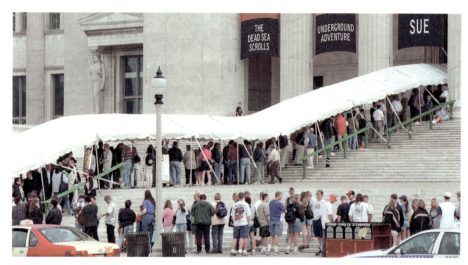

2000 年 5 月 17 日，苏在菲尔德博物馆正式揭幕。那天，近 1 万人参观了博物馆，从那以后的 16 年间，超过 2500 万游客前来观看了这座标志性骨架。

2000 年 5 月，苏开幕的那周，很多贵宾前来参观霸王龙苏。从右至左：比尔·克林顿总统、博物馆馆长约翰·麦卡特、美国参议员迪克·德宾（大部分被挡住了）和美国参议员汤姆·哈金（Tom Harkin）。

自 2001 年以来在菲尔德博物馆担任恐龙古生物学策展人的彼得·马克维奇基正在对苏头骨的背面进行测量。

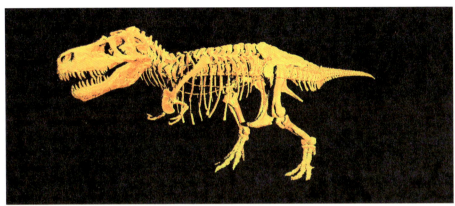

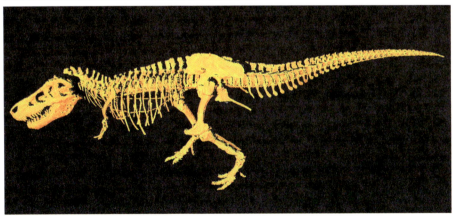

2009 年，在彼得·马克维奇基的指导下，芝加哥警察局法证服务部（Forensic Services Division）对苏的整个骨架进行了 3D 表面扫描。这些数据文件加上 CT 扫描的骨铸件，使博物馆能够通过数字打印以任何尺寸复制出苏骨架的任何部分（参见下一页图）。

在苏制备期间，菲尔德博物馆的主要化石制备者比尔·辛普森手持 3D 数字打印的比例为 1∶12 苏头骨。像这样的"打印件"（类似精确的 3D 铸件）由聚合石膏和超胶制成，是在苏骨架的扫描文件基础上生成的（参见上一页图）。

第七章

彪悍同事历险记：
吃蘑菇、斗牛、追流星雨、
潜到海洋深处

2012 年，菲尔德博物馆 27 位策展人的野外工作点（红点标注）。我开始欣赏策展团队广博的专业知识和遍布全球的影响力。我们都肩负着一个艰巨的任务：探索地球及其栖息者的生物多样性及发展历史。

随着时间的推移，我在芝加哥认识了所有的策展人同事，了解了他们不同的研究兴趣。基于我们共同的使命、好奇心和经历，我感受到一种友爱精神，由此进行的协作为我的专业发展增添了深度。菲尔德博物馆拥有各种各样的科研人员，他们对地球进行探索，从深海海沟到喜马拉雅山的高山地区，有时要为研究而甘冒风险。从蚂蚁到恐龙，他们记录了群体的多样性。从欧洲石器时代到现代**波利尼西亚**，他们记录了人类文化。他们破译进化史，制定环境保护策略。数十年来，丰富的专业知识使博物馆能灵活应对社会不断变化的喜好。你无法预测哪个专业领域或世界的哪个区域将在未来获得最大的科学成功，但是，如果你雇用了最具创造力的人，他们对工作充满热情，那将会有许多伟大而有趣的发现，并且会找到创新的应用领域。

博物馆研究的内在优势之一在于其广泛的跨学科视角。我们结合了诸如地质学和生物学或生物学和人类学等领域来研究更大的问题。博物馆内科学专业知识的多样性以及组织规模相对较小，都为这项工作提供了便利。例如，2014 年，芝加哥大学有近千名在职的研究教授，但在菲尔德博物馆只有 21 名策展人。[1] 由于研究人员都在同一栋大楼内工作，从物理意义及精神意义上跨越部门界限通常更容易。我们参加彼此的研讨会，使用彼此的藏品，有时在教育计划上彼此合作。我们将不同类型的数据和方法结合起来，综合解决有关自然和人类文化中心一些宏大问题。尽管博物馆有许多不同的策展领域，但我们都对更好地了解自然历史和文化多样性怀有浓厚的兴趣。在菲尔德博物馆，我的同事们展现出了作为一个主要自然历史博物馆研究的广度。

与我共事多年的格雷格·米勒（Greg Mueller）[2] 在生态学、进化论及蘑菇多样性方面是世界领先的专家之一。他还是世界上屈指可数的蘑菇保护专家之一。蘑菇和其他真菌是地球自然循环系统的关键成员，是植物化合物如纤维素的主要分解者。没有它们，我们将被淹没在数英里深的枯叶和原木中。蘑菇的进化史很有趣，与动物（包括人类）的关系比与植物的关系更紧密。据估计，地球上有超过 10 万种不同的蘑菇，迄今为止，科学家对其中不到 2 万种蘑菇进行了描述并命名。格雷格是逐步消减未定蘑菇种类的科学家之一，也是我们这些人中真菌的守护者。

所有蘑菇种类中约有一半是可食用的，其余大多会致病，其中约有 100 种是致命的。在美国，每年有超过 2500 例蘑菇中毒事件的报道，500 例因此而导致严重疾病或死亡。作为该地区的蘑菇专家，格雷格与当地医院保持联系。每当芝加哥地区发生蘑菇中毒事件时，格雷格就被叫去识别摄入的蘑菇，帮助医生提供最有效的治疗方法。2007 年夏天，我和他带领博物馆爱好者和急于了解当地野生蘑菇的人员，在伊利诺伊州的森林湖（Lake Forest）一起进行野外考察。在大约一个小时的时间内，格雷格发现了 20 多种蘑菇。格雷格的妻子贝蒂·斯特拉克（Betty Strack）是一名技术员，负责管理菲尔德博物馆的扫描电子显微镜实验室。格雷格收集食用蘑菇带回家做晚餐，贝蒂坚持要亲自重新识别每个蘑菇，以确保它们可安全食用。你可能会认为，作为世界上最杰出的蘑菇专家之一，格雷格的自尊心会受到打击，但格雷格说他感谢二次核验。2009 年，格雷格离开菲尔德博物馆，成为芝加哥植物园科学副园长。

菲尔德博物馆植物学家里克·雷（Rick Ree）[3] 研究显花植物，这些植物估计有超过 40 万种。他最近的一些合作工作包括鉴别一些植物种类，用于研制可能的抗结核药，但他对进化和生物多样性方面最感兴趣。他试图了解地理、昆虫传粉媒介、鸟类和植物是如何通过协同进化的过程彼此关联。自然由相互依存的生物交织成不断进化的网络。

里克主要在中国和印度的高山地区从事野外工作，海拔高度接近 2

万英尺。令人惊讶的是，这里植物的多样性可与热带地区相匹敌。他与中国科学院的同事一起进行了一项植物研究项目，收集了数千种显花植物。看了他从2006年开始的一些收藏，第一次促使我参观博物馆里那令人印象深刻的植物标本台纸集（见第174页）。每份植物标本台纸都有一株完整的植物，经过干燥、压制并封固在厚厚的档案纸上。从热带地区到极地地区，这些精美的台纸记录了世界植物的多样性。菲尔德博物馆目前正在对呈现了10万多植物种类的近300万张植物标本台纸进行数字化，为在线识别指南提供信息来源。部分此项工作包括让植物标本台纸的高清图像可以在线访问（通过搜索"新热带植物标本：菲尔德博物馆"，"Neotropical Herbarium Specimens: The Field Museum"）。

"地衣"是部分由藻类或蓝细菌、部分由真菌组成的复合有机体。菲尔德博物馆的索斯藤·伦布施（Thorsten Lumbsch）[4]是研究这个非常奇特群体的世界专家之一。地衣的真菌组成部分为该有机体提供结构和形状，而藻类或蓝细菌的细胞则允许它通过光合作用产生自己的能量（食物）。这些奇特的生物体鲜为人知，但种类已超过2万种，其中有许多外表类似干了的漆皮，它们具有引人入胜、非同一般的特质。科学家认为，有些种类的地衣不会老化，并且可能是永生的（尽管它们可以因外界力量致死）。它们的适应性极强，有些种类从非洲撒哈拉沙漠到南极洲均可见，它们占据了地球所有可能的陆地环境，有些种类似乎坚不可摧。2008年，一组地衣被送往国际空间站，并放在船体外一年半的时间。一年多来，它们暴露在太空真空、宇宙射线和极端温度变化的环境中，返回地球后，其中的71%开始再次生长，就好像什么也没发生过。

索斯藤对地衣的研究侧重于它们的进化史、起源和地理分布。他取得很多成果，发表了400多篇科学论文，在50岁之前就对100多种新地衣进行描述并命名。他还将一扇车门归入博物馆的植物学收藏中。当他和兼任策展人罗伯特·吕金（Robert Lücking）在波多黎各参加科学会议时，他们发现并收集了一扇生锈的车门，上面长有各种地衣，种类惊人

（见第 175 页）。他们估计上面包含近 100 种不同的种类！这扇车门成了 2014 年开放的菲尔德博物馆地衣展的核心展品。

研究南美植物及厄尔尼诺影响的世界领先专家之一是我另一位长期共事的同事迈克尔·狄龙（Michael Dillon）[5]。30 年来，他在菲尔德博物馆担任植物学策展人。他喜欢别人喊他狄龙，也是个传奇人物。他曾描述和命名了来自秘鲁和智利的数十种新植物，并且同事以他的名字为超过 20 种植物命名。他是我个人认识的唯一一位有以他名字命名的科学期刊丛书（《狄龙安娜》，*Dilloniana*，以西班牙语出版的秘鲁植物学杂志）的科学家。2012 年，秘鲁的一个环境和文化保护研究所使用他的名字命名迈克尔·欧文·狄龙科学研究所（El Instituto Centífico Michael Owen Dillon）或 IMOD（http：// www .imod .org .pe /）。他的同事称他为"安第斯山脉的狄龙"。在秘鲁，没有哪位植物学家享受过比他更高的荣誉。

狄龙在该领域更为传奇的一段经历，是他在 1979 年墨西哥牛仔竞技表演中的短暂表演，并以此获得科阿韦拉（Coahuila）北部一个合作农场（ejido）的权限。在这大片公社经营的农场区域，有许多有趣的地方特有植物品种，他想获得在那里进行采集的权限。但农场工人并不急于打开欢迎的大门，对于狄龙的请求不予回应。一天，他们举办当地的牛仔竞技表演，狄龙决定过来观看。将近两个小时，农场工人都在嘲笑他，让他进入畜栏，骑行那头 250 千克重正处于兴奋状态的母牛。最后，他说了声："该死！"然后跳入表演场中。他说这是他一生中最恐怖的经历之一。但是，当他看到大门打开，听到有人在拍打牛屁股时，就再也没有回头路了。他在弓背跳跃的牛身上没有待太长时间，之后，那头牛将他甩了下来，并踩踏在他身上，他受了重伤。但是墨西哥人非常喜欢，他们鼓掌欢呼！这场精彩的狂欢表演之后，农场工人递给狄龙一支烟，接纳他成为他们中的一分子，然后便让他在农场里收集他想要的所有植物。

在过去的 12 年中，鸟类学家约翰·贝茨（John Bates）[6]和他的同事们一直在非洲中部的阿尔伯汀纵谷（Albertine Rift Mountains）研究和保护鸟类的多样性。由于卢旺达的种族灭绝以及持续多年的刚果内战，民间社会遭到了严重破坏，该地区已被世界大多数人遗忘。在那里进行研究，必须采取特殊措施保护人员的生命安全。这意味着在卡胡兹－比加国家公园（Kahuzi-Biega National Park）检查用于收集鸟的雾网时，需要荷枪的警卫队陪同，在其他地区，得雇用当地民兵团提供保护。在该地区工作需要与刚果同事建立信任关系，并对他们表示尊重，这对约翰和他的野外工作组成员来说性命攸关。对他们来说，就算在充满人类悲剧的地方，仍然需要进行生物多样性研究和野外工作，因为在这些地区，人类既是问题的源头也是解决问题的希望。他在刚果和其他地区培养研究生，以创造当地生物多样性方面的专业知识财富，即使他不在这些地区进行野外工作，这些知识也能传承下去。

增加鸟类收集的另一种重要方式，和其他动物学收藏一样，都是通过抢救性作业实现的。在春秋迁徙季，有200种鸟定期途经芝加哥。经过疲惫的一夜，它们飞过广阔的密歇根湖区，准备栖息下来，被市区建筑物的灯光所吸引。它们没看见透明的玻璃窗，朝玻璃飞了过去，这通常是致命的。在春秋迁徙的高峰期，每天的黎明时分意味着大型建筑下方的城市人行道上到处都是死鸟和受重伤的鸟。每年超过1万只鸟是以这种方式致死的。博物馆工作人员和志愿者主要在约翰团队中藏品负责人戴夫·威拉德（Dave Willard）的带领下，与外界合作，以科学为目的，通过科学方法对死鸟进行抢救作业。这样，每年约有4000至5000只死鸟标本增加至博物馆收藏中。这些标本中有许多被放进菲尔德博物馆的皮蠹室变成骨骸，该项目有助于建立世界上最大的鸟骨架标本收藏之一。

自从约翰和他的妻子香农·哈克特（Shannon Hackett，本章后面会提到她）于1995年作为鸟类部门策展人加入了菲尔德博物馆之后，藏品已增加了9万多个标本[7]，涵盖全球1万种鸟类的90％以上，是世界四个最好的鸟类收藏博物馆之一。

在博物馆工作了很多年后，我惊讶地发现我们的收藏中有火星的碎片，它们是火星陨石。米纳克什·瓦德瓦（Meenakshi Wadhwa）[8]，她的朋友叫她米妮（Mini），于1995年至2006年在菲尔德博物馆担任陨石学策展人，在此期间，我对这个领域逐渐熟悉起来。她是世界领先的陨石科学家之一，这些来自红色行星的碎片是她的研究专长。火星陨石极其稀有，通过其内部裹住的与火星气层相匹配的气体得以识别。1976年维京太空船在那里着陆，通过分析数据，我们知道了火星上大气层的确切成分。迄今为止，在地球上已发现的6.1万多颗陨石中，只有132颗被确认为火星陨石，与2014年3月的火星陨石同源。这些火星碎片是如何来到地球？数百万年前，一颗大型的小行星以足够的力量撞击了这颗红色行星，大量的碎片形成流星体进入了太空。在沿着正确的轨迹行进了数千万到数亿英里后，火星流星体进入地球大气层，成为流星。那些下降过程中没有燃烧完全的火星流星以陨石的形式撞击地球（流星体直到进入地球大气层才成为流星，流星只有降落在地球上才成为陨石）。

米纳克什最喜欢的野外考察点之一是南极洲，在那里，她已经进行了两次主要探险。在那里，她可以乘坐直升机、雪地机动车或者步行寻找陨石。那里陆地表面超过95%的面积被冰雪覆盖，平均厚度为7000英尺。这些厚厚的积雪以非常慢的速度从大陆内部向外朝海岸线延伸。这里的冰雪已经积累了成千上万年，随着时间的流逝，陨石嵌入进去，一起移动。在某些地区，冰层被山脉阻挡，风会消融冰层，将积累了数千年之久的陨石暴露出来。有时，你可以在一个足球场大小的区域里找到数百个陨石。在蓝白色冰原表面发现的暗色岩石没有被植被遮蔽，因此很容易被发现。在南极洲的大多数地区，你在冰面上看到的任何岩石都可能来自太空，因为没有其他的岩石来源。这不是说在南极进行收集就像在公园里散步一样简单。一个月甚至更长时间，你得在帐篷里睡觉，外面寒风凛凛，低至零下70° F，这无疑是磨炼意志的经历。米纳克什已经在那儿旅行两次，每次在帐篷里睡六到七个星期。没有强大的内心，无法完成这样的工作。

2003 年 3 月 26 日在芝加哥发生了一件大多数陨石学家只能梦想的事情。在伊利诺伊州芝加哥南部的帕克森林（Park Forest）区，可以观察到一场包括数百个陨石的陨石雨。这是现代陨石雨所降落的人口最为稠密的地区，距离芝加哥市仅 35 英里。流星体撞击地球大气层所形成的火球在伊利诺伊州、印第安纳州、密歇根州、威斯康星州、俄亥俄州和密苏里州都可以看到。据估计，流星体撞击地球大气层，发生爆炸时，它的运行速度为每小时 4.4 万英里。第二天早上，米妮收拾了博物馆的卡车，驱车前往帕克森林参观陨石坠落点并寻找陨石。她到达时，陨石收集者和陨石商贩成群结队地来到这里，这里的氛围就像在马戏团一样。有些人亲自去那里寻找陨石，有些人则是从那些找到陨石的幸运儿那里购买陨石。一些陨石掉进了树林，一些掉到停车场里或道路上。有些陨石撞到柏油马路的黄色中心线上，会粘上颜料，交易者会为这种陨石支付额外的费用。一颗陨石坠落，穿过帕克森林居民房子的屋顶，留下一个四英寸大小的洞。乍一看这似乎很不幸，但坠落的是陨石，情况就不一样了。房子的所有者可以将带有洞的屋顶部分连同陨石一起卖掉，卖出的钱足够支付一个全新的屋顶，还能有剩余。陨石的破坏对于房主来说就像中了宇宙彩票。几周后，米纳克什获得了一些帕克森林的陨石入藏菲尔德博物馆。大多数陨石被发现时已经变质了，因为它们一到地球就开始老化并发生变化。米妮能将其保存为原始状态。

米妮于 2006 年离开菲尔德博物馆去担任亚利桑那州立大学陨石学研究中心主任。她离开后不久，我们意识到基于博物馆拥有世界上最大、最重要的陨石收藏之一，我们迫切需要一名陨石学策展人。不幸的是，当时没有策展人职位的招聘预算。那时，我担任高级副馆长兼任研究和收藏的负责人，开始研究解决此问题的途径。听取了地质部门研究助理的好建议后，我开始与一个主要捐助者及他的基金会进行讨论，以探讨资助博物馆陨石学项目的可能性。（在第九章会进一步讨论）2009年，经过几个月的提议和谈判，他和基金会同意为博物馆提供陨石学的一名策展人、一名收藏负责人以及陨石学机构的年度运营费用。再也没有比这更好的解决方案了。现在，我们可以雇用一名新的策展人，而又不影响博物馆的年度预算，这在当时是极富挑战性的。

经过几个月的搜寻，2010年我们聘请了菲利普·赫克（Philipp Heck）[9]（我们称他"菲尔"）作为陨石学的新策展人。菲尔有几项不同的研究专长，包括研究在沉积岩里超过4.65亿年历史的化石陨石。你可以想见，这个专业在仅由古生物学家组成的地质部门进展顺利。化石陨石极为罕见。到目前为止，在地球上发现的超过5万颗陨石中，只有约100颗是化石陨石。仔细想想，鉴于现代陨石的相对稀缺性以及大多数陨石不会被保存为化石的事实，我们要是能找到化石陨石该是件多么了不起的事呀。但是，在地球的过去，地球遭到陨石撞击的频率比现在要高。约4.7亿年前，一颗巨大的小行星与另一个位于火星和木星之间小行星带的天体灾难性地相撞。这个事件使数千万颗流星体进入了太阳的轨道，其中许多碎片最终撞入地球。几百万年来，大量陨石坠落在整个行星上，在4.7亿年和4.65亿年之间的岩石中留下了化石记录。

菲尔的主要专长是研究太阳诞生之前的太空物质。他在寻找太阳系的父母之星，拼凑出银河系的历史。他正在寻找构成一切事物的原始物质。他和他的同事们在来自爆炸恒星的陨石内部发现了纳米金刚石，这些恒星有55亿年的历史，比地球本身早了10亿年。他是分析第一颗彗星的小组成员之一，也对由NASA星尘任务带回地球的星际尘埃进行分析。菲尔在演讲中经常提到一句很棒的话："我们都是星尘。"

在恐龙时代之前，曾有一个古老的二齿兽时代，它们类似爬行动物，与哺乳动物具有亲缘关系。世界最著名的专家之一肯·英吉利根（Ken Angielczyk）[10]研究这一群体以及使其遭遇大规模灭绝、开启恐龙时代大门的事件。二齿兽首次出现于约 2.7 亿年前，迅速成为当时最成功的植食动物群体。二齿兽有数百种，从重几盎司（1 盎司约等于 28.35 克）的仓鼠大小到体重超过一吨的河马大小不等。有些是穴居动物，有些是食草动物。根据古生物学家推测的生前复原图，这种动物的外形像壮硕的橄榄球前锋和长着獠牙的青蛙的混合体。在二叠纪时期（距今约 2.9 亿至 2.52 亿年前），它们是所有陆地脊椎动物中最常见且地理分布最广泛的物种之一。今天，它们的化石遗迹出现在每一个大陆上，这不足为奇，因为在它们作为活体动物存在的时期，今天所有的大陆都是作为泛古陆连接在一起。到白垩纪早期（大约 1 亿年前），二齿兽似乎已经完全灭绝。

肯还研究了 2.52 亿年前二叠纪末期物种大范围灭绝事件的成因和恢复情况，该事件有时被称为"大灭绝"（the Great Dying），是地质记录中所有已知的最大的物种大量灭绝事件。据估计，它导致了地球 90% 的动植物物种灭绝（包括大多数二齿兽），全球气候快速变暖被认为是造成灭绝事件的因素之一。大灭绝之后，地球的生物圈开始复苏，其中一个主要群体兴盛起来，填补了二齿兽留下的缺口，它们就是恐龙。超过 1.35 亿年间，它们成为陆地上占据主导地位的脊椎动物群体，直到 6600 万年前白垩纪晚期，恐龙再次遭受大灭绝事件，该事件灭绝了当时约 75% 的动植物物种。我们可以从化石记录推断出气候变化的极端影响、地球生命大规模灭绝以及人类作为一个物种生存下来并非理所当然。我们不过是几十亿年来生存在这个星球上的百万物种之一。用史蒂芬·杰伊·古尔德（Stephen Jay Gould）在其著作《自达尔文以来》（*Ever Since Darwin*）中的话说，古生物学和地质学向我们展示了"时间的广袤，并让我们知道我们自己的物种何其渺小"。

珍妮特·沃伊特（Janet Voight）[11] 并不是一名幽闭恐怖症患者，她是一名海洋生物学家和无脊椎动物策展人，专门研究章鱼生物学，探索海洋深渊。她曾乘坐名为阿尔文号（Alvin）的深潜器到达深度超过一英里半的太平洋底部。潜艇要潜到如此深的地方可能要花费数小时，其内部空间并不比小型汽车大。到目前为止，珍妮特已在阿尔文号进行了八次潜水，该水域属于美国海军，由美国国家海洋学会的伍兹霍尔海洋研究所（Woods Hole Oceanographic Institution，简称WHOI）运营。这个深度的外部压力是地球表面的250倍以上，其压力可以将8盎司的泡沫塑料咖啡杯压缩至一枚大顶针大小。珍妮特在一次潜水后带给我这样一个压缩品当作纪念，直到今天，我一直将其放在我博物馆的书架上。珍妮特坐在阿尔文号的中心区域，这个球形钛金属构成的空间保持着地球表面的大气压力，是防止珍妮特被瞬间压扁的唯一物件。

珍妮特是一个全方位的探索者。她研究怪异的生物体群落，它们在深海喷口周围迅速生长，却从未见过天日。这些深水生态系统完全没有植物生命所需的阳光和光合作用，它们完全以类似小型火山的深海喷口所释放的热量和化学物质为基础建立起来。我们仅得到那里一小部分生物多样性的详细知识（这其中大多数是那些在进入摄像机范围之前不会被阿尔文号的光照吓跑的生物体）。最近从这种环境中发现的一些新物种与此前在地球上见过的任何物种都极为不同，因此已将它们归类为全新的生命序列。一些科学家甚至提出，生命本身最初的起源地在地球热液喷口附近。深海表面面积是地球整个大陆表面面积的两倍，但我们对它仍知之甚少。实际上，正如珍妮特经常提醒我的那样，我们对月球表面的了解都比对深海底部的了解要多。它是地球最后的伟大科研前沿之一，珍妮特这样的科学家冒着生命危险帮助我们更好地理解它。

蜘蛛侠女在菲尔德博物馆工作。至少，有些人是这么称呼她的。昆虫学策展人彼得拉·谢尔瓦尔德（Petra Sierwald）[12]是全球领先的蜘蛛和千足虫专家之一。她处理狼蛛和巨型千足虫，就像有些人处理仓鼠一样。她正在为这些让人很难喜欢起来的生物破解其生命进化树。据彼得拉称，已有4.5万种被描述的（经命名）蜘蛛和另外1.3万种被描述的千足虫，天知道这些动物中还有多少种未经描述的种类等着科学家去发现。千足虫是第一批征服地球陆地的动物，化石记录至少可以追溯到4.28亿年前。除了研究，彼得拉还为学生培训申请了一些菲尔德博物馆最成功的联邦资助项目。这些来自美国国家科学基金会（National Science Foundation）的资助在过去的六年间，支持了超过48名学生在博物馆实习。这些实习项目包括与博物馆科学家合作的动手实践，鼓励许多年轻学生致力于投身科学事业。在美国，此类教育需求日益增长，博物馆策展人是提供这些机会的理想人选（在最后一章中将详细讨论）。

有时，对进化关系有更好的了解会带来看似无关的适用和机会。鸟类策展人香农·哈克特[13]使用来自DNA分析的分子数据，致力于为当今生活的1万种鸟类重建生命进化树。她与18位合作者一起于2008年发表在《科学》杂志上的论文是一项具有里程碑意义的研究成果，为现存鸟类的主要群体提供了进化关系树。它是世界上所有顶级鸟类专家所使用的参考标准。由于这项工作，她和同事们参与了新兴病原体项目（Emerging Pathogens Project）。该项目研究鸟类、小型哺乳动物、其寄生虫及病原体（导致疾病的微生物）的DNA。她和同事们在菲尔德博物馆普里茨克分子系统学与进化实验室（Pritzker Laboratory for Molecular Systematics and Evolution）提取并分析DNA，有助于科学家们了解疾病是如何进化的，以及传染性微生物在动物物种间传播时可能发生的情况。通过了解携带病原体的鸟类群体之间的进化关系，我们可以将疾病追溯到其原始毒株，有助于从源头对抗疾病。

我写这一章节时博物馆里最年轻的策展人是科里·索克斯·莫罗（Corrie Saux Moreau）。[14]关于她如何成长为专业科学家这段引人入胜的故事，在菲尔德博物馆2010年至2012年开放的临时展览中得以展现，该展览名为"蚂蚁罗曼史"（*The Romance of Ants*），对于渴望成为科学家的年轻人来说，这是一个鼓舞人心的展览，展览甚至还配套了在线漫画书。正如在漫画书中提及的，科里在路易斯安那州新奥尔良（New Orleans）出生、长大。她很早就对自然和动物产生兴趣，尽管在新奥尔良接触自然野生动植物的方式并不多，且她居住的建筑物里不允许养宠物，但是她和她弟弟在家附近的人行道裂缝中总能找到蚂蚁。她开始识别不同种类的蚂蚁，她甚至做一些小实验，如扔面包屑，观察蚂蚁会如何反应。这个故事让我想起了我童年时代对自然历史的兴趣始于在父母的砾石车道上寻找化石。

蚂蚁和恐龙一样古老，它们是从一亿多年前由类似黄蜂的祖先进化而来。它们在白垩纪末期的大灭绝事件中幸存下来，而该事件消灭了地球所有生物物种的75%，该事件之后不久，它们似乎经历了近似爆炸性的物种形成。如今，有近5万种现存蚂蚁种类（其中仅描述了约1.5万种）。地球上蚂蚁的总生物量巨大。根据科里的说法，如果对地球上所有蚂蚁进行称重，其质量将等于所有人（74亿人！）的生物量。根据她的博客网站信息，今天地球上大约存活着321,000,000,000,000,000只蚂蚁。

科里在高中和大学期间都保持着对自然的兴趣，最后她开始四处寻找攻读博士学位的大学以研究她最喜欢的动物群体：蚂蚁。她申请了许多大学，包括哈佛大学，世界著名的自然学家及蚂蚁专家爱德华·威尔逊（Edward O. Wilson）就是哈佛的一名教授。科里的申请材料给他留下了深刻的印象，他同意招收她为学生。后来，两次获得普利策奖的威尔逊在他的书《写给年轻科学家的信》（Letters to a Young Scientist）（2013年）中也写到科里的一段故事。

科里在哈佛学习的第一年结束时，她已经知道自己想为论文做些什么（如威尔逊的书中所述）。美国有三位顶尖的蚂蚁专家收到美国国家科学基金会提供的数百万美元联邦资助，用于使用DNA测序研究所有蚂蚁亚科的进化关系。这是一项艰巨的任务，但是一旦成功，该项目可为数十名未来科学家进行的数百项研究奠定基础，这些研究涉及地球上数量最多的动物之一的关系、进化及生态。科里告诉威尔逊，她计划写信给该项目的三位主要研究人员，请求允许她参与研究该项目21个蚂蚁亚科之一。威尔逊认为这个想法有助于她获得博士学位，也是科里与该领域其他专家建立联系的好方式。几周后，失望的科里回到威尔逊的办公室，告诉威尔逊项目负责人拒绝了她。他们不愿意在团队中招募一个未经测试的研究生。威尔逊表示同情，但建议她再试试其他方式。

几天后，科里回到了威尔逊的办公室，提出了新的论文方案。她决定独立承担蚂蚁整个21个亚科的研究（代表近5万种）。这是一个雄心勃勃的目标，对于许多学生来说任务太过繁重，但是科里的某些特质使威尔逊本能地同意了她的提议。经过两年多的漫长工作和专注研究，她为所有21个亚科建立了进化关系的分支模式。2006年4月7日，她的研究成果作为封面文章发表在《科学》杂志上，2007年她成功地就蚂蚁的系统演化进行了博士论文答辩。而那个有着数百万美元联邦资助的著名团队于同年晚些时候公布了他们的结果。他们的系统演化与科里的差不多。从那时起，之后的研究都支持科里的蚂蚁进化树论述。她的故事充分地表明，充满勇气的自信和专注的决心可以为科学带来什么，策展人所拥有的激情和竞争的动力往往使他们取得成功。

如今，科里的研究还关注蚂蚁在显花植物的进化中扮演的角色，以及它们在预示气候变化方面所发挥的作用。她自己是一名成功的年轻策展人，此外，她还在博物馆成立了"科学界的女性"（Women in Science）小组，鼓励其他女性追求自然科学领域的事业。[15]

我在博物馆的许多策展同事也是人类学家。加里·法因曼（Gary Feinman）[16]是一位考古学家，专注于古代文明与早期经济体系的演变。他的野外工作主要与妻子琳达·尼古拉斯（Linda Nicholas）一起在墨西哥的瓦哈卡州（Oaxaca）和中国山东省进行，他的妻子是博物馆考古学和民族学的兼任策展人。加里对实力强大的国家和城市如何崛起并不可避免走向衰败以及这背后的原因很感兴趣，如位于墨西哥南部瓦哈卡谷的蒙特阿尔班（Monte Albán），它是前哥伦比亚时期的城市，多年来他在那里从事野外工作。作为美国人，我们如今生活在类似的现代帝国中，可以从他的研究中学到很多东西。或许通过研究过去社会的衰落对我们自身的社会有所借鉴，有益于延续。

加里是菲尔德博物馆极为成功的巡回展览"巧克力"（*Chocolate*）的策展人之一。该展览对巧克力的起源进行探索，它源于中美洲和南美洲热带雨林的可可树。基于公元前 1200 年古老的陶器残留物判断，巧克力是由古老的玛雅人首次发现和开发的。对于后来的阿兹特克帝国来说，它是供精英阶层享用的主要奢侈食品。可可种子用于充当货币和供奉神灵。巧克力最终传播到欧洲，然后遍及世界各地，从那以后，它一直是一种珍贵的美食。展览于 2002 年在菲尔德博物馆首次亮相，历时 11 个月，之后开始巡回展出。从那时起，它已经到过美国 24 个不同的州和加拿大，并已允许在日本和韩国继续巡展。它继续为菲尔德博物馆创收，用博物馆展览负责人亚普·霍斯特（Jaap Hoogstraten）的话说："该展览将永远巡回下去。谁愿意在没有巧克力的世界里生活呢？"

公元 500 年到 1000 年，古代瓦里人（Wari）在秘鲁形成了一个繁荣的文明时期。他们建立了秘鲁的第一个帝国，该帝国早于更大的印加帝国数百年时间。考古学策展人瑞安·威廉姆斯（Ryan Williams）[17] 及其同事已经在一个名为塞罗·巴乌尔（Cerro Baúl）的瓦里遗址发掘了 20 多年。这座古城已有 1000 多年的历史，海拔高度约 8000 英尺，它是瓦里帝国精英阶层居住的地方。2005 年，瑞安和他的同事报告在遗址发现了安第斯山脉地区最古老的大型酿酒厂。这家古老的酿酒厂曾大规模地生产一种名为吉开酒（chicha de molle）的类似辛辣啤酒的饮料，当数百名瓦里人认为到了酿造吉开酒的时间，该套设备装置便可以输送产品，它可以一次性分批抽取出475加仑（1加仑约等于3.7854升）的啤酒。瑞安在塞罗·巴乌尔遗址工作了20多年，在此过程中，他已经培养了数十名考古学学生。他使用创新技术对地下进行探索，如带轮子的探地雷达设备。通过这种装置，他发现了地下墓穴、洞穴，甚至被掩埋了的古代建筑。

塞罗·巴乌尔地区位于莫克瓜（Moquegua）城北约12英里处，这是一个政治动荡的地方。2008年，秘鲁政府和该地区罢工的原住民之间的政治矛盾爆发。那里的工人和农民对财富再分配的呼声越来越高，甚至谈及了革命。原住民们封锁了瑞安考古现场附近的莫克瓜小镇，暴力事件爆发后，许多抗议者和警察受伤了。值得注意的是，其中一名抗议者用吊索扔石头击落了秘鲁军队的一架直升机。瑞安和他野外考古队的11名成员被困，并连日被切断供给。秘鲁军队威胁要攻打该地区，这让瑞安及其团队面临更大的风险。作为当时收藏和研究部门负责人，我准备实施博物馆紧急救援计划，以营救受到此类突发事件威胁的科学家。在某些情况下连美国国务院介入都还不够。博物馆的总法律顾问、首席财务官和我开始与专业的"救援队"（extraction team）进行讨论，救援队里我们有雇佣人员，其工作是在需要时参与营救我们的人员。当然，这样的选择本身是有风险的，仅作为万不得已的手段。幸运的是，我们不必部署救援队。在最后时刻，当地人悄悄将瑞安和他的组员们运送出动乱地区，秘鲁直升机再将他们安全地带出该区域。瑞安多年来精心经营与当地人的关系，为他和他的野外工作组成员提供了一张安全网，以备不时之需。

从穿过哈迪斯之门，到发现石器时代的爱情证据，再到推演出人类社会等级制度的起源，考古学家比尔·帕金森（Bill Parkinson）[18]参与了一些惊人的发现。比尔是迪洛斯项目（Diros Project）的主要考古学家之一，该项目由阿纳斯塔西娅·帕帕塔纳西乌（Anastasia Papathanasiou,

古人类学和洞穴学研究者）在乔治·帕帕斯塔索普洛斯（Giorgos Papathanassopoulos，古物名誉长官）的指导下组织进行挖掘希腊南部令人敬畏的阿普崔帕岩洞（Alepotrypa Cave）。这个巨大的内部空间几乎有三个足球场那么长，里面到处都是初级打制的石头珠宝、工具和武器，还有埋藏于公元前6000年至公元前3200年时间段的至少170具人类骨骼，是欧洲最大的石器时代墓葬场所之一。公元前3200年，地震导致洞穴入口崩塌，许多石器时代的人被活埋，并将该洞穴尘封了数千年之久。1958年，该遗址被两名洞穴探险家重新发现，但是，直到20世纪70年代中期，考古学家才开始挖掘该洞穴。很快，这里得名为"石器时代的庞贝城"。该遗址保留了大规模人类冲突的最早记录之一。考古研究表明，其中31%的出土的人体骨骼显示出头部钝伤的愈合伤口，极可能是由岩石或棍棒造成的。这个山洞里还有一个小湖，洞壁显示了涉及火的古老仪式。挖掘负责人乔治·帕帕斯塔索普洛斯提出，石器时代的人认为阿普崔帕岩洞是进入死亡国度的大门（在古希腊神话中就有"哈迪斯的地狱"这一说法）。

虽然阿普崔帕岩洞遗址保留了大规模人类暴力的最早记录之一，但迪洛斯项目还发现了石器时代生活中更为温柔的一面。在洞穴入口外，团队发现了可追溯至公元前3800年的双人葬，是两具保存完好的成年遗骸，一男一女，胳膊和腿紧紧相拥，他们死亡时都只有20来岁。引用比尔·帕金森在《国家地理》杂志最近发表的文章中的话："他们在亲密拥抱……他们的双臂互相搭叠，双腿缠绕在一起。这是毫无疑问的。"石器时代的爱情？这个强有力的形象引人遐想，他们是如何度过生命的最后几个小时？又是什么导致了他们的死亡？（第185页）。阿普崔帕岩洞遗址的相关记录为研究史前人类文化打开了一扇惊人的窗口，未来几十年，比尔和他的同事将继续进行探索。

1989年苏联解体为西方考古学家在东欧提供了许多新的工作机会，该地区记录了人类社会自石器时代的崛起。比尔和另一批学生及同事组成的团队在匈牙利东南部的古遗址进行挖掘，以研究人类社会发展的这一关键阶段，这些遗址可追溯至公元前5500年至公元前4000年。人类社会一个重要过渡时期称为"铜石并用时代"，始于公元前5000年。铜是人类最早大量使用的金属，因为它在自然界以不需要冶炼的纯锭形式广泛存在，很容易被锤揲成有用的器物形状。学习如何使用金属是一项重大的技术突破，催生了相关珠宝、工具和武器的加工生产。比商品生产更为重要的是，铜的开采和加工产生了新的职业、新的社会群体，并最终形成了第一个复杂的社会等级制度。它为贫富之间、统治者和被统治者之间的区别提供了最早的证据，并记录了人类最早的城市化。这类社会形态一旦发展起来，便呈燎原之势。人类文化从此发生了根本变化，导致了今天地球上大多数人居住在城市环境中。比尔提出疑问，为什么人类开始在密集的城市中共同生活，尽管出于多种原因，人类并不适宜这么做。鉴于卫生、传染病和其他因素，人口稠密会产生一些内在的问题，他还研究了导致过去许多城市中心衰败和消失的原因。过去的20多年间，作为他野外工作的一部分，比尔和他匈牙利同事阿提拉·久查（Attila Gyucha）在匈牙利考古学方面培养了100多名学生。

在菲尔德博物馆任职时间最长的策展人是约翰·特雷尔（John Terrell），[19]他担任考古学和人类学策展人超过45年。他研究探索了太平洋热带地区的人类文化，重点关注人类文化的多样性及其随着时间的流逝如何相互作用并发展。他的一项工作是将友谊浓缩为一门科学，并在他的著作《友谊的天赋：显著特征的重新发现》（*A Talent for Friendship: Rediscovery of a Remarkable Trait*）中进行了介绍。他在书中提出，我们的友谊能力通过达尔文主义的选择而发展，就像胳膊、腿和下巴一样。他认为，与陌生人交朋友的能力是人类天性使然的独有特征（尽管通过选择育种，人类也能在狗或其他家养动物中培养出这种特征）。他进一步建议，更好地理解智人（Homo sapiens）之间友谊的社会演变，能使我们"以社会的方式对进化遗产进行修补……有助于更好地控制我们物种的未来"。

我的大多数人类学同事都是文化人类学专家，他们专注于研究人类社会的过去和现在。相形之下，罗伯特·马丁（Robert Martin，以下称他为鲍勃）[20]是博物馆唯一的体质人类学家，该领域专注于灵长类动物生物学和行为学的演化。他的研究包括有争议的原始人种弗洛勒斯人（Homo floresiensis），绰号"霍比特人"。根据描述，该人种的成人只有三英尺到三英尺半高，大脑尺寸比智人小。它的化石来自印度尼西亚，距今已有 1.2 万年的历史，是已知最早的灭绝类人动物。有人提出，弗洛勒斯人与智人（即现代人类）同时存在并互动。鲍勃的研究表明，这个通过仅少数几根骨头和一个保存完好的头骨可知的所谓"物种"，实际是成年的智人，出生时患有先天性小头畸形的疾病。激烈的争论证实了为什么通过化石的研究，往往需要多个标本来确定新物种的有效性。

鲍勃还是生殖进化及灵长类动物（包括人类）子女养育实践的权威。他在最近的书《我们如何做到：人类生殖的演变与未来》（How We Do It: The Evolution and Future of Human Reproduction）中对此主题作了介绍。结合这本书，鲍勃在《今日心理学》（Psychology Today）上开设了每月博客网站。

喜欢被人称为查普（Chap）的查普鲁卡·库辛巴（Chapurukha Ma-kokha Kusimba）[21]，从 1994 年至 2013 年间在菲尔德博物馆担任非洲考古学和民族学的策展人。2007 年，我与他一起访问肯尼亚，以探寻肯尼亚国家博物馆（Kenyan National Museums）与菲尔德博物馆之间的合作机会。我们希望将肯尼亚博物馆的一些早期人类化石带到芝加哥，用于关于人类进化的临时展。这次旅行对我来说是一次变革性的经历，它让我更加欣赏非洲博物馆呈现的多样化兴趣。

查普 5 岁那年，他的家人移居肯尼亚，以避开乌干达日益严峻的政治动荡和暴力事件，这源于米尔顿·奥博特（Milton Obote）不断恶化的铁腕统治，伊迪·阿明（Idi Amin）在一次军事政变后于1971年取得控制权，之后又加剧了暴行。乌干达1909年曾被温斯顿·丘吉尔（Winston Churchill）誉为"非洲珍珠"，但在伊迪·阿明（其自称为"终身总统阁下"）统治期间，这里已成为"杀戮场"。人权组织认为阿明的残暴统治是造成50万乌干达人死亡的罪魁祸首，其迫害目标主要是学生和知识分子，查普及时逃离了乌干达。

查普作为外来年轻人移居至肯尼亚的埃尔贡山（Mount Elgon）山坡并在那里长大，生活之于他不仅更安全，而且还给他带来了新的兴趣点。他探索山上的洞穴，发现里面保留了不为世人所知的过去文明的遗存，其中一些山洞保留了古代壁画。有时，查普会收集箭头或石制工具，并向当地长者询问更多信息。他们会讲述所知道的过去居住在那里的人的故事，这使查普想了解更多。他努力学习，在高中成绩优异，最终成为家里第一个上大学的人。那时，在非洲，人类学家的就业机会并不多。之后有一天，影响查普一生的机会出现了：去肯尼亚国家博物馆实习。这份邀请来自该机构的负责人理查德·利基（Richard Leakey），利基推动建立肯尼亚国家博物馆与世界其他地区之间的国际合作。这些合作有效地促进了肯尼亚的研究国有化，并使对人类学领域的数十名肯尼亚学生的培养成为可能。而此前，肯尼亚人类学领域一直由英国科学家主导，他们对培养本地学者几乎没有兴趣。

查普围绕他在肯尼亚成长中孩提时代发现的洞穴和文物开展一项研究计划。他了解到，这些洞穴是19世纪人们躲避奴隶主的地方。在此期间，来自海岸的斯瓦希里人和阿拉伯人会袭击非洲内陆的整个村庄，将俘获来的囚犯贩卖到奴隶交易市场。奴隶交易摧毁了许多东非社会，查普的祖辈也有一些在很久以前就被带走了。查普花费数十年时间研究东非海岸（有时也被称为斯瓦希里海岸）的文化变迁。对于考古学家而言，试图破译肯尼亚文明的早期历史的目标令人望而生畏。在至少2000

年的时间里，这个区域交织着不同文化、宗教和经济的融合。多个世纪以来，海岸贸易导致文明的发展和繁盛，但16世纪初的奴隶贸易将其摧毁。因此，该地区的许多文化历史遗失了。查普在肯尼亚社会中的人脉和家庭为他提供了独特优势，有利于通过世代相传的故事重构该地区的历史。他积累了800多个小时的视频影像，里面记录了与长者和其他信息提供者就东非的传统、迁徙史和人们的生活史进行的对话，他开始了解该地区的复杂历史，并将其作为毕生事业进行下去。

在博物馆的这些年，我开始欣赏策展人员的集体工作。虽然研究项目是多元化的，涵盖许多学科和地理区域，但是策展人都朝着共同目标前进。他们都决心将对科学的好奇心转变成主动、动态的研究项目，并通过出版、展览及教育培训将探索发现的知识传播出去；他们不惧风险；他们独立创建自己的社交和专业网络来完成任务，无论这是否意味着要与偏远村庄的土著长者建立个人联系、骑着愤怒的母牛参加牛仔竞技表演、与捐助者和志愿者组织进行互动，还是给可能成为下一代科学家的研究生提出建议。每个策展人在思想上各有特点，他们积累起来的影响力塑造了一个强大的科学机构。

菲尔德博物馆植物学策展人。（上图）格雷格·米勒在俄罗斯卡库斯山脉（Caucus Mountains）发现了一片毛茸茸的鬃毛蘑菇。（左下图）里克·雷在中国横断山区进行生物多样性调查。他拿着 GPS设备记录准确的采集地点坐标。（右下图）索斯藤·伦布施在澳大利亚墨尔本郊外采集地衣。

Plants of China

Ranunculaceae
Delphinium kamaonense Huth var. *glabrescens* (W. T. Wang) W.
T. Wang

Det. W. T. Wang, 2007

Sichuan Province, Baiyu Xian: Road from Baiyu to Batang on N
side of first pass from Baiyu and S of Xieda village. 30°59'1"N,
98°57'40"E; 4050-4100 m. Remnant Picea-Juniperus forest along
wide ravine with small streams widening into broad meadow.
Meadow. Flowers dark blue. DNA material available.

D. E. Boufford, B. Bartholomew, S. L. Kelley, R. H. Ree, H. Sun,
L. L. Yue, D. C. Zhang, Y. H. Zhang & W. D. Zhu
37004   22 August 2006

№ 2280464

FIELD MUSEUM
OF
NATURAL HISTORY

2006 年，植物学策展人里克·雷从中国的喜马拉雅地区采集的两个显花植物展毛翠雀花
（*Delphinium kamaonense*）的标本。它们被压平、干燥处理，然后固定在植物标本台纸上。菲尔德
博物馆的植物学藏品中有约 300 万张植物标本台纸，代表 10 万多种植物。它们全部被存储在密封
的、环境受控制的储藏柜中，永久保存以备将来进行科学研究。

2014年植物学策展人索斯藤·伦布施和兼任策展人罗伯特·吕金在波多黎各收集了1984年福特牌
Bronco车型一扇生锈的车门。它的表面生长着近100种不同的地衣，已成为菲尔德博物馆植物学收
藏的一部分。虽然从远处看，很多种地衣貌似剥落的油漆，但它们是我们生物圈的重要组成部分，
毫无疑问，在地衣学家眼中，它们是充满美的事物。

Gentiana sedifolia Kunth
Foto: Italo Treviño

(左上图) 1979 年至 2008 年，迈克尔·狄龙在菲尔德博物馆担任植物学策展人，此图显示 1995 年他在秘鲁的圣马丁检查一棵伞形树（Schefflera sp.）的标本。（右上图）以"狄龙"命名的秘鲁植物学期刊丛书《狄龙安娜》。（下图）一家以他的名字命名的秘鲁植物学研究所——迈克尔·欧文·狄龙科学研究所（IMOD）的网站宣传资料。狄龙是秘鲁最著名的科学家之一。

图片是 1979 年，迈克尔·狄龙在墨西哥科阿韦拉一场牛仔竞技表演中被一头 250 千克重且处于兴奋状态的母牛甩下来之后拍摄的。为了融入当地农场工人的生活，狄龙冒着生命危险参加牛仔竞技表演，他们最终同意他进入农场收集植物。策展人往往竭尽全力与当地人进行联系，从而建立成果斐然的野外作业点及卓有成效的安全网络。

（左上图）2009年，鸟类学策展人约翰·贝茨在非洲马拉维（Malawi）帮助公园的守卫学习如何制备鸟类标本。（右上图）约翰和他的同事们将从中非收集来的鸟制成填充皮进行收藏。（下图）数十只鸟飞到芝加哥的建筑物上撞死了，博物馆工作人员进行标本抢救作业。进入博物馆后，这些鸟被放进皮蠹室变成骨骸，图中显示的是志愿者凯莉·屈夫纳（Kayleigh Kueffner）帮忙对藏品进行编目。

（左上图）米纳克什·瓦德瓦于 1995 年至 2006 年在菲尔德博物馆担任陨石学策展人。她手持一颗陨石，这颗陨石于 2003 年 3 月 26 日坠落在伊利诺伊州帕克森林。（右上图）菲尔德博物馆收藏的火星碎片。（下图）此处为南极中部横跨南极山脉（Transantarctic Mountain）地区，米纳克什站在她的帐篷外，此次旅行是为了收集陨石。

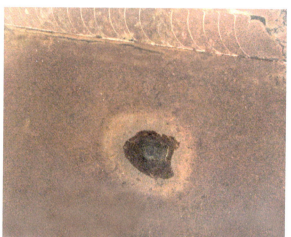

（左上图）陨石学策展人菲利普·赫克手持博物馆藏品中的一颗陨石。（右上图）瑞典出土的4.67亿年前的石灰岩中，陨石（厚板中间）和弯曲的鱿鱼状头足纲（厚板顶部）一起形成化石。厚板尺寸为8英寸×10英寸。（左下图）古生物学的策展人肯·英吉利根在南非的卡鲁盆地（Karoo Basin），他的手放进2.55亿年前二齿兽的脚印中。（右下图）用艺术的手法再现二齿兽存活时的形象。

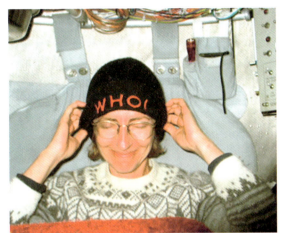

（左上图）动物学策展人珍妮特·沃伊特准备乘坐名为阿尔文号的深潜器潜入深度超过一英里半的
太平洋底部。（右上图）阿尔文号是伍兹霍尔海洋研究所（WHOI）运营的属于美国海军的深潜器。
（下图）珍妮特研究的深海底（这是阿尔文号的灯光所抓拍的），这里拥有一个蓬勃发展但鲜为人知
的生态系统，完全没有阳光。我们对深海底部的了解仍少于对月球表面的认知。

（左上图）昆虫学策展人彼得拉·谢尔瓦尔德。（右上图）鸟类策展人香农·哈克特。（下图）菲尔德博物馆展厅向公众开放的部分普里茨克分子系统学与进化实验室。

2014 年，昆虫学策展人、世界蚂蚁权威研究者科里·莫罗在婆罗洲（Borneo，加里曼丹岛）进行收集之旅。她还在菲尔德博物馆启动了"科学界的女性"计划，旨在鼓励年轻女性追求自然和文化科学领域的事业。

（左上图）人类学策展人加里·法因曼在墨西哥瓦哈卡州发现了公元 600 至 800 年间一个美洲虎的陶瓷制品。（右上图）加里在研究瓦哈卡州出土的花盆碎片。（左下图）考古学策展人瑞安·威廉姆斯在秘鲁南部的塞罗·巴乌尔，他和同事在那儿发现了安第斯山脉地区最早的酿酒厂，已有 1000 多年的历史。（右下图）瑞安使用便携式探地雷达在秘鲁南部寻找地下考古结构。

（左上图）考古学策展人比尔·帕金森在匈牙利一个有6500年历史的考古遗址中寻找人类自石器时代以来的文物。（右上图）在希腊南部，比尔和迪洛斯项目的同事。从右到左依次为：比尔·帕金森、乔治·帕帕斯塔索普洛斯和阿纳斯塔西娅·帕帕塔纳西乌。（下图）2013年，比尔和同事发现了公元前3800年石器时代的一对呈拥抱状骸骨。

比尔和他在迪洛斯项目中的同事关注位于希腊南部令人惊叹的阿普崔帕岩洞（如图所示），该洞穴里存在有史以来发现的最大的石器时代的墓地之一。到目前为止，在此发现的文物和170多具人体骨骼，可追溯到公元前6000年至公元前3200年。该洞穴被认为启发了关于哈迪斯的希腊神话，该地区的史前人认为这是进入死亡国度的入口。

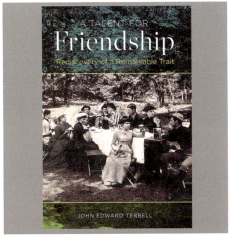
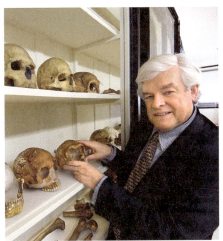
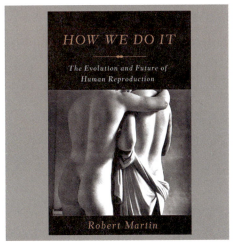

两位博物馆策展人致力于从社会和自然方面研究人类间的联系。（上图）太平洋人类学策展人约翰·特雷尔担任策展人的早期（1969年，特雷尔穿着白色T恤，站在草棚里，身边围着波利尼西亚人），他在2014年出版了关于友谊如何在人类社会中发展的书。（下图）体质人类学策展人鲍勃·马丁，他在2013年出版了关于人类生殖及养育演化的书。

非洲考古学策展人查普·库辛巴（Chap Kusimba）坐在姆特瓦帕（Mtwapa）废墟中，姆特瓦帕是中世纪肯尼亚港口城镇，大约存在于公元 1000 年至 1750 年间。查普从 1986 年至 2008 年间一直在该遗址工作，这是他对东非鲜为人知的文化历史进行研究的一部分。

第八章

K-P 硬汉精神永存：在沼泽徒手抓鳄鱼，给致命毒蛇留下记录

菲尔德博物馆的传奇人物 —— 爬行动物学策展人卡尔·帕特森·施米特（Karl Patterson Schmidt，1890—1957），大家叫他"K-P"—— 和他的一些小朋友（头盔鬣蜥）。照片摄于1952年。

随着我与芝加哥的当代策展同事们越来越熟悉，我对博物馆过往所涌现的策展人也日渐熟悉起来。我欣赏他们非凡的敬业精神，并从其中一些策展人那里获得了工作方面的启发。特别是一位名叫卡尔·帕特森·施米特的策展人，在博物馆一楼的爬行动物部工作，人们说起他的名字时几近虔诚。

卡尔·帕特森·施米特（1890—1957）——或者说"K-P"，无论是否一起共事的同事们通常都叫他"K-P"。从 1922 年到 1955 年，他是菲尔德博物馆爬行动物学（两栖类和陆爬类）的策展人。由于历史的原因，我不禁感觉到自己与卡尔·帕特森·施米特在策展方面的不解之缘。我们都在中西部长大，然后去东部上学。我们都在美国自然历史博物馆工作了几年，最后都在芝加哥的职业生涯中奋斗终身，而且我们都在菲尔德博物馆当了 30 多年的策展人。虽然我感觉到了这种机缘巧合，但我一直没有机会见到他，因为我们来自截然不同的年代。他在我出生前 29 年就开始在菲尔德博物馆工作了。由于有共同的志向和对同一个工作机构的忠诚，我们在精神上有一种跨越时空的亲切感。

K-P 在菲尔德博物馆有一段杰出的职业生涯，他从动物学的助理策展人奋斗成为首席策展人。当他在 1922 年开始工作的时候，只有 1916 年从康奈尔大学获得的学士学位。他来自一个没有博士学位也能成为大型博物馆策展人的时代。1952 年，就在他从博物馆退休的前几年，他获得了印第安纳州厄勒姆学院（Earlham College）的荣誉博士学位。1955 年退休后，他一直担任名誉策展人（一个令人敬重但没有薪水的职位）直到去世。他收藏了超过 1.5 万本爬行动物学文献，这些文献成为菲尔德博物馆纪念卡尔·帕特森·施米特的爬行动物学图书馆（Karl

P. Schmidt Memorial Herpetological Library）的基础。他出版了许多专著，发表了许多科学文章，命名了 200 多种新的爬行动物，并且是当时最主要的爬行动物学杂志《两栖爬行学报》（*Copeia*）的编辑。1956 年，K-P 当选为美国国家科学院院士，这是美国科学界的最高荣誉之一，他是 20 世纪最重要的爬行动物学家之一。

K-P 在热带地区做了大量的野外工作，在他那个年代，这需要漂洋过海，长途跋涉。他多次率领收藏考察团前往中美洲和南美洲，在他担任策展人期间，博物馆的动物学标本收藏从 4000 件增加到了 6 万件。动物学家收集标本与自然历史博物馆的其他策展人略有不同。古生物学家使用的是石锤、凿子、锯子和铲子；植物学家使用的是剪子和植物压片机；考古学家使用的是探地雷达、铲子和扫帚。尽管许多动物标本是从抢救作业中收集而来，如路上被撞死的动物或是动物园死亡的动物，但对动物学家来说，他们的工具是网、陷阱、安乐死药物和猎枪。动物学家必须采集有限的动物物种样本，以记录那些无法根据图片、视频或对野外活体动物的观察来解读的特征[1]。为了使世界自然历史博物馆的标本库保持更新，甚至为了帮助保护这些野生物种，对特定的动物和栖息地进行一些限制性的采集总是有必要的。在我的经验中，动物学家并不喜欢杀戮，但他们对生物多样性进行详细的、有策略的取样，最终会使他们所取样的生态系统受益。本着这种精神，今天的动物学和植物学策展人延续着卡尔·帕特森·施米特的做法以及他对世界生物学的调查方法。

1923 年 K-P 率领了一支为期四个半月的中美洲科考队，被称为马歇尔船长野外考察队，他在博物馆档案中留下了他的野外考察笔记。他的船于 1 月离开新奥尔良，差不多五个月后返回芝加哥。在这期间，他收集了 1625 个标本，主要包括蛇、蜥蜴、两栖动物，以及一种罕见的叫作莫雷特鳄鱼（Crocodylus moreletii）的鳄类动物。这个物种之前被称为"失落的物种"，因为它只在 1851 年被报道过一次，之后就再也没有出现过。它的存在在科学界受到了怀疑。但在他 1923 年的考察中，K-P 重新发现了该物种的种群，该种群在伯利兹（Belize）的背水沼泽中活得很好。发现这样一种传说中的动物，是一个动物学家的梦想。当发现那里该物种数量庞大后，K-P 下定决心要为博物馆的一个有关生物多样性的展览收集一个标本。一天晚上，他借着汽车的车灯照在沼泽地上工作，在水面上发现了一只五英尺长的莫雷特鳄鱼，通过车灯的反射可以看到它的眼睛。动物学家们如今已经有了一套生物调查中不同动物种如何被最人道地杀死的规程，但对于某些物种来说，枪还是唯一的办法。K-P 蹑手蹑脚地来到岸边，用他的 0.22 英寸口径长管手枪向动物射击。他没有打中，鳄鱼在水底消失了。坚持不懈是 K-P 的品质之一，他在没过膝盖的黑暗的沼泽中跋涉，朝着动物的最后一个已知位置走去。当他继续在泥泞的沼泽中艰难前进的时候，突然发现了那只沉没在水中的鳄鱼。它正停在底部，离他不超过两英尺远。他迅速瞄准，又向它开了一枪。子弹在穿过一两英尺的水面后，无损地从鳄鱼厚实的骨质头部弹开。尽管这一枪没有对鳄鱼造成严重的伤害，但也足以激怒它了。它变得疯狂起来。正如 K-P 在他的野外笔记中所描述的那样，这只动物"来到水面上，迅速以一个数字 8 的路线疯狂地冲来冲去，下巴张得大大的，就在我的面前停了下来，仍然张着下巴"。这也许会把大多数神志清醒的人吓得魂飞魄散，或者最起码让他们理性地停下来，K-P 唯一害怕的是他有可能失去宝贵的标本。他没有从沼泽地里退回来，也没有远离鳄鱼的下颚，而是向鳄鱼扑去，抓住了它的头。K-P 写道，鳄鱼"能够以惊人的速度一遍遍地扭动，必须同样快速地在它的鼻子上换手，以避免被锋利的凸出的牙齿割伤"。但那天运气站在了 K-P 这边。他终于成功地将这只咬人的鳄鱼拖到了岸边，他的助手帮忙将动物绑了起来。最终，他用这个宝贵的标本制作了一个石膏模具和一个彩色铸模。这个铸模至今仍矗立在菲尔德博物馆的展厅里，多年来已有数千万游客在此观赏。

虽然 K-P 在他的职业生涯中收集了各种爬行动物和两栖动物，但他最喜欢研究的动物是蜥蜴和蛇。而正是他对蛇的兴趣，把他拉进了一连串致命的事件中。那是在 1957 年 9 月，芝加哥林肯公园动物园（Chicago's Lincoln Park Zoo）园长马林·珀金斯（Marlin Perkins）将一条颜色鲜艳的非洲蛇送到菲尔德博物馆鉴别。珀金斯（1963 年到 1985 年期间，他也是著名的《野生动物王国》[Mutual of Omaha's Wild Kingdom] 电视系列节目的主持人）本人就是关于爬行动物学风险的一个很好的例子。在他的职业生涯中，他曾被三种不同种类的毒蛇咬伤：一条响尾蛇、一条棉嘴蛇和一条加蓬毒蛇。有时，珀金斯需要在为动物园鉴别外来蛇的方面得到帮助，而由于菲尔德博物馆离湖岸道只有几英里远，并且拥有世界一流的爬行动物学专家团队，其中包括卡尔·帕特森·施米特，所以，这里是将蛇送来鉴别的理想之地。

　　这条蛇一到博物馆，博物馆所有的动物学策展人都迫不及待地检查它。策展人罗伯特·英格（Robert Inger）和海门·马克思（Hymen Marx）首先拿起了它。这条蛇是一条色彩斑斓的样本，长约 26 英寸。仔细检查后发现它是一条剧毒的南部非洲树蛇（Dispholidus typus）。轮到 K-P 检查蛇的时候，他抓它的位置离它的头部后面有点儿太远了。这使蛇有足够的空间来活动，并咬了他的左手拇指。不过只有蛇的一颗小牙刺破了皮肤，K-P 立即开始大力吸吮穿刺处，尽可能地清除毒液。鉴于这是一条非常幼小的蛇，且只有一颗三毫米长的牙齿刺破了皮肤，而且他被咬后立即从伤口中吸出了很多毒液，K-P 决定不寻求医疗救助。作为一个好奇心强、乐观主义的科学家，他决定把被咬的后果写出来，以便发表。他对一位同事说，"一份未经处理的咬伤的第一手报告具有特殊的价值"，因为当时人们对人类被南部非洲树蛇咬伤的情况知之甚少。

　　K-P 开始记录他被咬伤的相关症状。首先从对这条蛇的描述开始，他说，根据关键的解剖特征，它不容易被确定为某一物种，而"从它的行为中得到了充分的证明"，被确定为一条南部非洲树蛇。他详细记录了自己的症状。他把自己作为一个研究对象，采用第三人称尽量不带感情色彩地记录。很快他发现，这小小的咬伤比他最初想象的要严重。他的手写笔记（归档于菲尔德博物馆的档案中）以图表的形式详细记录了他每小时的症状。

> 9月25日，下午4∶30—5∶30，在乘坐郊区火车去霍姆伍德的途中，出现强烈的恶心，但没有呕吐……下午5∶30—6∶30，出现强烈的寒战和颤抖，随后发烧至101.7℉。下午6∶30左右开始口腔黏膜出血，很明显大部分来自牙龈……凌晨00∶20排尿，大部分是血。口腔持续出血，口腔两角有干血。

K-P随后写道，他整晚都感到腹痛和恶心。但到了清晨，他表示自己的情况有所好转。他说，凌晨5时左右，他感觉好多了，体温恢复到98.2℉。他接着说，他舒服地睡到了早上6点半，早上7点，他享受了一顿丰盛的早餐，包括鸡蛋、吐司和咖啡。事实上，他开始感觉好了很多，以至于在上午10点，他打电话给博物馆，说他将在第二天回去工作。

到了下午，K-P的情况开始迅速恶化，他出现了恶心、内出血和呼吸困难。他的妻子开始担心并叫了救护车。当救护车到达时，K-P已经陷入了昏迷。他们急忙把他送到医院，但到了1957年9月26日下午3点，伟大无畏的卡尔·帕特森·施米特被宣布死于呼吸麻痹，这距离他被咬伤仅有28个小时。K-P担了太多风险。尸检结果显示，他有大量的内出血和外部大出血。一条非洲树蛇的幼蛇身上的微量毒液，就造成了大面积的内脏损伤，其杀伤力之强，连当时世界上最顶尖的蛇类专家都感到震惊。K-P详细而形象的描述，增加了关于非洲树蛇的毒液对人类致命影响的记录知识。我们现在知道，这种毒液的毒性超乎寻常，甚至比眼镜蛇、金环蛇和曼巴蛇的毒液更致命。它能使血液凝固过程失效，导致大范围的内出血。由于这种毒液中毒后病人显示出严重的症状很慢，受害者有时错误地认为他们的伤势并不严重，到发现时已为时已晚。

最后，卡尔·帕特森·施米特这位一生出版了150多本专著和发表了若干专业论文的传奇动物学家，在死前又贡献了一篇论文。他沉痛的笔记描述了他因蛇咬而致命的生命凋谢之路，这一笔记被菲尔德博物馆策展人克利福德·H.波普（Clifford H. Pope）发表在动物学的权威科学杂志《两栖爬行学报》上。这也是K-P当了12年编辑的杂志。1957年10月3日，K-P的一些笔记也发表在《芝加哥论坛报》上，被称为"死亡日记"。K-P的故事展示了他对科学的好奇心、敬业精神和对职业的热情，即使其中包含了近乎可怕的元素。虽然卡尔·帕特森·施米特的故事肯定无法减轻我对蛇的轻微恐惧症，但我将永远钦佩他无畏的乐观主义和探索自然界奥秘的奉献精神。就像现在的同事们的冒险和成就一样，卡尔·帕特森·施米特的传奇故事给我留下了深刻的印象和感动。在我成为策展人的发展道路中，这是我所遭遇的人和事中的一部分，催我奋进。

SS 奥罗拉号帆船。这艘船被施米特在 1923 年用于马歇尔船长考察队在中美洲的实地考察，这次考察历时四个多月。

1923年马歇尔船长考察队野外探险期间，施米特在伯利兹拍摄的沿岸和水中的鳄鱼。

施米特赤手空拳为菲尔德博物馆收集的 5 英尺长的露齿莫雷特鳄鱼的铸模。现在，它已在菲尔德博物馆的爬行动物馆展出。

1940 年，施米特在真力时广播公司的电视机上手持一只活的鳄龟的尾巴。这是一个六集节目的实验之一，目的是试验广播电视（当时商业化的技术还处于起步阶段）作为教育传播的媒介是否有价值。尽管 K-P 一生不曾拥有过电视机，但他却是电视科学教育的先驱之一。

非洲树蛇。(上图)一条南非霍德斯普鲁特(Hoedspruit)的刚孵出来的幼蛇;(下图)一条南非姆普马兰加(Mpumalanga)的雄性成年蛇。这就是 1957 年 9 月 25 日在菲尔德博物馆的实验室里咬伤施米特的物种。咬伤只是一条小蛇导致的刺破皮肤的微小伤口,而且 K-P 以为他已经吸出了大部分毒液。但 28 小时后,他仍死于这次咬伤,因为这次咬伤最终造成了严重的内脏损伤。

September 25.

4:30 - 5:30 strong nausea, but without vomiting, during trip to Homewood on suburban train.

5:30 - 6:30 strong chill & shaking, followed by fever of 101.7°, which did not persist. Bleeding of mucous membranes in the mouth began about 5:30, apparently mostly from gums.

8:30 P.M. ate 2 juices milk toast.

9:00 P.M. — 12:30 A.M. Slept well.

No blood in urine before going to sleep, but very small amount of urine. Urination at 12:20 A.M. mostly blood, but small in amount. Mouth had bled steadily as shown by dried blood at both angles of mouth.

A good deal of abdominal pain, mainly from gas, continuing to 1:00 P.M., only inadequately relieved by belching.

A little fitful sleep until 4 P.M. A.M. when I took an enema (bowels having failed to move the previous day).

Took a glass of water at 4:30 A.M., followed by violent nausea + vomiting, the

1957 年 9 月 25 日，K–P 被非洲树蛇咬伤后，开始写的一页日志。到了 9 月 26 日，毒液被证明是致命的。《芝加哥论坛报》的一篇报道称这是 K–P 的"死亡日记"，整本原始日志被菲尔德博物馆档案馆收藏。

第
九
章

放养猫咪：
卓有成效的行政管理促成
策展人的成功

| 科学 | 记录 | 研究 | 知识传播 |

菲尔德博物馆主厅的四个角落安放了四座 14 英尺高的希腊缪斯女神雕塑，它们寓示该博物馆的核心使命 —— 科学、记录、研究和知识传播。从 2004 年到 2013 年，作为收藏和研究部负责人，我的主要职责是帮助行使这些使命。

策展人在其职业生涯的某个阶段，经常会被要求担任领导职务，对于 2004 年的我来说也是如此。在地质部担任策展人 21 年后，我同意成为博物馆的副馆长（最终成为高级副馆长）和收藏与研究部（以下简称 C&R）的负责人。我和一个小规模的管理团队一起负责一个部门，该部门包括 160 多名带薪员工，包括博物馆所有的策展人、专业人员（藏品管理员、标本制备员、文保员、插图员、实验室管理员和技术人员）、各种其他专家（财务人员、修复人员、网络和技术专家），最后还包括图书馆、博物馆、档案馆和摄影部的工作人员。此外，C&R 还包括来自当地大学合作伙伴的约 40 名研究生、十几名实习生、约 250 名志愿者，以及 300 多名拥有荣誉职位的人员（兼任策展人、名誉策展人和研究助理）。总之，这是一个充满活力和奉献精神的多元化群体。虽然我很怀念作为全职策展人的研究时光，但领导这样一个多元化专业团队的经历丰富了我对策展人角色、自然历史博物馆的使命以及整个科学事业的看法。

　　在开始担任副馆长后不久，我就意识到，必须解决三个基本层次的管理问题。第一个层次是我最喜欢的工作，在某些方面也是最复杂的：管理 C&R 部门内的小组。领导一个在终身制保护下的包括策展人在内的优秀人才组成的学术团体，需要一种耐心和协作的运作模式。我所面临的挑战，是在不让事情陷入完全无政府状态的情况下，如何培养一群才华横溢、知识渊博的科学家的创新活力，这有时有点像放养猫咪。你不是传统意义上的像在公司或工厂里一样的老板。取而代之的是，你必须通过微妙的监督和咨询策略进行管理，以促进高技能人员的工作（假设你一开始就很好地雇用了最优秀和最有生产力的人员）。你还要以身作则，这包括在某种程度上维持自己的研究项目。关键是要培养和利用杰出的科学家与生俱来的激情澎湃的能量，以建立世界公认的动态科学计划。最终，他们的成功就是机构的成功。

我逐渐了解了博物馆的广大科研人员，也看到了不同的业务是如何相互融合的（有时也没有融合）。每当C&R的任何人遇到重大问题时，通常都会在我的办公室里得到解决。每当C&R以外的人对C&R的人产生意见时，同样该意见也会在我的办公室被终结。我负责解决人与人之间的纠纷，听取对同事、上司、部门、C&R以及整个博物馆的投诉。我听着情绪化的资源诉求，收到了很多主动提出的建议，告诉我如何更好地完成工作。我早年大学期间在蒙哥马利·沃德商店的投诉部门工作的经验，不止一次地派上了用场。你既要有同理心，也需要厚脸皮。同样的动力使人们在竞争激烈的领域都想成为世界一流的专业科学家，但也会导致可怕的自负、固执以及一些近乎粗野的行为。这些都没有让我感到非常困扰，因为我看到，即使是最具有对抗性的个性，通常也是出于对博物馆科学使命的真正兴趣。正是这种强烈的驱动力使科研人员能够建立起伟大的计划，并为机构的历史声誉添砖加瓦。

我所承担的第二层管理职责是与博物馆其他执行团队互动，以帮助管理博物馆的基本事务。这个有很多人的团队包括博物馆馆长和博物馆副馆长[1]。我们最具挑战性的课题是确定博物馆各部门之间的活动和资源的适当平衡，以便以财政上可持续的方式维持我们基于使命的目标。与大学不同，博物馆的学术部门（C&R）不是由学费收入或校友捐款来支持的。它在很大程度上依赖于机构的创收部门（主要是博物馆的商店、场地和活动租赁、展览以及资金筹集）的财务上的成功。C&R需要博物馆的这些部门来提供财务支持和公众宣传，而这些部门同样也需要C&R来获得内容和信誉。我的部分工作是为策展人、藏品和C&R的其他工作人员争取利益。虽然其他七位副馆长都极力地为他们自己的部门发声，但他们中的大多数人都知道，C&R 的运作包含了他们部门成功和完成机构使命所必需的核心要素[2]。当今博物馆面临的最大挑战之一，是如何保持科研部门和非科研部门的协作平衡。它们都是相互依存的，对机构的声誉和可持续性至关重要。

作为收藏与研究部的负责人，我的第三层管理责任是管理 C&R 与博物馆以外众多实体之间的合作，包括联邦机构、大学、私人基金会、主要捐赠者和其他与我们的使命一致的组织。

我以收藏与研究部负责人的身份与许多不同的联邦机构打交道。每年我都会与美国鱼类及野生动物官员会面，解释我们收藏联邦保护物种的原因。我会提供许可证的复印件，并将收藏记录开放给联邦官员检查。在美国鱼类及野生动植物管理局芝加哥办事处，官员们通常会认可我们的使命，以及在获取材料过程中为遵守联邦法律方面所付出的辛勤劳动。但有时，无论我们多么严格地遵守联邦法律和标准，该机构对我们来说都可能更具挑战性。一些怀着善意但对联邦野生动物限制一无所知的公众，偶尔会给我们寄来鲸鱼牙、象牙、带有鹰羽的美洲原住民头饰，或其他一些含有受保护物种元素的物品。我们会立即将其报告给鱼类和野生动物服务局，但有一次，该机构不仅没有因为我们的诚实和试图遵守法律而奖励我们，而是给博物馆发了一张传票，只因为我们收到了这些违规的物品。这有时可能是一个令人沮丧和复杂的关系，但我们最终总能够解决它。

C&R 部门还与许多其他联邦机构包括国家公园管理局（National Park Service），土地管理局（Bureau of Land Management），国家卫生研究所（National Institutes of Health），国家科学基金会，疾病控制和预防中心（Centers for Disease Control and Prevention），国防部（Department of Defense），酒精、烟草、火器和爆炸物管理局（Bureau of Alcohol, Tobacco, Firearms and Explosives），美国缉毒局（U.S. Drug Enforcement Administration），美国国际开发署（U.S. Agency for International Development），美国鱼类及野生动植物管理局（U.S. Department of Fish and Wildlife）以及美国国务院（U.S. State Department）合作。我们尽可能发展了基于使命的伙伴关系，以获得联邦资金，使联邦土地上的藏品收集成为可能，或使我们能够在收藏中拥有受管制的物件。发展和维持与联邦机构的良好关系至关重要，我几乎每天都要为这个或那个联邦机构签署文件。

毫无疑问，在政府办公室的某个地方有我的档案，因为作为C&R的负责人，我必须与州警察签署并持有枪支许可证（人类学收藏品有从手枪到大炮的所有东西），我还得与联邦缉毒局签署受管制物品许可证（植物学藏品中有用于制造可卡因的那种古柯叶到大麻和致幻蘑菇等所有东西）。掌管枪支和毒品，对一些联邦机构来说，一定是一个理所当然的危险信号。

当重要的政治人物要来博物馆时，我有时不得不与特勤局官员会面，帮助设置强制性安全检查。这些检查中规模最大、最具挑战性的一次是2012年5月在芝加哥举行的北约峰会，一些有重要政治人物参加的峰会活动将在菲尔德博物馆举行，城市里充斥着几批愤怒的抗议者。因此，我不得不挑选博物馆的工作人员，与特勤局的一小队人马和嗅弹犬进行协调，以完成一项看似不可能完成的任务：在24小时内对博物馆的全部藏品进行安全扫描。我必须挑选能够迅速获得联邦安全许可的人，然后与联邦特工和警犬合作。他们必须检查博物馆所有的架子和柜子。这是一个相当大的考验。人们通宵达旦地工作，最后连狗也变得明显疲惫不堪，看上去它们已经受够了在数万个抽屉和柜子里嗅出无数奇怪的东西。这是一次独特的经历，形象地展示了我们藏品数量的庞大。在这个过程中，我与一对狗的驯养者进行了一些有趣的对话。他们最近刚结束在伊拉克沿路寻找简易爆炸装置（IED）的炸弹搜索任务，芝加哥的工作对他们来说一定像度假一样。我问其中一个看起来是负责人的人，他们在美国时的正常工作职责是什么。他回答说："嗯，你知道那些在总统面前俯身挡子弹的人吗？……那不是我们。"检查过程持续了大半夜，有近 80 人，我们完成了需要做的事情。作为联邦机构，特勤局是一个容易合作的机构。

我为 C&R 监督的另一个重要的外部合作是策展人与当地大学之间的合作。策展人在芝加哥的三所主要大学即芝加哥大学（University of Chicago）、伊利诺伊大学芝加哥分校以及西北大学（Northwestern University）担任兼职教授或讲师，并在这三所大学任教。因为大学支付部分策展人的工资、给授课的策展人发放津贴，博物馆从中受益。研究生帮助博物馆收藏，并参与策展野外考察。博物馆策展人也能从馆内的研究生中获得智力支持，研究生是任何学术机构的命脉。大学得到的好处是能够提供额外的专业课程，而不需要雇用更多的全职教授。策展人可以充当学生的指导教授，也是吸引学生进入大学研究生项目的低成本招聘工具。大学还可以为那些希望离藏品近一些便于进行论文研究的学生们获取博物馆里的办公空间。博物馆和大学之间的协同作用创造了国际认可的项目。两个典型的例子包括芝加哥大学进化生物学委员会的古生物学和生态学与进化学博士项目。这些博士项目在 2008 年被《美国新闻与世界报道》（*U.S. News and World Report*）评为全美第一，当时 CEB 三分之一的教师是菲尔德博物馆的策展人。另一个协同成功的例子是伊利诺伊大学芝加哥分校的人类学博士项目。这个项目最初被认可时规定，菲尔德博物馆的人类学策展人将成为大学教师的一部分。如果没有他们，大学的师资力量就会太小，而无法开设一个可行的博士课程。

作为 C&R 的负责人，我还参与了各种国际计划，这些计划提高了 C&R 部门的实力并发挥了作用。其中最值得一提的是"生命大百科全书"项目 (Encyclopedia of Life，以下简称 EOL)，菲尔德博物馆是该项目的五个基石机构之一，其他几个机构为史密森学会、哈佛大学、伍兹霍尔海洋生物实验室（Marine Biological Laboratory at Woods Hole）

和密苏里植物园（Missouri Botanical Garden）。该项目始于 2007 年，是哈佛大学比较动物学博物馆（Harvard's Museum of Comparative Zoology）著名昆虫学策展人 E.O. 威尔逊（E. O. Wilson）的一个梦想项目。它的启动资金来自麦克阿瑟基金会（MacArthur Foundation）和斯隆基金会（Sloan Foundation）的 5000 万美元的初始拨款，其次来自基石机构。EOL 的雄心勃勃的目标是以数字方式复制、组织和协调所有已知的关于地球生命的信息，并通过互联网在一个不断扩展的网站上免费提供[3]。即使普通公众也可以通过添加图片和其他内容参与到网上，以帮助扩展网站，使 EOL 成为公众科学方法收集数据的另一个例子。公众不仅通过使用该网站，而且通过对网站的贡献来了解生物多样性研究的重要性。自网站建立以来，已有数千人为网站作出了贡献。从 2010 年到 2013 年，我在 EOL 的角色是其执行委员会的委员。

EOL 执行委员会的工作重点是长期可持续性在政策层面提供管理和决策，我们的主要目标是帮助该项目成为具有长期全球影响力的自我维持资源。第一年后不久，该倡议就扩展到了国际范围。到 2012 年，有 50 多个国家在合作建设该组织。为了强调项目的国际性质，执行委员会在包括中国、荷兰、墨西哥等世界各地举行会议，最令我难忘的是 2011 年在埃及亚历山大举行的会议。

我一直想去埃及看看，因为它古老的文化历史。当时该国政局非常动荡。在埃及举行会议的决定是在 2010 年作出的，但后来在 2011 年 2 月，该国经历了一场革命，导致 800 多人死亡，6000 多人受伤。EOL 小组曾短暂地考虑过改变会议计划，但随着 10 月的临近，小组决定在亚历山大的会议将按原计划进行。我的航班定在 10 月 9 日，在开罗（Cairo）短暂停留。在我启程前往埃及的当天，开罗的暴力事件又开始增多。10 月 10 日，科普特基督徒（Coptic Christians）与埃及安全部队发生冲突，导致了 26 人死亡，数百人受伤。但在亚历山大举行的 EOL 会议，一切都已在进行中。

我到达亚历山大的时候，已经是晚上了。这座城市沿着地中海海岸线绵延20英里，空气和声音中，混杂着海水和汽车尾气的味道，还有持续不断的交通拥堵和汽车喇叭声，这些感觉奇妙地让我想起了曼哈顿。我无法判断，我在街上感受到的紧张气氛是否只是正常的城市喧嚣的一部分，还是因为最近该国发生的动荡事件。但在接下来的几天里，没有出现任何麻烦。东道主对我们照顾周到，会议也卓有成效。不过，我仍然记得，当我走在街上，看到旅馆附近的建筑物前有军用坦克和全副武装的士兵时，仍有一种奇怪的感觉。

身处亚历山大大帝于公元前331年建立的城市——亚历山大，真是一次令人感到卑微的体验。作为一名博物馆策展人，亚历山大作为古代世界中最大最重要的博物馆图书馆的所在地对我具有深刻的意义。EOL会议是在现在的亚历山大图书馆（Bibliotheca Alexandrina）举行的，这是对大约2000年前被摧毁的原来的机构的一个纪念。最初的图书馆在当时是一个无与伦比的人类知识档案馆，它被认为保存了多达50万卷纸莎草卷轴（当时的出版媒介），其中大部分是独一无二的。该图书馆是一个更大的研究机构的一部分，称为亚历山大缪斯（Musaeum），古代世界著名的思想家都在这里学习，包括工程学之父阿基米德（Archimedes）、几何学之父欧几里得（Euclid）、三角学之父喜帕恰斯（Hipparchus）、科学方法的创始人希罗菲卢斯（Herophilus）以及机械学之父希罗（Hero），等等。这个缪斯也是今天使用的"博物馆"一词的最初来源，它唯一的主要藏品是它巨大图书馆收集的来自世界各地的无价学术文献。你可以说它是世界上最早的大型研究型博物馆之一。它的机构使命是将希腊世界最优秀的学者聚集在一起，在一个支持性的环境中追随和发展他们的科学好奇心，就像今天最成功的研究型博物馆一样。

在缪斯，人们曾有过惊人的发现。公元前4世纪，萨摩斯的阿利斯塔克（Aristarchus）发现，行星系统的中心是太阳而不是地球（日心说）。公元前 3 世纪，厄拉多塞（Eratosthenes）推断出地球是圆的，而不是平的，并发明了全球经纬度系统。可悲的是，缪斯和亚历山大图书馆最终被毁，公元前 48 年被恺撒大帝（Julius Cesar）烧毁一次，公元 391 年又被科普特牧首西奥菲勒斯（Coptic Pope Theophilus）下令全部烧毁。一个多世纪后，西欧进入了持续近千年的知识黑暗时代。一些科学发现被世界上大多数人遗忘了一千多年，直到 14 至 17 世纪欧洲文艺复兴时期才被重新发现或确立。哥伦布（Columbus）在 1492 年重新确立了地球是圆的（面对与仍然坚持认为"地球是平的"的平地论者的争论），1543 年哥白尼（Copernicus）重新发现了日心说，其他早期的发现最终也得到了重申。但我们永远不会知道有多少科学上的突破和缪斯中的文献永远消失了。参观现今的亚历山大图书馆，不禁会唤起策展人、图书馆员或其他人类遗产管理者的某种失落感。这样的历史教训，以及今天中东地区博物馆和文物被破坏的现象再次出现[4]，突显了国际博物馆界面临的长期挑战之一。无论政治、宗教或经济压力如何变化，他们都必须对自然和人类文明的准确记录进行永久管理。像 EOL 这样的合作努力，是通过信息的数字化和在互联网上的共享来帮助实现这一目标的一种方式。

直到 2013 年，菲尔德博物馆仍然是 EOL 工作的积极基石伙伴。经过六年的成长和发展，EOL 已经从一个启动项目发展成为一个功能性产品。

1992 年至 2013 年在菲尔德博物馆担任鱼类策展人的马克·韦斯特尼特（Mark Westneat）曾是 EOL 生物多样性综合中心非常有成效的主任，他离开了博物馆，到芝加哥大学担任生物学教授。当时我们觉得对这个项目的持续投资已经过了回报递减的点，而史密森学会已经建立了一个永久性的联邦预算项目，以帮助维持 EOL，并成为其在北美的主要推动力。因此，我们结束了对 EOL 的正式参与，转向其他机构的优先事项和新的计划。

在我担任 C&R 负责人的过程中，我从宏观上看到了策展技能、成就和挑战的巨大多样性。我越来越体会到 C&R 部门的包括物质的和知识的资产是如何构成机构使命的核心。我们专注于以藏品为基础的研究和教育，同时接受了一些如 EOL、各种大学研究生和实习项目，以及拨款资助的项目等有机会合作的机构合作。我开始认识到需要什么来推动和管理这种运作，以及 C&R 需要如何与博物馆的其他企业相适应。我们需要有足够的灵活性，以便在机会出现时利用基于使命的机会，同时又要着眼于长期的可持续性。但这条路并不容易。

在领导 C&R 时，我不得不面对的最具挑战性的问题是在 2007—2008 年金融危机和 2008—2012 年全球经济衰退期间为该部门编制预算。这些金融危机影响到国家的同时，也对博物馆运营的财政稳定性提出了挑战。几乎所有来源的收入都在下降，包括门票、商店和餐厅销售、捐赠基金的投资收益、政府支持和慈善事业。由于在建设新展览和扩大新项目上的重大投资，大量的债券债务也有所增加。债务为该机构的年度开支增加了一个新的主要组成部分：还本付息（债务的利息支付）。就像芝加哥市、伊利诺伊州和联邦政府本身一样，博物馆也发现自己的杠杆率过高。用博物馆首席财务官吉姆·克罗夫特（Jim Croft）2014 年发表在《内布拉斯加杂志》（*Nebraska Magazine*）上的话来说，"这是一场完美的风暴——也是后来成为数年大规模运营赤字的预兆"。这是一场争取可持续性的残酷斗争，花了很多年时间才止住了财政出血。

即使在最好的时候，C&R 的年度预算编制过程也像解决难题一样，但是现金流问题增加了额外的难度。C&R 每年的预算大约为 1500 万至 2000 万美元，来自 140 多个独立基金的复杂组合。其中许多基金和捐款被最初的捐赠者或资助机构限定了用途。这些限制会是为了"购买矿物标本"或"太平洋地区的研究"，甚至是"保护博物馆藏品中的金属类文物"。在财务挣扎的岁月里，基本诀窍是确保每项基金只用于它所限定的用途，同时尽可能地节省预算，以保留工作岗位和维持运营。年度预算编制过程中，我的办公室、科研部门负责人、博物馆首席财务官等人花了数周时间协调努力。作为收藏与研究部的负责人，我不得不扩大对外筹款活动的规模，从为我自己的研究项目提出建议，转向为 C&R 的一般运作提出建议，以帮助保持科学运作尽可能地顺利进行。很多人都依赖我，我个人也承担了这个责任。

在我领导该部门时，我带来了数百万美元的私人基金会资金，以支持 C&R 的职位和研究活动，其中包括博物馆有史以来收到的最大的捐赠之一：730 万美元用于创建罗伯特·A. 普里茨克陨石学和极地研究中心（Robert A. Pritzker Center for Meteoritics and Polar Studies）。菲尔德博物馆拥有世界上最大的非联邦研究机构的陨石收藏，但在 2008年，还没有陨石学的策展人或专门的陨石学藏品管理员。自从两年前米纳克什·瓦德瓦离开后，这些职位就一直空缺着。博物馆的研究职位一直处于招聘冻结状态，所以我为 C&R 增加一个策展人职位的唯一办法就是自己寻找外部的长期资金来源。2009 年，根据博物馆一位研究助理的提示，我联系了塔瓦尼基金会（Tawani Foundation.）的主席和创始人 J.N. 普里茨克（J. N. Pritzker）上校（已退休）。我听说上校对流星学和极地研究很感兴趣，所以我整理了一份综合提案。我将提案提交给普里茨克上校，在接下来的几个月里，我们经历了谈判和精心策划的阶段。我们达成了一项协议，使陨石学项目得到了永久的资助。那是一次令人振奋的经历，行星研究基金会（Planetary Studies Foundation）后来向我和上校颁发了詹姆斯·A. 洛维尔（James A. Lovell）奖，以表彰我们为创建罗伯特·普里茨克（Robert A. Pritzker）中心所做的工作。

我还在华盛顿特区与美国国家科学基金会的成员一起寻找增加联邦对 C&R 藏品维护的支持方式，我鼓励所有的策展人申请联邦拨款以帮助支持运营。我必须集 C&R 的知识倡导者、推销员和谈判者于一身。这是一份充满挑战、往往吃力不讨好的工作，因为在充满压力和疑惑的时候，没有人能够完全满意。但是，看着C&R渡过了该机构历史上最严重的财政危机，并在自然和文化科学领域保持着重要的力量，这让人感到非常满意，也是一件振奋人心的事。

当博物馆的财务问题变得显而易见时，博物馆的理事和管理层开始寻找实质性的方法，使机构开支与收入更加平衡。即使是非营利机构也必须赚取足够的钱来支付他们的账单。一项深入的战略规划研究开始认真审视长期的预算问题。我们聘请了世界上最负盛名的管理咨询公司之一的麦肯锡公司（McKinsey and Company）做了一次彻底的审查，所有"非创收"部门（当时财务部门有时会这样称呼它们）都被摆上了桌面。

因为策展研究是所谓的"非创收"部门之一，连它也面临着风险。如果不先维持博物馆本身，就无法维持菲尔德博物馆的策展研究项目。那是一个制度上非常紧张和不确定的时期。

经过为期六个月的详尽研究，我们确定了菲尔德博物馆的馆藏和研究是该博物馆品牌的基本要素，因此最终是其未来成功的必要核心。研究还发现，尽管藏品的维护占了博物馆运营费用的一大部分，而由于被指定的捐赠支持、联邦拨款和其他考虑，博物馆四个科学部门进行策展研究的净成本接近于零。研究是捐赠者、联邦机构和私人基金会都喜欢支持的一项博物馆的活动——而且已经支持了几十年。麦肯锡建议博物馆保持其双重使命，一方面是"科学与收藏机构"，另一方面是"公共博物馆"。他们还建议对博物馆内部进行重组和整顿，使开支与收入恢复平衡。

2013年1月，我们开始进行包括科研部门内部的重大的组织结构重组。根据机构政策的规定，我必须主持一个紧急委员会。这个委员会的职责是决定是否有必要解雇终身制的策展人，以使机构恢复财政可持续性。对任何学术机构来说，解除终身制，无论在法律上，还是未来吸引最优秀的科学家填补空缺职位方面都是一个极其严重和危险的问题。只有在财政极度困难的时候才能召集紧急委员会，这也是博物馆历史上第一次召集该委员会。委员会成员包括四个学术部门的主席、科学咨询委员会（Science Advisory Committee）（一个发挥策展委员会功能的小组）主席、人事管理员、首席财务官和两名博物馆理事（投资委员会和科学委员会的理事主席）。此外，还有两名律师出席。这是博物馆历史上的一个困难时期，媒体对此进行了形象的描述。报纸和杂志的文章刊登了这样的标题："菲尔德博物馆削减成本，将失去科学家""芝加哥菲尔德博物馆削减科学项目""恐龙大小的债务：菲尔德博物馆在经济衰退前大量借贷，现在要付出代价""菲尔德博物馆因债务被迫重组"。

紧急委员会开了几个星期的会，仔细审查了博物馆的详细财务状况和可能的解决方案。在此期间，我与同事们和芝加哥大学的教务长就我们 C&R 面临的财政挑战进行了讨论，并请求他们在策展人工资方面提供帮助。委员会的讨论和外围谈判持续了两个多月，然后在第十周结束的时候，校方加入进来，给我们几位策展人提供了一个重要的薪酬支持方案[5]，紧急委员会的成员达成了共识。鉴于麦肯锡公司先前关于博物馆研究重要性的发现，再加上芝加哥大学的额外支持，以及针对 55 岁以上策展人群体而设计的激励性自愿退休计划，大家决定没有必要也不应该解雇终身制策展人。到 2014 年初，由于退休和自愿离职，博物馆的策展人职位数量通过自然减员减少到 21 个（从 2004 年的 38 个高位逐减），但没有一个策展人被解雇，博物馆内的科学事业现在在财政上是可持续的。

主持紧急委员会是我担任高级副馆长兼 C&R 负责人的最后一个角色。当委员会完成其职责后，我又调回了全职策展人的岗位。我在收藏和科研部门负责人的岗位上服务了八年半（原本是五年期的任期）之后，新任馆长理查德·拉里维埃（Richard Lariviere）和董事会任命我担任了杰出贡献策展人（Distinguished Service Curator）的独特职位。我又可以专注于做科学研究、野外考察、教学和写作了。这是我策展生涯发展中的又一次个人调整，但这并不是不受欢迎的。我担任负责收藏和研究的副馆长八年半时间，是菲尔德博物馆有史以来担任这一职务时间最长的人。

在我离开行政岗位后不久，C&R 部门被拆分为两个部门：包括策展人和研究业务的综合研究中心（Integrative Research Center）及包括收藏人员的甘茨家族收藏中心（Gantz Family Collections Center）。在我写作这本书的时候，组织结构的重组还在进行中。但无论业务如何划分，或者无论这些分支部门叫什么名字，都将继续以标本为基础进行研究，这将使像菲尔德博物馆这样的大型自然历史博物馆拥有最深厚的科学信誉。

Cannabis sativa L.
subsp. indica (Lam.) Small & Cronq.
var. kafiristanica (Vav.) Small & Cronq.

Afghanistan

作为收藏和研究部负责人，我是枪支和麻醉性植物的实际策展人，这涉及向各联邦机构提交大量的许可申请。这里展示的是人类学武器收藏中的一把镀金的德林格（Derringer）手枪和植物学标本馆的一片大麻叶。

2012 年，美国特勤局特工带着炸弹嗅探犬在菲尔德博物馆的屋顶上。这是为筹备北约会议对博物馆进行大规模安全检查的一部分，其中包括对我们整个 2700 万件标本藏品的检查。在这里，一些工作人员停下来欣赏芝加哥的天际线，然后整个晚上都在博物馆里奋战。

2009 年，J.N. 普里茨克上校（已退休）和我分别获得行星研究基金会颁发的詹姆斯·A. 洛维尔奖，以表彰我们在菲尔德博物馆策划和建立了罗伯特·普里茨克陨石学和极地研究中心的工作。在领导这个部门时，尤其是在充满挑战的财政年度中，寻找新的方法为馆藏和研究的运营提供资金通常占据我工作的很大一部分。我发现有许多慷慨的人愿意支持由策展人驱动的研究项目。

罗伯特·普里茨克陨石学和极地研究中心的首批访客之一是 1968 年执行阿波罗 8 号任务的宇航员比尔·安德斯（Bill Anders）。比尔和他的两名队员是最早从地球乘坐太空船绕月飞行并安全返回的人类。2010 年 4 月在陨石收藏馆，从左到右依次为我、比尔·安德斯和藏品管理员吉姆·霍尔斯坦。

2011年10月，我抵达埃及参加"生命大百科全书"的执行会议时，埃及大部分地区都出现了紧张局势。在酒店附近可以看到这样的军车，但东道主对我们照顾周到。在埃及、中国和其他国家举行的会议有助于将"生命大百科全书"打造成一个国际合作项目。

作为收藏和研究部负责人，我偶尔会在政要访问芝加哥时带他们参观博物馆。这张图片是我和菲尔德博物馆政府事务主任德博拉·贝克肯（Deborah Bekken）在 2012 年带苏格兰第一部长亚历克斯·萨蒙德（Alex Salmond）参观时的场景。

第十章

让科普更美：
格兰杰宝石馆的展览策划

19 世纪著名的彩色玻璃艺术家路易斯·康福特·蒂芙尼（Louis Comfort Tiffany，1848—1933 年）的《美人鱼和金鱼》（*Mermaid with Goldfish*）。它的高度超过六英尺，作为中心装饰品悬挂在格兰杰宝石馆（Grainger Hall of Gems）。

2006 年年末，菲尔德博物馆馆长约翰·麦卡特问我是否愿意担任一个非古生物展览的策展人：计划于 2009 年开放的新的格兰杰宝石馆。我欣然接受了这个挑战。虽然我主要是鱼类专家，拥有进化生物学博士学位，但我也拥有地质学学士学位和硕士学位。这使我成为当时博物馆最接近矿物学家的人（在策展界，多才多艺是一件很有用的事情）。而且，当时我已经担任博物馆藏品和研究部的行政负责人将近三年了。像这种创造性工作的机会可以把我从管理博物馆的收藏和研究部门日复一日的压力中转移出来。最终，这将是一个跨学科项目：在进化生物学家的影响下完成的宝石馆。

虽然当今各大自然历史博物馆都有独立的不设策展人的展览部门（如前言所述），但博物馆的策展人却适时充当了博物馆展品内容专家的角色。他们与博物馆的展览工作人员紧密合作，将权威性和前沿科学带入新的展览中。展览，有时也被称为"寓教于乐"，是策展人与公众沟通的一种特殊方式，说明为什么一个自然和文化历史机构是有趣和值得他们支持的。展览还能将付费观众带入博物馆，而门票收入是支持科学运作的主要来源。

自 1894 年开馆以来，菲尔德博物馆几乎一直都有宝石展[1]，它长期以来都是吸引付费游客的重要景点，所以我对这个展览感兴趣有许多因素（可以这么说）。对于博物馆来说，宝石在展品受欢迎程度上的排名与木乃伊和恐龙不相上下。宝石馆的最后一次翻修是在 1985 年，到 2006 年的时候，它已经开始显得陈旧和暗淡。馆内收藏了许多世界级的宝石，其中一些是 1893 年博物馆成立之初收藏的一部分。然而，许多即使是最精美的宝石也被放置在展柜的黑暗角落里，几乎没有发挥其潜在的影响力。

作为新指定的宝石策展人，我接触到了以前从未见过的博物馆的部分藏品。为了查找潜在的展示品，我被允许进入地质学部的宝石库和稀有矿物收藏室，以及人类学部的高安全性黄金室和大量考古收藏室。这里有世界级的宝石原矿、切割宝石，以及从 5000 多年前的珠宝项链到 21 世纪创作的珠宝作品，应有尽有。我还得到了一份潜在捐赠者的名单，以寻求更多资源和珠宝。我将与博物馆的展览部门一起工作，并将有两年多一点的时间用来设计、建造和向公众开放新的宝石馆。

我对新的格兰杰宝石馆的计划是对先前版本的一次重大更改。它涉及一个更加独特的宝石选择方式，大量的天然晶体将宝石与自然历史联系起来，并且组织更加系统化。就像我在研究鱼类时采用对动物的分类学方法，我对宝石矿物进行了分类，基于特殊的共有矿物学特征来组织展览。在这一过程中，我将宝石学及宝石品种的大众化、商业化实践与更为学术的矿物学及矿物种类（对了，矿物学家也有种类）联系起来。例如，矿物学绿柱石族（Beryl）的展览案例将包括其所有的宝石品种，如祖母绿、红绿宝石、海蓝宝石、日长石、摩根石和白绿玉等。

虽然我在脑海中对展览有一个明确的系统组织，但我的首要任务是关注材料的美感。对于每个宝石品种，我将尝试将宝石成品的美学（人文艺术）与晶体原石的美学（自然历史）联系起来。除了重新组织展览，我还会升级展览中的材料类型，使其更加注重真正的宝石品种。我会去掉宝石馆之前呈现形式中所包含的许多次要材料（如木材、砂岩、羽毛、玻璃复制品、萤石和方解石）。我们有一些世界上最重要的宝石，为什么不除去那些分散注意力的填充材料呢？我必须通过新的收购来填补博物馆藏品中的一些空白。现在，由于一些新的捐赠者，我有了预算可以做到这一点。填补这些空白需要我到全美各地参加各种宝石和矿物展，最值得一提的是每年的"图森宝石和矿物展"（*Tucson Gem and Mineral Show*）。我还会在全美范围内寻找顶尖的珠宝设计师，他们可能有兴趣捐赠设计作品和宝石，并将我们的一些世界级宝石镶嵌成创新的珠宝作品用于展览。我们还将找到一位灯光设计师，他要向国内最优秀的珠宝设计师学习如何正确地给宝石打光，以达到最佳的效果。这是我一开始的设想，我借助菲尔德博物馆才华横溢的展览部的力量促成此事。

我们将确保所有新加入展览的宝石都是以道德方式开采的，而不是来自以贩卖冲突宝石（也称为"血钻"）著称的国家。在 21 世纪，世界上有些地区通过出售宝石来资助恐怖主义活动，最常见的是钻石。2003 年，通过联合国成立了金伯利进程认证计划（Kimberley Process Certification Scheme，KPCS）小组，要求成员国不得贩运冲突宝石，并提供无冲突宝石的保证或证明。我们只与那些使用经金伯利进程认证为无冲突宝石的珠宝商合作。考虑到这一点，是时候开始寻找完成展览所需的作品了。

2007 年 1 月 30 日，我与菲尔德博物馆公共项目负责人和展览部负责人一起离开芝加哥，前往图森宝石和矿物展览会。图森宝石和矿物展览会是涉及从宝石、矿物标本到化石的自然历史展品，也是全球最大的自然历史物品商业展览会。自 1955 年以来，它一直是一年一度的盛会。在 1 月下旬和 2 月上旬的几个星期里，这个展会占据了图森市中心，大约有 4500 家供应商同时分散在超过 45 家不同的酒店、停车场、帐篷以及会议中心。来自世界各地 20 多个不同国家的矿物和化石经销商在这里购买和销售物品，该展会吸引了超过 5 万名访客，每年有价值超过 10 亿美元的宝石、矿物和化石在这里易手。如果我们在这里找不到所需要的东西，也可能就在其他任何地方都无法合法获得。考察了两天并驻足了几百个摊位后，我们开始疲惫不堪。我们意识到，即使花上一个星期，我们也不可能把这次展会上每一个供应商的商品都看完，但我们已经买了不少漂亮的作品，准备返回芝加哥。

我为宝石馆购得的最喜欢的作品之一是一组采自巴基斯坦的宝石级海蓝宝石晶体，嵌在白色长石晶体基质中。这是一件保存得与出矿时一模一样的标本，其中的蓝色透明晶体质量上乘，是用来为珠宝制作精美的刻面宝石的那种（第 240 页）。这样完整的作品极为罕见，因为宝石切割师通常会将透明刻面级的晶体截断，加工成珠宝用的宝石。因此，有点讽刺的是，展会上许多宝石矿物的刻面级天然晶体的价格往往比成品宝石的价格高得多。我很庆幸宝石切割师错过了这块标本，因为这块宝石矿物的自然美不可能通过切割成宝石成品来提升了。看着水蓝色的晶体，在雪白的基质中，有一种深刻的宁静感。在格兰杰馆里，它将与几颗刻面宝石一起展出，其中包括博物馆的一颗148.5克拉（1克拉等于0.2克）的深蓝色海蓝宝石，蒂芙尼公司（Tiffany and Company）将其镶嵌在为格兰杰宝石馆设计的胸针上（第241页）。

我们在图森为展览购得的其他展品包括一块重达四磅的澳大利亚金块，以及一块来自越南（Vietnam）的白色大理石基质上的天然星形红宝石晶体标本，这些将让新的格兰杰馆更具影响力。我们的旅行非常成功！我们与大多数供应商的交易都是现款现提，因为他们中的许多人不是从美国来的。一旦我们在酒店房间里把所有的东西都集中在一起，我们就开始考虑如何把它们安全地运回芝加哥。我们知道把这些物件作为托运行李运上飞机是不保险的。因此，我们决定上飞机时谨慎地把它们都带在身边。美国大多数机场的安检人员都会对一个四磅重的金块被装在一个空相机盒里带上飞机感到吃惊。但在图森安检期间，保安连眼睛都没眨一下。当那块拳头大小沉甸甸的金块出现在X射线扫描设备上时，他只是指着它问："那是什么？"我们悄悄地对他说："一块四磅重的金块。"他只是回答了一句："好的。"

为了进一步启发我对宝石和矿石原料这个主题的了解，我还需要更多东西。我需要感受一下成为一名宝石矿工的感觉。因此，2008年6月，我出发前往加利福尼亚帕拉（Pala）附近的海景（Oceanview）矿山。那是一个仍在开采中的宝石矿山，他们在那里发现了各种高价值的矿石，包括电气石、摩根石和海蓝宝石。我被安排了勘探宝石矿物的工作，获得让这些宝石奇观重现天日的第一手经验。菲尔德博物馆展览部派了他们的一个开发人员艾莉森·奥古斯丁（Allison Augustyn）和我一起去。我们在加州的东道主是帕拉国际公司（Pala International）的总裁比尔·拉森（Bill Larson），他帮助我们进入了海景宝石矿山。

我们很兴奋地去探矿。大多数来矿洞的游客只被允许穿过矿洞外堆积如山的黏土堆（他们要为此付费），但比尔安排我和艾莉森进入了矿洞内部，从一个新发现的具有巨大潜力的矿穴里挖掘材料。矿洞的入口大约有7英尺高7英尺宽，延伸进一座大山，山顶上有茂密的植被。从洞口深入山坡数百英尺，沿着洞顶安装了一个黄色的大塑料管道，将外面的空气抽进矿洞，以防止里面的人窒息。这不是一个幽闭恐惧症患者该来的地方。新发现的富含晶体的黏土矿穴就在距矿洞入口100英尺处，像这样的矿穴，是几百万年前许多种类的晶体形成的原始空间。后来，含有晶体的矿洞被从山坡上渗透下来的地下水携带的黏土填满。如今，这样的黏土矿穴里可能蕴藏着稀有而美丽的宝石。

洞里的空气有一种发霉和陈腐的味道，除了电灯穿透的地方，那里完全是一片黑暗。洞里也是一片诡异的寂静。你可以听到矿洞内其他人的对话和呼吸声，以及他们的工具在洞内矿床上工作的声音，但头顶上正常的鸟类、风声和飞机等背景噪音，被100英尺高的上覆岩石和泥土给完全阻隔了。在矿洞里，我们用小刮刀（例如刀、匙和手铲）将矿穴里的潮湿泥土从石缝中轻轻挖出，以免弄坏里面可能含有的晶体，慢慢地把5加仑的塑料桶装满。我轻敲出了一块两磅重的大块透明石英晶体，并小心翼翼地在它周围擦拭清理，以免破坏其纯净的表面。我和艾利森花了大约15分钟才装满一个大桶，然后我们把它运出了矿洞。就在洞外，我们把里面的东西铺在像桌子一样的大筛子上，然后开始通过装有手持式花园喷雾器的软管，用高压水流喷洒整个杂乱的黏土堆。黏土在流水中慢慢溶解，被冲走，筛子上留下了各种类型的岩石和晶体。除了我们在山洞里发现的大块石英晶体外，第一桶里只有些破碎的石英片、白长石的碎片和一些不透明的杂石块，没有什么特别的东西。

我们回到洞里，又试了一次。我们再一次把桶装满，将其从矿洞中拿出，并在筛子上铺开。这次，在将黏土喷洒并溶解之后，我们在筛子上发现了一颗小小的墨晶晶体，一颗大的光学透明石英晶体和一颗美丽的电气石。"挖到宝"让我们本能地兴奋起来。忽然间我明白了，是什么让矿工们每天在这些黑暗的洞穴里坚持下去。多年来，在这个矿洞中，曾发现过价值数万美元的单颗宝石标本，而且你永远无法预知下一颗壮观的宝石何时会现身。多么匆忙的行程啊！但这是一次伟大的旅行。回到芝加哥后，我觉得自己又有了新的活力，继续为展览工作。

一回到菲尔德博物馆，我们就开始了最后的推进准备工作。我们花了很长时间绘制展品布局草图，制作标签文本，并根据教育内容优化审美感受。然后我们把事务交接给安装人员，他们在馆里建造了环境控制的监控盒子，建立了高规格安全系统，并为宝石和宝石矿物制作了数以百计的小型定制支架和射灯。大家每天工作到深夜，这个过程花了几个月的时间。2009 年 10 月 23 日，新的格兰杰宝石馆对外开放，并立即获得了成功。

展品中我最喜欢的古董珠宝是一件由铂金和小钻石制成的爱德华时代（Edwardian）的艺术作品，其特点是用一颗大的蓝宝石雕刻出了一张美丽精致的脸。这块宝石成品重达 60.2 克拉。这不仅吸引我发展出对古典珠宝的审美鉴赏力，也令我这个地质学家着迷。蓝宝石是刚玉矿物的一个宝石品种，硬度极高。除了钻石之外，很少有其他物质的硬度足以雕刻蓝宝石，而要把这样的宝石雕刻得如此细腻、精确和富有艺术性，将是一个漫长而艰难的过程。我惊叹于耐心和专业的艺术技巧赋予作品精美的、近乎天使般的品质（第 245 页）。

然后是阿兹特克的"太阳神欧泊"（Sun-god Opal），这是一件古老的具有宝石之美的著名作品。它的特色是一颗 35 克拉的珍贵白色欧泊，上面雕刻着阿兹特克太阳神的脸。这种宝石是 16 世纪阿兹特克人在墨西哥中部开采出来的。阿兹特克人对欧泊情有独钟，他们称它为"quetzal-itzlipyollitli"，意思是"天堂鸟之石"。根据雕刻的细节推测，"太阳神欧泊"很可能是一件特殊的仪式作品。这块石头后来到了中东,在那里它被镶嵌在黄金中,并在波斯神庙中保存了几个世纪。几经转手,最终于1893年入藏菲尔德博物馆。

格兰杰宝石馆中最古老的珠宝是古基什(Kish)项链。基什是美索不达米亚的一座古城,位于现在的伊拉克地区。这座城市有超过5000年的历史,因发展出世界上最早的文字系统、精密的数学和天文学、风帆和车轮而闻名。这条基什项链的年代约为公元前2500年,是红玉髓、紫水晶、玛瑙和青金石珠子的美丽组合。红玉髓和青金石对古代美索不达米亚人来说有着深刻的玄学意义,他们对青金石的重视程度超过了黄金。这条基什项链是将伟大的古物融入展览中的几件珠宝之一(第249页)。

虽然宝石馆主要展出宝石和宝石矿物,但我也将一种贵金属纳入了展览范围:黄金。黄金是镶嵌高级宝石最常用的贵金属,用于制作珠宝已有6000多年的历史。因为它的美不会变色或腐蚀,而且可塑性很强,很容易塑形和雕刻,所以它是制作珠宝的理想的选择。长期以来,它一直代表着物质财富的一种形式。宝石馆将是一个超高安全级别的空间,所以我知道黄金物品可以安全地在那里展出。黄金有某种特质,它如同宝石之于许多人,能激起人内心的兴奋。有些黄金来自地质部门的金属收藏品(金块和稀有的天然金晶体),有些来自人类学部门的黄金收藏室(来自亚洲、欧洲和美洲的古代黄金制品),有些来自捐赠者,我说服他们捐出我们所需要的物品,在展品(金币、当代珠宝)上标示他们的名字以表达感谢,还有我们在图森展会上买的那块四磅重的金块。这一切都将是宝石和宝石矿物的恰当搭配。

其中,展厅中最具代表性的物品是"阿古桑(Agusan)金像"(第248页)。这尊无价的雕像是菲律宾考古史上最壮观的发现之一。它是一尊制作于13世纪的四磅重、21K金的印度教-马来亚度母(Tara)的实心雕像。1917年它被发现,那时它已经在棉兰老岛(Mindanao)阿古桑瓦瓦河(Wawa River)河岸的泥土中被埋藏了很多年。在被埋藏和遗忘了几个世纪之后，一场大雨把它冲出了地面。它被一个马诺博（Manobo）土著部落的妇女发现，之后落入了阿古桑省副省长的手中，此人用它偿还了债务。在试图让政府为菲律宾国家博物馆购买它的努力失败后，它似乎要被送进熔炉。对于一个亟须资源的国家来说，黄金的金融价值太高了。幸运的是，1922年，这件作品被保存了下来。它由美国统治下的菲律宾总督伦纳德·伍德（Leonard Wood）、芝加哥大学神学院院长谢勒·马修斯（Shailer Mathews）、菲尔德博物馆人类学策展人费伊－库珀·科尔（Fay-Cooper Cole）等人为芝加哥菲尔德博物馆购买而来。今天它的存在表明了保持国际视野管理人类遗产的重要性。"阿古桑金像"入藏菲尔德博物馆以来，定期出现在几个展览中，有数百万人观看，几十名科学家对其进行了研究，但到2007年，它就被搁置在库房里。我觉得将这么重要的东西束之高阁似乎不太合适，所以我把它列为宝石馆的特色金器之一。这件作品再一次重见天日，每年有超过百万的游客看到并欣赏这尊无价之宝。

如果没有众多捐赠者的慷慨支持，格兰杰宝石馆的翻新是不可能完成的。策展人的工作之一是帮助发展对策展人和博物馆工作感兴趣的捐赠者。为了实现我心目中对展览的全部设想，我找到了一些珠宝的捐赠者，也找到了顶级珠宝设计师，他们将博物馆的一些世界级宝石打造成吸引眼球的艺术珍宝。为了回报潜在捐赠者，我可以做到：在展览中把他们的名字长期标示出来。很幸运，我找到了许多慷慨的人，他们都很乐意为这个项目贡献力量。在一年半多的时间里，我在购物的时候走进途经的每一家大型珠宝店，请他们为展览捐赠珠宝。这有时会把家人和朋友逼疯，但我很有动力，并对自己的说服力相当乐观。我也很成功。我解释说展览将持续十年甚至更长时间，博物馆将举办展览对他们的捐赠行为予以表彰，珠宝店老板很少会拒绝给我所要求的东西。六个小珠宝商提供的捐赠，正是通过这样有计划的征询方式获得的。芝加哥的钱币商哈伦·J.伯克（Harlan J. Berk）也慷慨地捐赠了价值数万美元的金币，我需要这些金币来补充博物馆业已收藏的金首饰、金块和金晶体。

本次展览最引人注目的珠宝捐赠者是阮翠玉（Thuy Ngo Nguyen）女士。1975年，为了躲避越南的战争，阮翠玉与丈夫和幼子来到美国。刚到美国时，他们资产很少，但通过努力工作和坚持不懈的奋斗，她和家人在这里过上了富有的生活。事实上，他们非常成功，她开始把收集高级珠宝作为一种爱好。几年前，她感念自己家庭的幸运，开始慷慨解囊，向越南和美国的各种慈善机构以及包括菲尔德博物馆在内的文化机构捐款。她将价值数百万美元的珠宝捐给了格兰杰宝石馆。这是一件很了不起的事情。在我们规划和更新展览期间，每隔几个月，阮翠玉都会来拜访我和博物馆的首席财务官吉姆·克罗夫特，她戴着的首饰上有我告诉过她我正在寻找的宝石。我们相谈甚欢，有时甚至一起吃午饭。然后，她离开时，会摘下所有佩戴的珠宝说："这是为你的展览准备的。"我非常期待她的来访。阮翠玉的名字在格兰杰宝石馆里被提到了26次，每件她捐赠的珠宝在展览中都会被提到一次。如今，我从参观宝石馆的游客那里得到的最多的问题是："阮翠玉是谁？"

其他对展览至关重要的捐助者包括专业珠宝设计师。这些来自纽约、芝加哥、俄勒冈的才华横溢的艺术家们以博物馆的一些主要宝石为特色，为原创珠宝作品的设计作出贡献。其中，来自芝加哥的莱斯特·兰珀特（Lester Lampert）团队为展览特别设计并镶嵌了27件作品。莱斯特是一个独特的天才，从你第一次见到他就很难不喜欢他。他为富豪和名人设计珠宝，这其中有电影明星、著名音乐家等等。他也很慷慨。当我第一次问他是否愿意为展览设计一些布景和镶嵌一些宝石时，他问我是否可以包揽展览的所有作品（且主动提出无偿提供）。我只好告诉他，蒂芙尼（Tiffany and Co.）、埃利·汤普森（Ellie Thompson）和芝加哥的马克·谢勒（Marc Scherer）、纽约的米什·特沃尔科夫斯基（Mish Tworkowski）以及其他几位来自全国各地的珠宝设计师都已经自愿制作作品了。他同意我让他做多少件就做多少件，他提供了黄金和完成作品所需的许多辅助钻石。我最喜欢他为博物馆做的一件作品是一枚18K金的戒指，他将我们的一颗获奖宝石（一颗来自缅因州的27克拉无瑕绿色电气石）镶嵌在戒指上。他在戒指上添加了4克拉的小钻石，以突出中央的宝石，并将成品命名为《鱼子酱》（Caviar）。莱斯特为自己的作品感到非常自豪，他给自己和设计师团队为展览创作的27件作品中的每一件都命了名（《鱼子酱》见第243页，"马赛克"见第239页）。

宝石馆的展览主要是为展示、教育和推广博物馆的宝石和宝石矿物收藏而建造的，但公共展览也需要包含有趣的元素。为此，我们在展览靠近出口的墙壁上又增加了一个箱子。这是一个高10英寸、深24英寸的小盒子，在不使用的时候，它被遮盖着，公众几乎看不见。要使用时，我们会揭开它，露出一个小型的、带有特别的照明装置的展示盒，用来展示一枚订婚戒指。我们会根据求婚者的特别要求提供这个盒子。满怀希望的求婚者可以带着他毫无戒心的女友参观展览，在展览结束时，他可以给她一个惊喜，向她求婚。事实证明，这个创意非常受欢迎。自展览开幕以来的5年里，宝石馆里已经有了110个案例。据所有报道，其中有109人当场成功，还有一位准新娘等到第二天经过一番考虑后也答应了。如果你愿意，博物馆甚至会卖给你一枚订婚戒指（虽然买了我们的戒指并不能保证一定会成功）。

尽管宝石馆是博物馆最小的常设展览空间之一，但自开放以来，每年都吸引了近百万的参观者。开馆以来，格兰杰宝石馆又带来了更多从捐赠者（包括我的朋友阮翠玉）那里捐赠来的令人印象深刻的珠宝，他们希望有一天他们的饰物可以加入到展览中。我甚至和我的共同开发者艾莉森·奥古斯丁一起出版了一本以格兰杰馆为题材的书，名为《宝石和宝石矿物》，它获得了2009年PROSE图书奖的最佳地球科学书籍奖。格兰杰宝石馆项目在很多层面上为我提供了创造性的渠道，而当初吸引我从事博物馆工作主要是创造性的因素。

在加利福尼亚帕拉附近的海景矿山中采挖电气石和其他宝石。（上图）我和展览开发人员艾莉森·奥古斯丁在矿洞的入口处。（下图）我和一位矿工在狭窄的矿洞内约 100 英尺处，从矿洞壁上的矿穴里取出了一桶富含矿物质的黏土。

（左图）我们从矿洞里取出富含矿物质的黏土后，将其铺在铁丝网筛子上，用水喷洒，溶解掉黏土，露出其中的水晶和卵石。（右图）如果运气够好的话，可以找到包括这种天然宝石品质的三色电气石等晶体。

（图上方）由像上一页那颗三色电气石那样的晶体制成的刻面宝石。（图下方）镶嵌在玫瑰金上面的宝石，配以小钻石，由莱斯特·兰珀特的珠宝设计团队为格兰杰宝石馆设计。他们将这件作品命名为"马赛克"。

从巴基斯坦的一个洞穴中开采出来的带有白色长石基质的天然海蓝宝石晶体，大自然的美是难以抗拒的。这块标本宽约八英寸，在格兰杰宝石馆展出。它是我在展览中将宝石和珠宝与自然历史联系起来的众多作品之一。

镶嵌在搭配金饰和白钻的铂金中重达 148.5 克拉的刻面海蓝宝石，名为"史隆伯杰蝴蝶结"（The Schlumberger Bow）。蒂芙尼公司根据让·史隆伯杰（Jean Schlumberger）的设计，特别使用了菲尔德博物馆的一颗顶级切割海蓝宝石为格兰杰宝石馆制作了这款胸针。

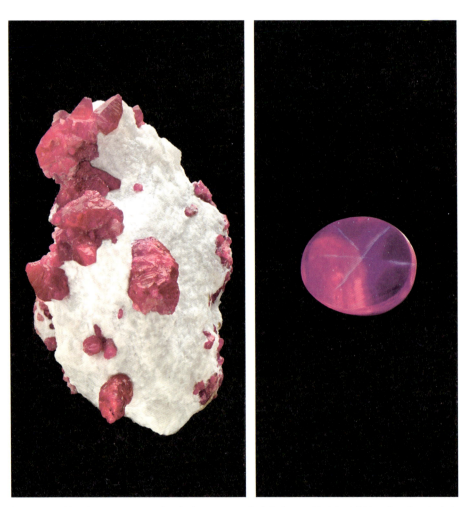

格兰杰宝石馆展出的亚洲星形红宝石标本。（左图）在白色大理石基质中形成的天然晶体。标本来自越南，高 5 英寸。（右图）一颗重约 8.5 克拉的凸圆形宝石成品。

格兰杰宝石馆的绿色电气石。（左图）一颗来自巴西的宝石级电气石天然晶体，高约 3 英寸。（右图）由芝加哥的莱斯特·兰珀特设计的镶嵌着一颗 27 克拉刻面电气石宝石的戒指的三视图，他将其命名为《鱼子酱》。莱斯特为此次展览设计并镶嵌了超过 25 颗博物馆的世界级宝石。

一块天然蓝宝石晶体，重 263 克拉，高 6 厘米，来自印巴边境克什米尔（Kashmir）地区。这是我放入菲尔德博物馆格兰杰宝石馆的许多未切割的宝石晶体之一。

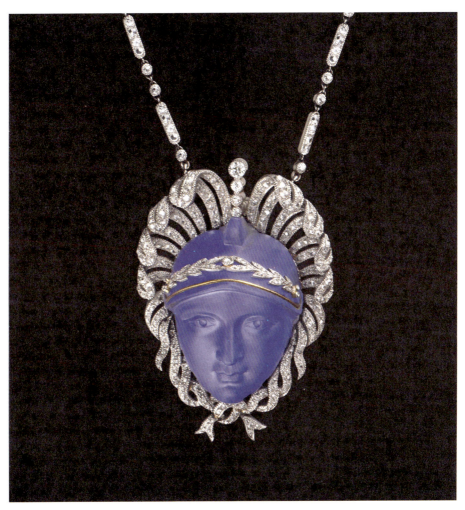

一颗精美绝伦的 60.2 克拉蓝宝石，被雕刻成一张精致的脸庞，镶嵌在爱德华时代的 18 克拉铂金吊坠上，并以白钻点缀。20 世纪初卡地亚出品，在格兰杰宝石馆展出。

古生物学与宝石学的结合：带有金链的 55 克拉琥珀吊坠。琥珀是树木树脂的化石，这块琥珀大约有 3000 万年的历史，里面有几只 3000 万年前的昆虫化石。此物开采于墨西哥，并于 21 世纪初被制作成珠宝，在格兰杰宝石馆展出。

阿兹特克"太阳神欧泊"。16世纪阿兹特克人在墨西哥开采的35克拉欧泊。（图上方）从正面可以看到这件欧泊的色彩。（图下方）斜角拍摄以突出刻有阿兹特克太阳神形象的面。这是我在展览中用来将宝石和珠宝与文化历史联系起来的几件作品之一。

"阿古桑金像"，13世纪印度教－马来亚度母的无价雕像，由4磅重的21K金制成，雕像高约7英寸。这件作品是在菲律宾发现的最重要的考古文物之一，在格兰杰宝石馆展出。

出自伊拉克基什古遗址的一条由紫水晶、红玉髓、青金石、玉髓和玛瑙组成的古代项链，年代约为公元前 2500 年，在格兰杰宝石馆展出。

第十一章　人类遗骸的科研挑战：木乃伊、人骨等伦理与法律问题

1894 年，弗朗兹·博厄斯（Franz Boas）在建造关于夸扣特尔人（Kwakiutl）哈马萨（Hamatsa）食人族仪式上的三维模型时，正为一位雕塑家摆姿势。今天被称为"美国人类学之父"的博厄斯，是菲尔德博物馆的首批策展人之一，他开启了博物馆的人类遗骸收集工作。

芝加哥最大的陵墓之一在菲尔德博物馆。该博物馆的人类学藏品包括 6000 多具人类遗骸，从法国南部一具有 1.5 万年历史的人类骨骼化石到 20 世纪被处决囚犯的骨架，应有尽有。其中包括埃及木乃伊的标志性藏品、3000 多年前的美洲土著人骨架、厄瓜多尔（Ecuador）的缩头（shrunken head）藏品，甚至还有一些 5 万年前的尼安德特人（Neandertha）的遗骸碎片。人类遗骸收藏是一种不可替代的稀有资源，让关心它的人产生敬畏感。在担任收藏和研究部负责人期间，我开始认识到它的科学价值以及它的道德挑战。

一个大型自然历史博物馆拥有这样的藏品是有重要原因的。这些遗骸对于文化和体质人类学的研究至关重要。毕竟，如果不首先知道我们是谁，就很难知道我们是一个什么样的物种。人类遗骸对于从人体解剖学到法医学等一系列教育培训项目也很重要。最近，人类遗骸成为 DNA 分析和追踪疾病演变的重要资源，可以帮助制定更好的防护及治疗措施。但因为这些是人类遗体，所以围绕它们的敏感度特别高，就如何管理它们也应给予特别的尊重。这些标本是某个人的祖先的遗体，对许多文化来说，它们具有重大的精神意义，但我们今天的道德标准是经过许多年才形成的。

在 19 世纪以及 20 世纪初期，收集人类遗骸，特别是土著人的遗骸，是世界各大博物馆以及私人寻宝者之间的一项竞争性活动[1]。当年博物馆许多标本采购和藏品管理的做法，在今天看来是不可接受的。北美的博物馆已经很少收藏人类遗骸了。如今，在极少数情况下博物馆要继续这项工作（大多是作为抢救性作业，或者是安置从其他博物馆丢弃的无着落藏品），也是在高度规范的条件下进行的。现代博物馆政策、联邦法规和不断发展的道德标准，已经完全阻止了北美博物馆对人类遗骸的收集，使得博物馆中现有的人类遗骸收藏作为一种科学资源变得愈加重要。所以，这种类型的收藏也是永远无法复制的。

过去的两位策展人对于在菲尔德博物馆进行的人类遗骸收藏的研究和道德管理尤为重要。一位是博物馆的第一位人类学策展人弗朗兹·乌里·博厄斯（Franz Uri Boas，1858—1942 年），另一位是我的同事乔纳森·哈斯（Jonathan Haas，1949—　　）。博厄斯帮助建立了菲尔德博物馆的第一个人类遗骸收藏，他在这方面的工作对打击 19 世纪末 20 世纪初的种族偏见起到了很大的作用。近一个世纪以后，哈斯作为小组成员，致力于帮助制定关于遗骸返还的本土、国内和国际政策。这些政策规定，将过去以不恰当方式收藏的带有文化敏感性的遗骸，归还给美国土著部落、夏威夷土著组织和希望看到遗骸重新被埋葬的亲属们。

弗朗兹·乌里·博厄斯 1858 年出生于普鲁士（Prussia）的明登（Minden），1877 年开始在海德堡大学（Heidelberg University）接受大学教育。博厄斯脾气暴躁，不轻易受辱，他的犹太背景偶尔会受到德国不断增长的反犹主义（anti-Semitism）文化的挑战。在博厄斯的大学时代，男人们为了捍卫自己的荣誉，通常用剑来进行决斗，目标是割破对手的脸。博厄斯是一位技艺高超的剑客，但他的脸上却带着多次决斗的伤痕，对他在哥伦比亚大学的研究生来说，这也成为博厄斯神秘感的一部分。他的大部分照片只露出了右脸，因为那一侧在决斗中被面具保护着。他左脸的照片通常被修饰过，以掩盖伤疤。博厄斯被他的一个学生A.L. 克罗伯（A. L. Kroeber）描述为"一个坚毅、魁伟、强大的人，他有很高的水准，无论手头的任务是什么，他都会开动引擎去完成"。好斗的个性帮助他在德国学生时代生存了下来，而在以后的生活中却常常表现为对权威的敌视。他强大的信念使他获得了难以合作的名声，但信念也是他的力量，他是使人类学在美国成为一门成熟学科的奠基人。

博厄斯是一位沉浸在田野中的人类学家，他把人类学学科从之前以闭门造车、猜想为主导，转而确立了重视基于田野考察的新方向，由此备受赞誉。博厄斯花费很多时间做田野工作的地区是巴芬岛（Baffin Island），对因纽特人进行研究。博厄斯曾师承的德国学术体系认为，巴芬岛的因纽特人与理想化的德国人相比，处于文化进化更为原始的阶段。博厄斯对此坚决反对。他认为，因纽特文化和西欧文化各有各的先进性，它们只是为了在各自的环境中更好地生存而有了必要的区别。

他推断，在北极北部的环境中，因纽特人比西欧人更为先进。他的想法没有立即被接受。

博厄斯于1887年从德国移民到美国，成为《科学》杂志的助理编辑。德国的反犹主义让他感到日益疏离。他带着心理学和物理学的博士学位以及地理学领域从事的博士后工作经历来到了美国。在美国，他继续挑战当时流行的科学种族主义（scientific racism）意识形态。博厄斯推动了文化人类学的重组，使之更多地从环境和地理背景角度出发（种族变异是环境和社会学习因素的产物），而不是当时流行的种族进化模式（隐含低劣的非欧洲种族类型在进化阶梯上向理想化的西欧种族进化）。他的观点对许多大型博物馆、动物园和其他机构提出了挑战，这些机构通过将异域种族类型耸人听闻地描绘成原始野蛮人来吸引游客。虽然今天看来不可思议，但在19世纪末20世纪初，人类动物园的流行仍然普遍存在，尤其是在欧洲，但在美国也有限度地涉及。一个令人不安的例子是在1906年，纽约动物园（New York Zoological Gardens）展出了一个年轻的刚果"俾格米人（pygmy）"，他是以一磅盐和一匹布的价格从奴隶贩子手中买来后从非洲中部被带走的。他在动物园猴舍的笼子里待了好几个星期，吸引了成千上万的纽约人，并占据了新闻头条，如"布希曼人（Bushman），是科学家在人类级别中评价不高的种族之一"[2]。这正是博厄斯所不能容忍的种族沙文主义，但这种制度性的做法和社会心态需要很多年后才能消退。

1889年，博厄斯被任命为马萨诸塞州（Massachusetts）的克拉克大学（Clark University）新成立的人类学系主任，在那里他对人类头骨进行了解剖学研究，以推翻生物学和行为学之间假定的决定论联系。最后，他与大学校长发生冲突，并声称侵犯了他的学术自由。

1892 年，他辞职以示抗议。1893 年 9 月，当菲尔德博物馆的前身芝加哥哥伦布博物馆（Columbian Museum of Chicago）成立时，博厄斯成为其人类学的临时策展人，确切地说，是博物馆的第一位人类学策展人。与博厄斯一起到来的还有他收藏的 400 具人类遗骸，构成了博物馆体质人类学收藏的基础。此时博物馆尚未对外开放，其展品还处于建设阶段。博厄斯以越来越强烈的态度反对通过种族解剖学结构特征的演变来理解人类行为和才能的观点。当时的人类学家对人类的身体特征进行了系统的分类，辨别出一百多种类型的种族，仿佛每一种类型都是一个独特的物种。[3] 种族的进化阶梯和理想化的欧洲人的观点一直存在。颅骨的大小是被认为支持这一理论的主要特征之一，但博厄斯基于数百具人类骨骼和 17000 多人的颅骨测量结果的研究却与此相悖。他表明，头部的形状和大小在本质上具有较强的可塑性，并因营养和健康等环境因素的变化而变化。他是早期的民权倡导者。他公开发表演讲，讲述他的研究如何证明非洲人种并非天生就比欧洲人种差。他认为，当时的科学种族主义是从对达尔文的普遍误读中推断出来的，即"达尔文认为人类是黑猩猩的后裔"。博厄斯指出，达尔文从未说过人类是由黑猩猩进化而来的，而是说人类和黑猩猩平等地进化，在进化史的某处有着共同的祖先。

博厄斯希望他在芝加哥博物馆的策展人职位能够永久化，但该机构的创始领导人并不看好他对人类学的远见卓识，也不看好他对展览组织的想法。在 1894 年的最初几个月里，博厄斯一直与博物馆管理人员以及附近芝加哥大学颇具影响力的校长威廉·雷尼·哈珀（William Rainey Harper）发生个人冲突，哈珀抱怨博厄斯不善于"把握方向"。同年 4 月，在博物馆正式对外开放的前两个月，威廉·亨利·霍尔姆斯（William Henry Holmes）取代了 35 岁的博厄斯成为人类学策展人。霍尔姆斯此前曾是史密森学会的策展人，在 1894 年，他是比博厄斯更为著名的科学人物。霍尔姆斯也没有博厄斯的政治包袱，而此时博厄斯也已经失去了博物馆的几位理事和管理者的青睐。当时没有人预料到，博厄斯最终会在人类学领域远远超过霍尔姆斯。

1895 年，博厄斯成为在纽约的美国自然历史博物馆的人类学策展人。大约在同一时间，他也当上了哥伦比亚大学（Columbia University）的教授，在那里他开始建立教学和人类学项目基地。在美国自然历史博物馆，博厄斯再次希望将人类学展览置于环境背景下，而不是进化背景下进行重新组织，用部落群而不是种族来展示。又一次，从博物馆展品的布局到被认为侵犯学术自由等问题上的不同理念的冲突，使他与该机构的管理者产生了矛盾。而且摩擦越来越大，直到 1905 年 5 月，他从美国自然历史博物馆辞职，此后，他再也没有为博物馆工作。这又是一个开创性的策展人挑战现状的例子，就像第一章中讨论的科林·帕特森和加雷恩·尼尔森一样。博厄斯的想法是超前的，与今天的人类学家和系统生物学家的想法更加一致。

从美国自然历史博物馆辞职后，博厄斯现在可以将精力集中在哥伦比亚大学的教授职位上，1899 年他在哥伦比亚大学开始了北美第一个人类学博士项目。他的博士生包括另一位来自美国博物馆的著名策展人玛格丽特·米德（Margaret Mead），以及其他几位极具影响力的人类学家。他的工作和其学生的继承将人类学研究转变为一门成熟的学术学科，如今他被称为"美国人类学之父"。到 1926 年，博厄斯的学生们成了美国各主流大学人类学系的负责人。他反对科学种族主义的立场也促使他在社会问题上公开发表意见。19 世纪末 20 世纪初，他就已经大力倡导种族平等。他在全美各地的演讲中大胆指出，他的研究明确地证伪了先天种族劣势的假设。解释世界各民族之间差异的是文化，而不是自然。托马斯·戈塞特（Thomas Gossett）在其 1963 年出版的《种族》（*Race*）一书中写道："博厄斯在打击种族偏见方面所做的工作，可能比历史上任何其他人都要多。"

今天对人类遗骸的研究已经远远超出了寻找种族间解剖学差异的范围，人类的骨架载满了人类与其社会和自然环境互动的信息。这包括早期社会吃什么，他们如何努力工作，他们是否遭受暴力，以及他们感染的一些疾病的线索。人类遗骸的古老历史为寻找现代疾病的治疗方法提供了线索，现在可以从骨头中提取 DNA，以确定可能使古代人对结核病、梅毒、疟疾、关节炎、流感等疾病具有抵抗力的基因。教授们还利用这些藏品向学生以及来自联邦调查局、军队和警察部门的人员传授法医工作的精髓。而通过研究与木乃伊等其他考古发现的骨架有关的丧葬习俗和随葬品，可以学到很多文化历史知识。

随着人类遗骸研究类型的改变，收集人类遗骸的方法和实践也发生了变化。在 19 世纪和 20 世纪初，设有人类学部的大型博物馆都在竞相将人类遗骸（主要是骨架和木乃伊）和随葬品添加到其收藏中。藏品限制很少，收集方法也缺少当今博物馆的道德标准。有时，人类遗骸的科学采集和单纯盗墓之间仅一线之隔。人类骨骼，特别是人类头骨可以自由买卖和交易。有一种假设是，科学的目的决定了手段的合理性，甚至博厄斯在这方面也有道德上的争议。虽然他带头反对科学种族主义，也是种族平等的杰出倡导者，但他却自由地买卖和交易人类遗骸，甚至偶尔以此维持生计。他早年还挖出了许多墓地的骨骸用于研究，他所拥有的 430 多具人类遗骸构成了 1893 年菲尔德博物馆基础收藏的一部分。当时各大博物馆急于建立人类学收藏的部分原因是博物馆之间对展览材料的竞争。此外，这些博物馆还担心异域的本土文化和文物的消失速度快于它们作为人类历史的一部分被记录下来的速度。菲尔德博物馆的第一位人类学总策展人威廉·霍尔姆斯意识到抓住机会迅速建立收藏的迫切性。有人引用他的话说："菲尔德博物馆不能在世界博物馆中居于从属地位。"在他任职菲尔德博物馆期间，人类学收藏以极快的速度增长。

1896 年他从菲尔德博物馆辞职回到史密森学会之前，把这一紧迫感传递给了他的继任者——策展人乔治·多尔西（George Dorsey）。

多尔西是一个比霍尔姆斯更积极的收藏家。他雄心勃勃，要求严格，是当时最伟大的博物馆建造者。他是一个对自我要求苛刻的收藏家，同时他也无情地催促着下属。他把他的助理策展人派到世界各地，任务是为博物馆积极收集考古材料。他希望他的助理策展人（其中四人曾接受过博厄斯的培训）能够忍受艰苦，放弃舒适的环境，为博物馆获得大量的古物收藏。这简直就是"打了鸡血的夺宝奇兵（Indiana Jones）"。在 1900 年 1 月 31 日多尔西写给助理策展人斯蒂芬·西姆斯（Stephen Simms）的信中，多尔西建议："当你走进印第安人的家里，发现老人不在家，而这里又有你想要的东西，你可以做这三件事中的一件：去找出那个老人，一直搜寻，直到找到他为止；给那个老人的妻子出价，让她甘冒冒犯老人的风险，向他索要；直接把它偷出来。这三个计划我都试过了，除了推荐给你，别无其他。"

数月后，多尔西对西姆斯的工作效率感到不满，在另一封给他的信中，多尔西写道："记住，你是在找东西……你必须强迫自己到偏僻的地方去，去遭受不便，有时还要遭受困苦。"

多尔西清楚地看到自己在和时间赛跑。他在给一位名叫斯坦利·麦考密克（Stanley McCormick）的私人捐助者的信中，提到在亚利桑那州收集文物，他写道："我们开展这项工作并不快，因为我坚信，在三四年内，霍皮族保留地（Hopi Reservation）上不会有一处没有被东方机构或亚利桑那遗迹猎人洗劫和破坏过的遗迹。"

多尔西被驱逐了。1898 年，他在华盛顿州被捕，罪名是盗墓。为多尔西工作可能会很危险，例如 1907 年，他派助理策展人威廉·琼斯（William Jones）前往菲律宾进行了一次漫长的考察，以收集来自伊朗戈特（Ilongot）人的信息和文物，伊朗戈特人是一个仍通过割取首级作为战利品的部落。在近两年的时间里，琼斯沉下心在伊朗戈特人的社会中为多尔西收集人类学标本，最后被三个愤怒的部落成员杀害了。为了不浪费任何收集工作，多尔西立即将助理策展人西姆斯派往菲律宾，以找回琼斯留下的藏品和野外笔记。琼斯被埋在菲律宾，只留下了一个简单的墓碑（见 268 页）。

1906 年的联邦《文物法》（*Antiquities Act*）一度减缓了私人收藏家（被称为"古物寻觅者"）对联邦土地上坟墓的大规模掠夺，但胜利是短暂的。20 世纪 70 年代，法官驳回了两起针对盗墓者的诉讼，裁定联邦《文物法》的条款含糊不清且无法执行。最终，1979 年通过了一项新的、不那么含糊的法规，被称为《考古资源保护法》（*Archaeological Resources Protection Act*）。

美洲土著关心的不仅仅是持续的掠夺，他们还关心他们祖先的遗骸和已经收藏在博物馆中的随葬品。许多北美土著和夏威夷土著认为，他们祖先的遗骸和相关的灵魂不属于活人（例如，作为博物馆展品或收藏品），这种亵渎行为会扰乱死者的灵魂生活。因此，他们希望过去被移走的遗体和随葬品能够回归灵位，以还逝去的祖先一个安宁。在整个 20 世纪 70 年代和 80 年代，美洲原住民团体和博物馆进行了激烈的辩论、冲突，为了寻找解决方案有时也进行合作。这个解决方案最终以《美国原住民墓葬保护和归还法案》（*Native American Graves Protection and Repatriation Act*，简称 NAGPRA）的形式出现，该法案于 1990 年通过成为联邦法律。该法要求联邦资助的机构将美洲土著的遗骸和相关物件归还给要求重新安葬的合法后裔。该法还规定，贩卖美洲原住民遗骸属于刑事犯罪。

1989 年，乔纳森·哈斯被聘为菲尔德博物馆收藏和研究部副主任兼人类学策展人。他于 1979 年获得哥伦比亚大学人类学博士学位，这也是博厄斯 80 年前开始的同一个博士项目。乔纳森与许多美国原住民部落密切合作开展研究，而且他是包括美国原住民、考古学家和博物馆官员在内的 NAGPRA 编制小组的成员。他有时在涉及人类遗骸的研究项目中获益。他过去的一个研究项目涉及利用骨架来研究人类的战争和历史上战争的相对频率。他想为"战争是不是人类文化中不可分割、不可避免的一部分"这个问题寻求答案。为五角大楼工作的考古学家向美国国防部建议，战争是人类固有的，并且因为它是基于生物学的，所以无法避免。乔纳森基于人类遗迹和古代洞穴绘画艺术遗迹的研究得出结论：战争并不是人类固有的组成部分，而是一种文化现象，随着物质环境的变化而产生和消失。乔纳森·哈斯和他的同事们对世界上超过1万年的400个不同考古遗址中的2500多个已发现的人类骨骼进行了调查。他在寻找暴力死亡的迹象，比如头部受到打击而造成的头骨骨折，前臂因阻挡这种打击而造成的骨折，或者骨头上由于石头的撞击而造成的坑点儿。这批早期人类遗骸样本包括了该时间范围内已发现的大部分保存完好的材料。在整批样本中，只有四个位置有一些暴力迹象。在随后对小于1万年的材料进行的审查中，他们在世界各地的考古遗址中普遍发现了反复战争的证据（就像在第七章中讨论过的比尔·帕金森小组在阿普崔帕岩洞穴中发现的那样）。这给了哈斯和他的合作者一些提示，大约1万年前，人类社会发生了一些根本性的变化，导致人类变得更加好战。他们的结论是，如果我们能更好地理解人们为什么会发生变化，也许我们就能找到未来避免战争的新方法。这是一个有趣的假说，也是一个至今仍存在争论的研究方向。这个假说与玛格丽特·米德的著名理论不谋而合，即人类的战争是一种发明，而不是生物学上的必然。

2002年，乔纳森·哈斯聘请了菲尔德博物馆的第一位全职文物返还专家海伦·罗宾斯（Helen Robbins）[4]，她现在也是人类学的兼任策展人。海伦是我见过的最有同理心的科学家之一，她将自己的感情和学术优势投入到博物馆开展的每一个文物返还项目中。她在博物馆和美国原住民团体之间建立了有效的联系和沟通，经历了一个充满困难的过程后建立了理解的桥梁。她还与人类学策展人展开有效合作，后者在文化敏感性、藏品意义和返还请求的有效性上提供了必要的咨询。此后，菲尔德博物馆返还了许多遗骸，其中一些遗骸被《美国原住民墓葬保护和归还法》所涵盖，而另一些则没有。菲尔德博物馆尽力为全美其他博物馆树立了一个积极的榜样。

2011年向加拿大拉布拉多（Labrador）地区北部因纽特人归还遗骸，是我作为收藏和研究部高级副馆长参与过的一次返还行动。1927年，菲尔德博物馆一位缺乏经验的考古学家威廉·邓肯·斯特朗（William Duncan Strong），不恰当地挖出了22具因纽特人的遗骸。斯特朗刚从研究生院毕业，在没有任何其他工作经验的情况下就被聘用来收集人类遗骸。在拉布拉多北部进行的一个为期15个月的博物馆考察期间，他和考察队队长唐纳德·麦克米伦（Donald MacMillan）在名为佐尔（Zoar）的废弃摩拉维亚（Moravian）传教所里，发现了一个因纽特人墓地。这个传教所因不适合居住而于1894年被遗弃。斯特朗及其助手在考察队队长和管理者的指示下，到墓地收集遗骸。斯特朗是一名临时的助理策展人，除了服从，别无他法。他和助手挖出了22个有墓碑的坟墓，之后他写道："我们俩以前都没有干过这么讨厌的活儿。"后来，事态变得更加严重。接到附近的当地人对盗墓的投诉后，治安长官命令斯特朗将遗体送回原来的埋葬地。斯特朗表面遵守了这一命令，重新填埋了坟墓，但他却偷偷地把遗骨带回芝加哥。在菲尔德博物馆那里，遗骨在接下来的83年里一直被保留了下来。此事件的细节被记录在斯特朗的野外笔记中，最终藏在史密森学会的档案深处，几十年来，这一事件在该机构内被遗忘了。

半个多世纪后，斯特朗的笔记被一位与史密森学会人类学家合作的因纽特人发现了，后来他让因纽特官员注意到了这一事件。最终，这件事引起了菲尔德博物馆文物返还负责人海伦·罗宾斯的注意。随后，菲尔德博物馆的返还小组开始与拉布拉多因纽特人努纳武特（Nunatsiavut）政府的代表进行了数年的合作讨论。该小组的目标，是找出最佳和最尊敬的方式来归还祖先的遗骸，并帮助纠正很久以前的不道德行为。我们与因纽特人社区合作，决定重新确定安葬遗体的时间和地点。我们明确表示，这种不道德的行为是很久以前的产物，这种行为在今天的菲尔德博物馆是不可能再发生的。几个月来，博物馆和因纽特人社区成员之间建立了恭敬友好的关系。尽管我们无法改变过去发生的事情，但我们要向着建立彼此之间积极关系的方向前进。在发现努纳武特地区代表是芝加哥黑鹰冰球队（Chicago Blackhawks）的忠实粉丝后，我们甚至一起观看了一场冰球比赛。幸运的是，黑鹰队老板洛基·沃茨（Rocky Wirtz）是菲尔德博物馆的董事会成员，他为来访的努纳武特代表和与他们一起工作的博物馆工作人员提供了一场比赛的"黄金座位"。

遗体被小心翼翼地放在博物馆特制的埋葬箱中，因纽特人代表在博物馆举行的简短仪式上为遗体祷告。然后，埋葬箱被运到了机场，在那里菲尔德博物馆安排了飞往拉布拉多半岛奈恩（Nain）的空中运输。与遗体一起送去的还有菲尔德博物馆馆长约翰·麦卡特给拉布拉多因纽特人的一封正式道歉信，信中说："我们对这一事件深感悲痛。虽然不是今天的菲尔德博物馆员工犯下的这一错误，但我们认识到，不管是过去还是现在，这些行为都不符合道德和考古学的做法。"

对此，一位拉布拉多因纽特人官员说："虽然我们无法改变过去，但我们现在可以做正确的事情，确保这些人回到他们应在的安息之地。"

2011年5月，这些遗体抵达拉布拉多的奈恩。几周后，这些遗体被一艘延绳钓鱼船从奈恩运到废弃的传教所遗址Zoar，行程约四小时。在那里，他们在传教所遗址对面的因纽特人原先的墓地附近的一座小山丘上，挖了一个大坟墓，遗体于2011年6月22日被隆重地重新安葬。海伦·罗宾斯和博物馆总顾问乔·布伦南（Joe Brennan）正式代表博物馆与80多名因纽特人、几名因努人（Innu）以及两名加拿大皇家骑警一起参加了仪式。这是一个激动人心的庄严仪式。天空一开始是灰蒙蒙的，但在仪式上，阳光穿透了云层。然后，发生了一件令人惊奇的事情，包括来参加仪式的菲尔德博物馆代表在内的许多人都看到了。一只老鹰飞过头顶时，两只黑熊从原来的传教所遗址的树林里走了出来。两只熊都静静地待在那里，似乎在倾听和凝视。这对许多在场的人来说，极具象征意义，因为黑熊被认为附身有已故因努族祖先的灵魂。它给参与者一种强烈的感觉，即这些人的灵魂现在将得到安息。

虽然 Zoar 今天仍然被弃置不用，但现在用一个新建成的白色栅栏将墓地围了起来，并在地上竖起了一块石碑，记录了埋葬在那里的人的名字和导致他们被重新埋葬的这一事件。石碑的雕刻者是著名的因纽特人艺术家约翰·特里亚克（John Terriak），他的直系祖先也是这里被埋葬的人之一。仪式结束时，努纳武特政府向菲尔德博物馆代表递交了一封由努纳武特总统及其文化、娱乐和旅游部部长签署的信件。该信的最后几行内容如下：

> 在整个返还过程中，努纳武特政府和菲尔德博物馆在相互尊重的基础上建立了良好的关系。我们希望在这种关系的基础上继续再接再厉。
>
> 努纳武特政府代表所有拉布拉多的因纽特人，欣然接受菲尔德博物馆的道歉。
>
> 我们原谅你们了。

这个漫长而谨慎的过程从开始到结束花了近五年的时间，而最终得到的正是我们在任何返还工作中都会去努力争取的结果。今天，菲尔德博物馆一直保持着与拉布拉多因纽特人的这种联系。我们正在探索与拉布拉多因纽特人社区合作的方式，以开发出一个互惠互利的展览、研究以及教育机会。

一些人类遗骸仍然处在一个有争议的"灰色地带"里，如菲尔德博物馆的缩头收藏品类，而博物馆如何管理这些藏品也成了一个问题。我们有 11 个缩头藏品，是由来自厄瓜多尔和秘鲁的亚马孙流域的希瓦罗人

（Jivaro），或他们自我认同的舒阿尔人（Shuar）制作的。舒阿尔人称这些头颅为"特山德沙"（tsantsa），他们相信这些头颅具有神奇的或叫作"tsarutama"的力量。他们相信，取下敌人的头颅并将其制作成"特山德沙"，可以驾驭被杀敌人的精神或灵魂，防止其向杀人者复仇。在19世纪末20世纪初的亚马孙河上游地区，缩头术是复杂的战后仪式的一部分。有时，缩头术也用于他们族群中受人尊敬的人，作为让他们的灵魂与生者同在的一种方式。这种做法反映了舒阿尔人信仰体系中生与死的复杂交织。20世纪初，在世界各地的博物馆和私人收藏家获得许多缩小的头颅后，出现了缩头交易的国际市场。这些头颅被自由买卖和交换，由于供不应求，为了满足需求，亚马孙河上游地区猎杀人头的做法实际上增加了！在秘鲁和厄瓜多尔政府宣布禁止贩运人头之后，这一切都结束了。随后，假冒的缩小人头开始进入市场。而这些仿制品是从停尸房和墓地挖出的尸体制成的。

还有一些是从猴子或其他动物身上取下来的，并制作成人类的样子。许多赝品都非常逼真，据估计，如今博物馆里的缩小头颅有一半以上都是假的。如今，舒阿尔人还在用山羊皮制作缩小头颅的复制品卖给游客。两颗缩头真品在菲尔德博物馆展出多年，在20世纪末，它们成了该馆有些标志性的展品。事实上，这是我十几岁时第一次参观博物馆时印象最深刻的展品。这些缩小的头颅甚至让美国前总统贝拉克·奥巴马（Barack Obama）留下了印象。在他的《我父亲的梦想》（*Dreams from My Father*）一书中，奥巴马写道："在菲尔德博物馆，我看到了两颗缩小的头颅，它们被陈列了起来。就像我预想的那样，它们布满褶皱，但保存完好，每个都有我的手掌大小，它们的眼睛和嘴巴都被缝上了。他们似乎有欧洲人的血统：男的留着小山羊胡，像个征服者；女的有一头飘逸的红发。我带着一个小男孩不正常的快乐盯着他们看了很久（直到我母亲把我拉开），感觉好像是偶然发现了某种宇宙笑话一样。"

我们在1997年将这些头颅从展览中撤下，因为博物馆更加注重为人类遗体的收藏制定更好的道德标准。从展线上取下头颅并没有法律上的缘由，也没有舒阿尔人的正式抗议信。但展览的内容却把重点放在了这些头颅上，仿佛它们只是用来吓唬人的小件稀有物。博物馆的人类学策展人认为，这个展览没有准确地反映舒阿尔人的信仰体系，在文化上具有误导性。而且人类学策展人也感到，缩小的头颅是与战争有关的宗教仪式的一个组成部分，在没有适当解释的情况下展示这些头颅是不尊重人的。取消展览引起了一些媒体的反击，他们指责我们为了政治正确而做得太过分。然而，我们决定，如果要把这些东西重新公开展出的话，则需要一个更加合适的展览介绍。

这些头颅代表了一个复杂的问题，即博物馆的基本使命和道德责任之间的矛盾。

并不是所有收藏的人类遗骸都像美洲土著人的遗体那样具有文化敏感性，也不是像曾经的缩小的头颅那样被粗暴地展示。今天博物馆中最能被社会和伦理所接受的人类遗骸展览之一是埃及木乃伊。埃及和许多南美文化对于在官方认可的公共博物馆中展出古代祖先的遗体几乎没有问题。这是幸运的，因为毫无疑问，木乃伊和恐龙一样，是许多自然历史博物馆展览业务的主命脉。在菲尔德博物馆，我们在120多年的历史中举办过的最受欢迎的巡回展览，就是从埃及借来的图坦卡蒙法老（King Tut）展览，展出的是世界上最著名的木乃伊：图坦卡蒙（Tutankhamun，公元前1341—公元前1323年）。这个展览两次来到芝加哥（虽然图坦卡蒙本身并不在第二次展览中），每次人们都排了好几个城市街区的队才能进去参观。在展出期间，博物馆很多天都爆满。菲尔德博物馆自己也有大量的木乃伊收藏，在1893年世界博览会期间，菲尔德博物馆从埃及、秘鲁、厄瓜多尔和智利购入了年代从800到5500年前的大量木乃伊。其中许多木乃伊因为太过脆弱，自1893年以来就一直没有被展出。

2011年，人类学策展人罗伯特·马丁、博物馆保管员J.P.布朗（J.P.

Brown）和兼任策展人吉姆·菲利普斯（Jim Phillips）主导了一个项目，对博物馆的几具从未拆封的木乃伊进行计算机断层扫描（CT）。位于芝加哥西北郊的一家名为创世纪医学影像（Genesis Medical Imaging，GMI）的医疗机构，向博物馆捐赠了他们的 CT 机并提供扫描服务。他们把机器装进一辆经过特别改装的大型半挂车，开到博物馆西边的停车场，在那里不用把木乃伊移得很远就可以完成工作。然后，菲尔德博物馆的团队和 GMI 的技术人员对十具因太过脆弱而无法进行物理拆解的人类木乃伊进行了 CT 扫描。通过扫描，科学家们可以用数字方式拆开它们，以确定木乃伊个体的年龄、性别和死因，以及破译木乃伊的制作技术。它还揭示了许多以前不为人知的随葬品，如神祇俑、供奉壶和各种食品等。

　　如今，人类遗骸藏品的妥善管理对自然历史博物馆提出了特殊的挑战，需要许多人的共同努力。保管员和藏品管理员负责保存和记录藏品中的人类遗骸。策展人、返还专家和博物馆法律专家则负责回答哪些标本可供研究或展出，哪些标本出于伦理原因必须隐藏起来不让公众看到，哪些遗体必须根据合法要求返还到原来的地方等伦理和法律问题。尽管面临许多挑战，但维持各大博物馆现有的遗骸收藏比以往任何时候都重要。这些遗骸是我们已发现的关于人类历史起源研究的最重要的依据之一。它们提供了对人类生理学、人类信仰体系和社会对待死亡态度的直接可观察的记录。而任何有助于我们更好地理解人类历史的事物都有可能帮助我们规划一个更加美好的未来。

WILLIAM JONES. Ph D.

BORN IN OKLAHOMA. U.S.A. MARCH 28 1871.

KILLED AT DUMOBATO MARCH 28 1909.

A STUDENT OF THE INDIAN AND FILIPINO RACES
AND A FRIEND TO ALL PRIMITIVE PEOPLES.

菲律宾吕宋岛上的菲尔德博物馆助理策展人威廉·琼斯的墓碑。1909 年，他在那里被他研究和收集的对象——土著人所杀害，并被埋葬在那里。琼斯是第一个获得人类学博士学位的美洲原住民，也是弗朗兹·博厄斯的学生。助理策展人斯蒂芬·西姆斯被多尔西派来认领琼斯的藏品和笔记，他在琼斯的墓地上竖起了这块简单的墓碑。照片摄于 1910 年。

人类学策展人乔纳森·哈斯与美洲原住民文物。乔纳森是帮助北美博物馆建立包括 NAGPRA 在内的国家返还政策的团队成员。

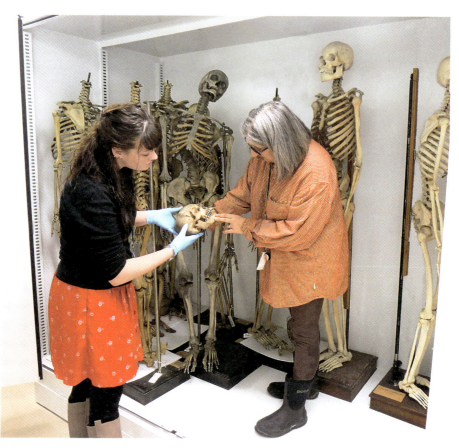

与菲尔德博物馆合作研究的洛约拉大学（Loyola University）人类学家安妮·格劳尔（Anne Grauer）
与学生伊登·兰茨（Eden Lantz）一起检查菲尔德博物馆人类遗骸收藏中的骨骼材料。

2011 年 5 月 25 日在芝加哥与因纽特人代表会面，组织归还 22 名因纽特人的遗体。照片中从右到左
依次是：菲尔德博物馆首席人类学策展人瑞安·威廉姆斯、努纳武特考古学家杰米·布雷克（Jamie
Brake）、努纳武特文化、娱乐和旅游部部长约翰内斯·兰佩（Johannes Lampe），我是博物馆收藏与
研究部的官方代表。

2011 年 6 月 22 日，因纽特人的遗体抵达拉布拉多北部重新安葬，这是菲尔德博物馆最成功的返还行动之一。（上图）被遗弃的传教所 Zoar 附近为重新埋葬仪式设置的营地。（下图）墓地周围建了一道白色的栅栏，作为纪念处的一部分。

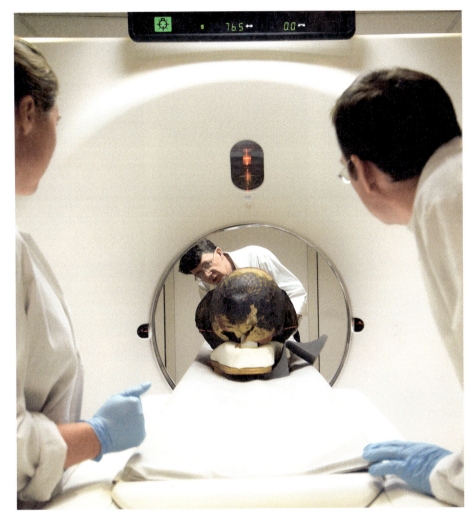

人类学保管员 J. P. 布朗（木乃伊上方）引导埃及木乃伊通过 CT 扫描仪到达另一侧等待的技术人员那里。该图摄于 2011 年 7 月。这是一种数字化"拆解"拥有几千年历史的脆弱木乃伊的理想方法，这些木乃伊由于太过脆弱而无法通过物理拆解（见下一页）。

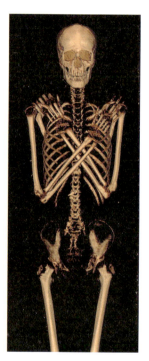

对第二十六王朝（公元前664—公元前525年）的埃及木乃伊进行 CT 扫描，菲尔德博物馆的标本太过脆弱而无法进行物理拆解。左图扫描显示了表面包裹物；中图扫描较深，穿过包裹物并显示出头部和肩部区域的皮肤；右图扫描最深，穿透皮肤和包裹物显示出了骨架。此木乃伊被测定为约17 岁时死于慢性病的一名男性。

第十二章

曾经吃人的狮子在消失：从猎杀到保护察沃狮

传说中的察沃（Tsavo）食人狮，是菲尔德博物馆自1926年以来最受欢迎的立体展品之一。最初，它们的形象是用来象征人类对自然的支配地位，但渐渐地，它们成为人类努力保护这类物种的象征。

在博物馆 2000 多万件动物标本中，有两件标本在我作为高中生第一次参观博物馆时就吸引了我，那就是察沃的食人狮。这两头肯尼亚狮子每头都有近 10 英尺长，肩部有 4 英尺高，无可否认，当我十几岁时，它们作为凶猛食人狮的名声首先引起了我的兴趣。1898 年，它们在仅仅 9 个月的时间内就在不同的地方吃掉了 28 到 140 个人。猎杀食人兽的故事成为 20 世纪最流行的故事之一。它是约翰·亨利·帕特森（John Henry Patterson，1867—1947）1907 年出版的一本名为《察沃的食人魔及其他东非历险》（*The Man-Eaters of Tsavo and Other East African Adventures*）的国际畅销书的故事原型，该书至今仍在重印。它也是四部电影的原型，其中最成功的是 1996 年派拉蒙电影公司（Paramount Pictures）出品的由迈克尔·道格拉斯（Michael Douglas）和瓦尔·基尔默（Val Kilmer）主演的电影《黑夜幽灵》（*The Ghost and the Darkness*）。一直以来，人们对那些能在几小时内杀死并吃掉整个人的动物都很着迷。而经历了我在博物馆的职业生涯后，我开始欣赏狮子的另一面：它们对非洲生态系统的重要性。

　　察沃的食人狮与三位对菲尔德博物馆具有特殊意义的"帕特森"联系在一起，他们每个人都提供了一个不同但有趣的故事。第一位是约翰·亨利·帕特森，他猎杀了狮子，后来把它们的皮卖给了博物馆。他除了是一名猎杀大型动物的猎人和英国士兵以外，还是一名工程师。他在军队服役了 35 年（1884—1920 年），在那里他晋升到了中校军衔。第二位帕特森是中校的儿子布莱恩（Bryan，1909—1979），他在 17 岁时与狮子一起来到了菲尔德博物馆，随着时间的推移，他晋升为地质部的首席策展人。最后一位是布鲁斯·帕特森（Bruce Patterson，1952—　　），他是我的老朋友，也是我的同事，担任哺乳动物学策展人已经超过35年了。布鲁斯曾在肯尼亚与食人狮的原始物种以及现代狮子一起工作，促进该物种的保护以利于非洲生态系统的发展。我发现每一位帕特森都以自己的方式激励着我。察沃狮的故事始于19世纪末的东非，当时英国人正在非洲扩张。

19世纪90年代初，英帝国的英国铁路公司（British Railroad）着手修建穿越东非的"乌干达铁路"（Uganda Railway），以加强英国对该地区的控制。大英帝国内部的扩张主义者深信，进入非洲未知领域的铁路既是一条致富之路，也是加强其全球统治的途径。英国议会中的许多人，特别是自由主义者对这一企图表示了强烈的反对，他们宣称，政府无权在该地区的土著人，即瓦塔人（Waata）、坎巴人（Kamba）、塔依塔人（Taita）、基库尤人（Kikuyu）和马赛人（Maasai）所拥有的土地上修建铁路。当时的英国小报将进军东非的行动称为"疯狂的路线，从不毛之地到极度不毛之地"。但19世纪的英帝国主义势力是无法动摇的，英国政府开始修建一条横跨英属东非（今天的肯尼亚、乌干达和坦桑尼亚）的铁路。

约翰·亨利·帕特森中校受伦敦乌干达铁路委员会（Uganda Railway Committee）的委托，负责监督察沃河上一座桥梁的建设工程。乌干达铁路项目规模巨大，涉及3万多名印度劳工，其中3000人驻扎在察沃河附近。他们宿营在帐篷里，这些帐篷连起来总长达数英里。"察沃"这个名字来源于坎巴语，意思是"屠杀之地"，事实证明，这是很有预示性的。1898年3月帕特森中校到达察沃后不久，项目上的工人开始以惊人的速度消失。有时会留下各种骨头或者其他身体部位。很快，情况变得明朗起来，原来是有两头狮子在项目营地大肆捕食，尤其是在其中一头狮子将帕特森信任的锡克教（Sikh）仆人温干·辛格（Ungan Singh）撕成碎片之后。人们试图用篝火和沉重的荆棘屏障来阻止狮子，但这些都是徒劳的。狮子似乎无所畏惧，几乎可以做任何事情来满足它们对人肉的渴望。它们跳过或爬到巨大的荆棘障碍物下，奋不顾身地把尖叫的工人从帐篷里抓到夜幕下吃掉。狮子甚至到医疗帐篷里去寻找受害者。它们是如此巨大和强壮，以至于可以带走一个成年男子。连续不断的屠杀导致数百名剩下的工人逃离察沃，并导致铁路项目停工。这两头狮子真的让大英帝国停下了脚步。就在那时，英国议会大厦（Britain's House of Parliament）要求项目重启。于是，帕特森中校，一个从他以前在印度的部队经历中吸取了丰富经验的老虎猎手，开始猎杀这些贪婪的肉食动物，发誓要"将猛兽驱离当地"。他设置了陷阱，并花了许多个夜晚在一个匆忙搭建的树台上等待，试图伏击这些狮子，但他的任务却比他预想的要困难和危险得多。

食人狮领地里，荆棘密布的灌木丛让人类几乎不可能在其中移动，但对敏捷又神出鬼没的狮子来说，似乎并没有什么困难。帕特森在他1907年的回忆录《察沃的食人魔》中写道："（狮子的）方法变得如此不可思议，它们对人类的跟踪如此及时，而且肯定会成功，以至于工人们坚信它们根本不是真正的动物，而是披着狮子皮的邪恶魔鬼。"夜间狮子会在营地能听得见的地方吃猎物，窸窸窣窣地咬碎人肉和骨头，就在灌木丛中，离得很近，但是看不见。当他深夜在那摇摇欲坠的树台上想要伏击狮子时，他能听到狮子在他周围爬行了几个小时。大型猫科动物超强的夜视能力使它们在黑夜中比人类有更明显的优势，有时甚至分不清到底是谁在猎杀谁。

然后，在他抵达八个多月后，帕特森中校终于有了第一次机会，阻止了其中的一头食人狮。一个斯瓦希里人（Swahili）跑进营地大喊："辛巴（Simba）！ 辛巴！辛巴！（狮子！狮子！狮子！ ）"。帕特森跟着那人回到了狮子的爪印处，那条爪印一直通向了一片茂密的灌木丛。回到营地后，中校召集了一大群工人，让他们拿来鼓、锡罐和其他能发出巨大声响的东西。他把他们带回到他怀疑狮子在里面等待的灌木丛，并让他们把整个灌木丛包围起来，只留下了一个出口，他拿步枪守在那里。工人们用他们敲锣打鼓的声响，把其中一头狮子从灌木丛中赶了出来，就在帕特森前面15码（1码约等于0.9144米）处。他举起步枪，对准那只咆哮着准备冲锋的野兽。令他惊恐的是，步枪哑火了！幸运的是，狮子被哑火的声音和工人们发出的声响吓跑了。在狮子逃跑的时候，帕特森又开了一枪，这次打中了。狮子还是发着狂带着伤蹦蹦跳跳地跑掉了。接下来的几个晚上，中校紧张地埋伏着等待狮子回来，他相信狮子最终会回来把几天前正吃着的一头驴吃掉。经过一段紧张的日子，狮子终于最后一次徘徊在帕特森步枪的瞄准镜中。这一次，他的子弹打中了目标，狮子倒下了。这头巨大的猫科动物身长9英尺8英寸，需要8个人才把它抬回营地。当他回到营地后，数百名印度铁路工人开始狂欢。在《察沃的食人魔》中，帕特森回忆了那时营地的情景：

> 他们围着高处的平台，令我惊奇的是，他们匍匐在地上，用"马巴拉克（Mabarak），马巴拉克"的喊声向我致敬，我相信这意味着祝福或救世主。

这与之前帕特森和工人之间的紧张关系形成了很大的反差。帕特森刚到来的时候，有些工人对帕特森严格的工作标准不以为然。之前有两次工人要谋杀帕特森的阴谋，只是被一些忠心耿耿的工人给瓦解了，他们事先警告了帕特森。

然而，食人狮带来的梦魇还没有结束，另一头狮子仍然还在。帕特森又花了三个星期的时间，集中精力在更加恐怖的情况下杀死了第二头狮子。和第一头狮子一样，第二头狮子有时也会像帕特森跟踪它一样去跟踪帕特森。他和狮子不断地在猎手和被猎者之间变换着角色，这是一场决心和生存的较量，他们中只有一个可能活下来。一天早上，帕特森发现狮子正拖着一只死山羊进入灌木丛。他跟在它身后，近距离向它的肩膀开了两枪，但狮子带着伤跳跃着逃跑了，十天都没有再出现。然后，在 12 月 28 日晚上，帕特森又一次与愤怒的狮子面对面。当它向他发起进攻时，帕特森又向这头狮子开了七枪，使它在离他只有五码的地方倒了下来。第二头狮子只比第一头短了两英寸。第二头狮子的死为狮子对铁路工人的袭击画下了句点。那些先前因担心生命安全而逃跑的人又回来了，大桥建设于 1899 年 2 月恢复。感激的工人们向帕特森中校赠送了一只银碗，上面写着以下字样：

先生：

我们，您的监工、计时员、密斯塔里斯（注：Mstaris 是英国工程师雇用的印度人分包助理）和工人们，把这只碗献给您，以表示我们对您的感谢，感谢您冒着生命危险，勇敢地杀死了两头食人狮，从而使我们免于被这些可怕的怪物吞噬的命运，这些怪物每晚都会闯入我们的帐篷，把我们的工人同伴从我们身边带走。

在为您献上这只碗的同时，我们也为您的长寿、幸福和富贵而祈祷。先生，我们将永远是感激着您的仆人。

监工：普尔肖坦·胡吉·普马尔（Baboo PURSHOTAM HURJEE PURMAR）

谨代表您的工人们

1899 年 1 月 30 日

帕特森中校在有关其苦难的最畅销的书中写道，他认为这只碗是他职业生涯中最难得、最珍贵的奖杯。

在接下来的几周里，噩梦一直困扰着帕特森。两头狮子被杀后不久，他在桥西北几英里外的一些岩石山丘上探险（虽然在他的野外笔记中，他说是西南方向，这让许多后来试图追溯他足迹的科学家感到困惑）。沿着多年来犀牛和河马走过的小路，他偶然发现了一个遍布人骨的深洞。在《察沃的食人魔》中，他写道：

我绕到洞穴入口，进洞后惊愕地发现了一堆死人枯骨，铜制的镯子散落四处，那正是当地原住民身上的装饰。这必定是食人狮的老巢！我完全不想进入幽暗的深处探险，抱持着里面可能还留有母狮、小狮的想法，我从洞顶小孔往洞穴内开了几枪，但除了成群的蝙蝠外，并没有其他东西跑出来。拍了一张洞穴的照片后，我满心喜悦地离开这个可怕的地方，想到曾住在里面的残暴猛兽已不再祸害人间，心中充满感激。

在帕特森中校匆匆离开后的近一个世纪里，都没有人再找到过这个山洞。直到 1997 年，它才重新被菲尔德博物馆的藏品管理员汤姆·格诺斯克（Tom Gnoske）[1]、策展人朱利安·科比斯·彼得汉斯（Julian Kerbis Peterhans）和肯尼亚野生动物管理局（Kenyan Wildlife Service）的塞缪尔·安丹杰（Samuel Andanje）发现。

当他们发现约翰·帕特森的野外笔记中的地图方向偏离了 90 度之后，才重新找到了洞穴的位置。2007 年，我和我的同事、策展人查普·库辛巴一起去肯尼亚国家博物馆考察的途中，到访了察沃。我们追溯了约翰·帕特森的一些足迹，包括食人狮的老巢。我们参观山洞的那天，肯尼亚野生动物管理局派了一名武装警卫和我们一起，以防止可能发生的狮子的袭击。黑暗的洞内凉飕飕的空气和警卫的 M-16 自动步枪发出的红色激光，让我体会到了帕特森进入遍布人骨的洞穴时的感受。这既让人不寒而栗，又让人兴奋不已。

帕特森中校离开察沃，写下了他最畅销的书——《察沃的食人魔》后，到世界各地巡回演讲，介绍他在非洲的经历。按照当时大型动物猎人的习惯做法，他把食人狮的皮和头做成了战利品，多年来一直存放在家里，直到它们的存在引起了菲尔德博物馆馆长斯坦利·菲尔德（Stanley Field）的注意。菲尔德对它们表示出了浓厚的兴趣，极力想把它们收藏进博物馆。察沃狮的故事继续引发了公众的兴趣，人们认为这些狮子皮可以被修复成全尺寸的狮子标本用于展览，而仍然包含原始头骨的狮头可以成为有用的研究样品。帕特森同意将它们以 5000 美元（按今天的美元计算近 7 万美元）的价格卖给了菲尔德博物馆。博物馆的标本剥制师用这些毛皮在标志性的透景画中重建了食人狮的栩栩如生的标本。因为这两头狮子的皮曾经被修剪成地毯，所以标本实际比它们活着时要小，但这并没有影响它们在博物馆参观者中的受欢迎程度。

博物馆从帕特森中校那里得到这两头狮子后不久，也获得了他 17 岁的儿子布莱恩的服务。中校与菲尔德博物馆馆长成了朋友，1926 年，在馆长的安排下，布莱恩（实际上是一个高中辍学生）被博物馆雇用，来做任何博物馆想要他做的工作。中校似乎认为，博物馆将是他的儿子学习一些实在技能并有所成就的好地方。这个卑微的开端，却成了一个最了不起的事业的开端。

布莱恩在博物馆的前三年是在地质部担任化石制备员。他酷爱读书，并对有关古生物学的书籍和文章产生了强烈的兴趣。偶尔他会在芝加哥大学上课，但他从未参加过任何正式的大学学位课程。1930 年，他被任命为部门助理，到 1937 年，他晋升成为古生物学的策展人。布莱恩在 1938 年成为美国公民，1944 年，他的策展生涯因第二次世界大战中他被应征入伍而被迫中断。在诺曼底登陆战役中受伤后，他被德国人俘虏了。他曾两次从纳粹集中营中逃出，但两次都被抓了回去。显然他运气很好，战争结束后，他活了下来并被释放。布莱恩回到了菲尔德博物馆继续担任策展人，在这里他继续着漫长而富有成效的职业生涯，并于 1948 年当选为古脊椎动物学会主席。1955 年，他离开菲尔德博物馆，接受了哈佛大学古脊椎动物学的终身教授职位，并在比较动物学博物馆担任策展人。在接下来的 20 年里，他一直是哈佛大学的策展人和教授。1963 年，他当选为声名远播的美国国家科学院（National Academy of Sciences）院士。布莱恩·帕特森的许多成就和荣誉确实很了不起，更何况他从未正式从高中毕业，除了哈佛大学聘请他为终身教授时授予的荣誉学位外，他没有获得过任何其他大学的学位。

从 1963 年到 1967 年，布莱恩每年都会带队去肯尼亚探险，就是那个发生过他父亲征服食人狮壮举的国家。在 1965 年的探险中，他发现了一块让他名扬国际的化石——第一块类似人类的生物的骨头，后来被称为湖畔南方古猿（Australopithecus anamensis）。在当时，这是已知最古老的人科动物（包括人类和一些紧密相关的物种化石）标本。大众媒体将其称为"最古老的猿人""最古老的人类"或"卡纳波依（Kanapoi）类人猿"。这件标本只是肱骨（臂骨）的肘端，但它与现代人的肱骨几乎没有区别。它之所以特别有趣，是因为它的年代久远，最初被认为是 250 万年前，后来发现是 410 万年前。在随后的几年里，它被进化生物学家和年轻地球神创论者在文献中引用。进化论者用它为类人生物的起源提供一个令人印象深刻的早期具体年代。神创论者误以为这是智人（现代人）的化石，用它来证明科学家的测年技术并不可信。最终，许多被认为属于布莱恩的猿人物种的其他骨头被发现，显示出这个物种与智人有很大的不同。1995 年，米芙·利基（Meave Leakey）及其同事对这些材料进行了描述，并将其统称为湖畔南方古猿，而 1965 年布莱恩·帕特森发现的化石（1967 年首次报道）是该物种第一个被发现的标本。

本章的第三位帕特森是我的同事布鲁斯·帕特森，他与前两位帕特森没有关系[2]。他的研究主要集中在蝙蝠、啮齿类和较小的哺乳动物以及宿主-寄生虫的共同进化上（宿主物种的进化如何与它们的寄生虫的进化相互影响）。布鲁斯的研究还包括对现代察沃狮的研究。他对察沃狮的研究始于 1998 年，当时他与菲尔德博物馆的同事兼任策展人朱利安·科比斯·彼得汉斯、非洲考古学和人种学策展人查普·库辛巴和助理藏品管理员汤姆·格诺斯克一起参加了察沃狮研究计划（Tsavo Research Initiative，简称 TRI），以研究神秘的察沃狮及其生活环境。布鲁斯与他的 TRI 合作者一起，专注于研究狮子的进化关系、察沃雄狮没有鬃毛的问题，以及传说中的约翰·亨利·帕特森时代食人狮为什么如此积极地捕食人类。布鲁斯还致力于环境保护的问题，以帮助促进现代的察沃狮和人类进一步和平相处。20 世纪末，人们对察沃狮的恐惧已经开始转变为对察沃狮及其走向灭绝可能性的担忧。布鲁斯采用了我和许多其他策展人在野外工作中使用的方法：公众科学。布鲁斯通过与地球观察研究所（Earthwatch Institute）的合作，有效地做到了这一点。这个组织通过筹集资金和招募普通公民作为志愿者与科学家一起工作，来承担科研的野外工作。从 2002 年至 2009 年，地球观察研究所为布鲁斯提供了来自 40 个不同国家的 542 名志愿者，来到非洲与他一起工作。所有的志愿者都费用自理，他们提供一些额外的费用来支持考察的花费。这使得布鲁斯每年能够前往非洲三到四次，并驱车数千英里来寻找狮子。通过带领这些志愿者团体采集数据，他可以在不增加自己或博物馆成本的情况下继续他对察沃狮的研究。他的公众科学的方法也让公众了解到他所做的工作的重要性。充分利用策展人的经费和机构支持来筹集资金，并争取公众的帮助，是策展人工作的一个重要组成部分。

布鲁斯和他的同事们首先试图回答的是一些关系和分类的问题。现代的察沃狮是否是以前被忽略的新狮种？它们与其他现代狮明显不同的是，它们没有鬃毛，就像食人狮一样。根据法国南部 3 万年前肖维（Chauvet）岩洞的壁画，更新世的狮子被认为是没有鬃毛的。有人认为，察沃狮可能是一个不同的、比其他非洲狮子更古老的物种。布鲁斯通过好几次旅行观察，来研究生活在它们原生栖息地上的非洲无鬃狮和全鬃狮。作为研究的一部分，他对一些狮子进行了镇静处理，使他能给它们戴上无线电追踪项圈，并无害地采集组织样本进行 DNA 分析。一旦它们醒来，他就可以用 GPS 跟踪它们多年，以确定它们的正常活动范围的大小。DNA 分析表明，察沃狮的基因构成与附近有鬃毛的狮子并没有明显不同。

在对自然栖息地的狮子和动物园中圈养的狮子进行了多年的研究

后，他得出的结论是，缺乏鬃毛与狮子分布在较热、较干燥的地区有关。他的同事汤姆·格诺斯克和朱利安·科比斯·彼得汉斯在同时完成的另一项研究中也独立地得出了同样的结论。无鬃毛的察沃狮也是狮子（Panthera leo），与其他有鬃毛的狮子完全是相同的物种。缺少鬃毛只是现代狮子内部对高温和缺水的一种后天性变异。

布鲁斯还对著名的察沃食人狮为何会疯狂捕食人类感兴趣。过去的理论认为，因为前往桑给巴尔（Zanzibar）的奴隶商队通常会把死去的奴隶丢弃在察沃河渡口，所以它们可能习惯于在察沃河渡口沿线寻找人类的尸体。1898年还爆发了一场严重的牛病，断绝了狮子惯常的猎物，碰巧人类就成了狮子替代性的食物来源。布鲁斯和另一位同事（来自伊利诺伊州沃基根市的一位牙医）研究了菲尔德博物馆获取了其兽皮的食人狮的头骨。他们发现第一头食人狮的牙齿和下颌有严重的问题，这使得它捕食中在挣扎的动物的喉咙上咬合时会非常痛苦，特别是考虑到狮子的正常食物是水牛和角马。后来的研究表明，很可能是这头患有牙脓肿的狮子实施了大部分的吃人行为。人类本来就是比较柔软和更容易被捕食的猎物，再加上他们速度慢且在黑暗中的视力不好。就像布鲁斯说的，狮子一旦尝到了人肉，吃人很快就成为它们的常规生活方式。

布鲁斯对察沃狮的兴趣远不止于它们的屠杀史，他和他的同事们专注于人类与狮子的竞争所导致的社会和生态问题。察沃狮以及所有的非洲狮子，似乎正在走向灭绝。狮子数量减少的速度令人震惊，仅在过去20年中（三代狮子），非洲狮的数量就下降了30%。察沃地区北部的牧场主会驱赶他们的牛穿过察沃保护区，前往蒙巴萨（Mombasa）的市场。

在长途跋涉中，察沃狮会杀死一些牲畜，牧民和牧场主则会以杀死狮子的方式进行报复。2001年至2006年期间，察沃地区有100多头狮子被当地居民和牧民杀死。

狮子的灭绝对非洲生态系统来说可能是灾难性的。地球上所有的生态系统都是由相互影响的物种所构成的协同网络组成。它包括一个从最小的自养生物（如细菌和藻类）到最大的异养生物（如人类和狮子）的食物链。食物链底端的改变会冲击整个系统，引起连锁反应，但顶端的改变也会造成同等的破坏。狮子在几十万年前建立的平衡中控制着食草动物的数量。科学研究表明，从一个生态系统中移除顶级掠食者会破坏整个网络，扰乱生产食物、抑制人类疾病甚至稳定气候的系统。这种现象有时被称为自然界中自上而下的力量或生态连锁反应，已被多次记载。其中一个例子是 20 世纪 90 年代，阿留申群岛周围的海獭被过度捕杀，导致海獭一直以来的食物来源——以海藻为食的海胆数量激增。海胆数量的增加导致了海底海藻森林的崩溃，海藻森林的消失又直接导致许多依赖该生活环境的物种数量下降。海獭是一个复杂生态网络的关键物种。同样，从黄石公园移走狼群也在该地区引起了连锁反应，最终导致了柳树、鱼类和两栖动物的减少。20 世纪 60 年代的一种被称为绿色世界假说的理论认为植物之所以能在当今世界上大行其道，是因为捕食者牵制了食草动物。狮子在维持非洲乃至整个世界生态系统的稳定方面起着关键的作用。

我们如何在狮子和人类之间建立一个和谐共存的最佳平衡？布鲁斯和他的同事们统计了四年内数百起袭击牲畜的记录，以寻找解决之法。他得出的结论是，在旱季，狮子待在水坑附近，捕食聚集喝水的野生动物。在这段时间里，有很多野生动物可以捕食，狮子也没有明显地骚扰牛群。但当雨季来临，这一地区的猎物都分散开了，变得更难寻找了。然后狮子转向了更有机会捕获的猎物：家畜。作为解决方法，布鲁斯和他的同事建议牧场主将赶牛的时间安排在旱季。起初这个建议起到了作用，并且看起来政府可能会帮助约束赶牛行为。但是，由于人类政治动荡不安，这个解决方案并没有持续多久。2007 年的总统选举引发了卢奥族（Luo）和基库尤族（Kikuyu）这两个肯尼亚最大族群之间的暴力冲突。选举后的暴力事件导致了 1000 多人死亡和数十万人流离失所。保护国家公园和野生动物对政府来说并没有那么迫切。养牛大亨们很快就利用了缺乏监管的机会，将数十万头牛赶到了察沃地区，这些牛在那里常年停留。狮子又一次被当成了要被消灭的害兽。今天，在察沃和整个非洲，养牛大亨和狮子之间的冲突仍在继续。

在非洲工作的生物学家不仅关注狮子，还关注其他哺乳动物物种，东非的许多大型哺乳动物物种都特别脆弱。近几十年来，大象因象牙而被偷猎，犀牛也因犀牛角而被大量偷猎。2007 年，我在肯尼亚及面积超过 9000 平方英里的察沃国家公园系统旅行时，看到了这一现象的一些影响。我在察沃看到了许多大象，它们对我的吉普车毫不畏惧，但我没有看到活的犀牛。当我参观东察沃国家公园（Tsavo East National Park）总部时，我看到了一个存放犀牛和大象头骨的巨大的仓库。这些头骨是1968 年至 1971 年期间，由肯尼亚野生动物管理局收集而来，它们是因偷猎或干旱致死的动物遗骸。20 世纪 70 年代初以后，偷猎问题迅速增加。从 1972 年至 1988 年，察沃的大象数量从 2.5 万头下降到 5000 头。

1989 年，国际上开始禁止象牙交易，此后，大象的数量又恢复到了 1.1 万多头。而犀牛面临的挑战则更加严峻，其恢复的可能性也更小。20 世纪 60 年代末，察沃有 6000 至 9000 头黑犀牛。到 1989 年，这个数字已经下降到了不足 30 头。现在，在察沃有几个小的高度保护区域，黑犀牛在那里被重新安置，希望能阻止这个物种的灭绝，但偷猎者胆大妄为，铤而走险，而且装备精良。他们几乎不惜一切代价来抢夺如今每盎司售价超过 1000 美元（即每只角 30 万美元）的犀牛角。公园警卫有权在看到偷猎者时将其击毙，但屠杀仍在继续。试图拯救这些物种免于灭绝的工作极具挑战性。

察沃狮和三位帕特森代表了菲尔德博物馆历史的重要组成部分。特别是布鲁斯的故事，带出了一个策展研究的重要应用——环境保护，这个应用在今天已经变得至关重要。约翰·亨利·帕特森处在一个以猎杀狮子（以及相当数量的其他野生动物）为目标的时代，不会对它们作为一个物种所需要的保护或生存给予过多关注。相比之下，布鲁斯·帕特森是参与保护狮子以及大象、犀牛和其他有时被称为"旗舰物种（flagship species）"的特定物种的一代人中的一员，因为即使针对单一物种，人们也有能力从总体上提高保护工作的支持力度。而今天自然历史博物馆的保护工作远远超出了对旗舰物种的关注，他们也在试图保护整个生态系统。

（上图）约翰·亨利·帕特森和他杀死的第一头食人狮。（下图）摇摇欲坠的树台，帕特森曾夜以继日地坐在上面等待伏击第二头食人狮，而他自己也差点儿变成狮子的食物。两张照片都拍摄于1898 年。

2007 年，我在肯尼亚出差时，参观了一个多世纪前由约翰·帕特森发现的位于察沃国家公园的食人狮老巢。在我们三个人进入洞穴之前，我给我的同事查普·库辛巴和我们的武装警卫（为了防止潜在的狮子袭击）拍了这张照片。里面凉爽、黑暗、寂静，让我们体会到了帕特森发现这个到处是人骨的山洞时的感受。

布莱恩·帕特森，约翰·亨利·帕特森的儿子。（上图左）1946 年布莱恩在菲尔德博物馆担任古生物学策展人时，在得克萨斯州做野外工作。（下图左）1967 年布莱恩成为哈佛大学教授后，将现代人的臂骨与他在肯尼亚发现的 410 万年前的"卡纳波依类人猿"（箭头所示）的肘部碎片进行比较。

（上图）1998 年 9 月，察沃雄狮在晒太阳。（下图）2007 年，给被麻醉的雄狮安装上无线电追踪项圈。紫色的斑点是在提取组织样本进行 DNA 分析时使用的必妥碘（Betadine）消毒液。从右到左依次为：项目负责人兼菲尔德博物馆哺乳动物学策展人布鲁斯·帕特森，项目助理同时也是布鲁斯的学生、察沃居民亚历克斯·姆瓦佐·贡贝（Alex Mwazo Gombe），地球观察研究所志愿司机、察沃居民西蒙·万乔希（Simon Wanjohi）。

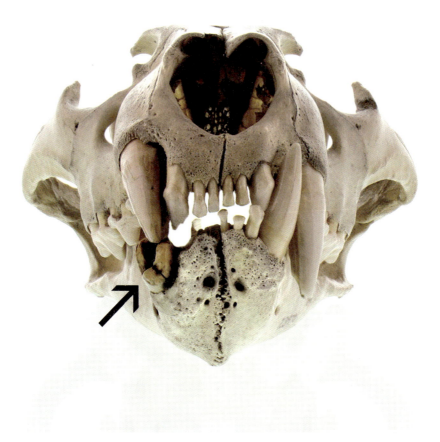

1898 年约翰·帕特森杀死的第一头食人狮的头骨，来自菲尔德博物馆的哺乳动物相关收藏。布鲁斯·帕特森和同事们在它死后一个多世纪，确定这头狮子喜欢捕食人类的原因可能是牙齿问题造成的。断裂的右下犬齿（箭头所示）感染了根尖脓肿，使它在咬住并控制斑马和水牛等挣扎着的大型猎物时会非常痛苦，而人类则更加柔软、动作更慢，也更容易被捕获。

2007 年，在察沃国家公园，一头巨大的公象小心翼翼地迎接我的吉普车。这是我在那里看到的数百头大型动物之一。偷猎者以巨大象牙为目标的捕猎导致了它们的数量急剧减少。自 1989 年国际象牙禁令生效以来，它们的数量已经恢复到了大约 1 万头，但在许多地区，偷猎仍然在造成严重的损失。

2007 年，我在察沃看到的唯一有犀牛迹象的地方是在察沃研究中心装满由肯尼亚野生动物管理局所收集的头骨的仓库。这些头骨是 20 世纪 70、80 年代因干旱和偷猎而死亡的犀牛的遗骸。由于干旱和偷猎，到 1989 年，察沃黑犀牛的数量减少到了仅剩一些。

第十三章 保护我们所爱的：
拯救地球的生态系统

今天，需要保护的不仅仅是旗舰物种，而是整个生态系统。自19世纪以来，商业性采伐一直是破坏热带雨林的主要行径。这张摄于1993年的照片显示的是菲律宾棉兰老岛的采伐情况。在过去的几十年里，策展人和其他科学家的努力有助于减缓对这些不断减少的栖息地的破坏。但是，制止或扭转这一趋势的挑战依然存在。

保护环境，是 21 世纪人类面临的最具挑战性的问题之一。倡导并帮助促进我们的生物圈保护，已日益成为自然历史博物馆的使命。我们并不确切地知道哪些物种以及生态系统是使人类社会（甚至人类生命）得以幸存的金字塔的关键要素。我们过去长期的科学研究告诉我们，存在一个"临界点"，位于这个临界点上的某些物种和生态系统的灭绝，会导致其他物种灭绝的连锁反应，有时会导致地球上大多数物种的灭绝。尤其对于那些在食物链上处于更高端的物种来说，它们灭绝的危害性更大。由于气候变化、生境（habitat）破碎、污染和物种入侵，全球有成千上万的物种受到威胁。目前，生物物种消失的速度已经超过了它们被编目和被了解的速度。如果人类想要继续作为地球长期未来的一部分，我们就需要充分保护现有生态系统来支持我们的存在。我们需要采取利他主义的长远眼光，认识到我们存在于这个星球上只是作为一个由相互依存的生物所组成的庞大的交互网络的一部分。

大型自然历史博物馆在解决环境保护问题方面具有特殊的可信度。这在一定程度上是由于它们拥有庞大的生物学收藏，附有每个标本采集的时间、地点以及方式等数据。其中许多藏品都是由几个世纪以来的策展人经过战略性收集和组织而来，如今它们形成了一个独特的、不可替代的地球生命多样性图书馆。从经验上看，没有什么是比保存下来的动植物更好的辨认标志了，科学家们最初就是用这些保存下来的动植物来研究、描述和准确识别这些物种的。由于每个编目标本都有记录其采集时间和地点的档案数据，我们还可以追踪地球上许多地区随着时间的推移生物多样性的变化。

博物馆在环境保护工作方面的另一项资产，是包括一些世界顶尖的生物多样性专家在内的生物科学方面的策展专家。这些科学家通过他们的野外工作建立了收藏。他们对这些标本进行研究，以描述新的物种，并确定它们在生命进化和生态网络中的位置。他们在科学期刊和专著中发表研究成果，建立了深厚的生物多样性和生态学知识基础，他们还致力于培养下一代生物多样性专家。

有一位菲尔德博物馆的科学家，哺乳动物学策展人拉里·希尼（Larry Heaney）[1]已经在菲律宾热带雨林进行了30多年的研究。在此期间，他建立了一个由菲律宾同事、政府官员和土著人组成的高效网络，以识别和保护菲律宾生态系统的关键部分。他的团队已经进入了偏远的森林地区，在那里他们发现了几十种以前未知的动植物物种，这些物种是菲律宾所特有的，是菲律宾的一个岛屿，甚至是单个山顶上所特有的物种（特有物种是指在地球上只在一个地方自然出现的物种）。拉里和他的国际合作者利用这些发现，说服菲律宾政府在热带雨林中建立了几个国家公园保护区。现在在这些地区，土地受到保护，以免于受伐木、采矿以及其他危害环境的人类活动的影响。

我认识拉里的时间远比其他任何一位策展人同事都要长。他是我差不多40年前在明尼苏达大学对我的未来有重大影响的鲍勃·斯隆（Bob Sloan）班上的一个同窗好友，当时我的大学轨迹从商学院转向了进化生物学和地质学（那时拉里和我都还留着长长的黑发）。那时候我们还都不知道自己有一天会在芝加哥当上博物馆的策展人。1988年秋天，他开始在菲尔德博物馆担任策展人，比我开始在那里做策展人的时间晚了仅仅五年。自从来到芝加哥，拉里已经成为菲尔德博物馆致力于环境保护的一个强有力的策展人。

菲律宾热带雨林是地球上特有物种最为集中的地方之一，使加拉帕戈斯群岛（Galápagos）、夏威夷，甚至马达加斯加（Madagascar）都相形见绌。那里有超过60%的脊椎动物物种是地球上其他地方所没有的，其中包括70%的哺乳动物物种。1.1万种植物中的50%和2.1万种昆虫中的 70% 也是当地特有的物种。在菲律宾的某些地区，仅一座山上就有 5 种或更多的当地特有哺乳动物物种。但由于伐木和采矿对栖息地日益严峻的破坏，菲律宾生物群成为世界上濒危最严重的生物群之一。如今，原始热带雨林只剩下不到 8%。

拉里和他的同事们帮助菲律宾建立了十几个国家公园，其中之一是位于吕宋岛中部塔普劳山（Mount Tapulao）周围的一个占地 10 万英亩的公园。塔普劳山高耸入云，海拔约 6700 英尺。这片郁郁葱葱的高山雨林是一个丰富的物种宝库。它也是吕宋岛的重要分水岭，每年降雨量超过 200 英寸，其中大部分来自台风期间倾盆而至的暴雨。

塔普劳山热带雨林包含了主要河流的源头，这些河流最终帮助满足了拥有 1200 万人口的马尼拉（Manila）附近地势较低区域对清洁、可靠水源日益增长的需求。保护这些森林具有非常实际的影响。大山的森林就像一块巨大的海绵，在暴风雨中吸收水分，并将其在一年中逐渐释放出来。这就避免了雨季的洪水破坏，为整个旱季提供水源。菲律宾其他地方雨林及相应流域的消失，导致了大规模的人类的灾害。1991 年，莱特（Leyte）岛的一个流域的雨林被砍伐并改为甘蔗种植园后，奥尔莫克（Ormoc）市遭遇了造成 7000 多人死亡的大洪水。有时，你必须保护自然，才能让它保护你。

拉里和他的同事在保护菲律宾热带雨林的过程中，面临的最大挑战是不断增长的人类人口。虽然菲律宾的整个国土面积只有亚利桑那州大小，却居住着 1 亿多人。仅吕宋岛上就有 4200 万人，其中包括 40 多个不同的土著民族，每个民族都有自己的语言和习俗。生活在吕宋岛上的许多民族，仍然保持了与菲律宾主流社会截然不同的文化，这些文化保留了他们大部分的历史传统。拉里的团队与原住民阿埃塔人（Aeta）密切合作，这是他的工作取得成功所需的全面社群参与的一部分。阿埃塔族是一个身材矮小、皮肤黝黑的民族，身高很少超过 5 英尺，一些人类学家认为他们是菲律宾最早的人类居民之一。如今他们只剩下几千人，而且他们通常还住在由竹子和白茅草建成的房屋里。他们几乎没有得到政府的保护，从出生起平均寿命就只有 17 岁左右（部分原因是婴儿死亡率高），但他们选择独立于现代社会，生活在相对和谐的热带雨林里。他们是拉里建立当地合作者网络的重要文化组成部分。另一方面，现代社会对菲律宾的环境构成了严重的威胁，这些威胁来自从事伐木、采矿和大规模农业的大公司。

像世界上许多其他地方一样，菲律宾也是自然和人类开发之间斗争的舞台。拉里和他的同事的任务是构建菲律宾生态系统长期环境保护战略，以及与人民的短期经济需求之间寻求平衡。

拉里与地质学家、人类学家和其他生物学家合作开展研究项目的职业生涯（长期的研究项目），使他对菲律宾生态系统的起源和独特性有了深刻的理解。菲律宾特有的小型哺乳动物的高度多样性，是岛屿形成于远离其他有动物栖居陆地的结果。直到约 3000 万年前，这些岛屿才成为高于海平面的稳定陆地区域。到 2000 万年前，已经出现了几个面积大于 400 平方英里的岛屿。随着时间的推移，种子、昆虫和其他小生物从远处吹来或飘来，导致植物和无脊椎动物入侵了这些岛屿。最终，一个由植物和无脊椎动物而没有任何大型动物组成的多样化的热带生态系统发展起来了。

第一批类似啮齿类的哺乳动物似乎是在大约 1500 万年前来到岛上的（根据对菲律宾现代物种的分子研究估计的时间）。它们一定是从几百英里外的亚洲海岸上乘着被风暴连根拔起的树木，或其他植被所形成的天然木筏漂洋过海到达那里的。这些最早的"移民"面对的是一个富饶的环境，那里充满了未被占领的生态位（ecological niches），而且没有掠食者。它们经过专门的身体结构的改造，演化成了各种不同的物种，使它们能够填补雨林中从林地到最高树顶的可用生态位。雨林的树叶堆里没有鼩鼱（shrew），所以有一谱系进化成了几十种不同的类似小鼩鼱的形态，被称为鼩鼱鼠（shrew rats）。雨林的树冠上没有猴子和树松鼠，所以另一谱系进化成了各种类似大型树松鼠的形态，叫云鼠（cloud rats）。2006年，拉里·希尼及其同事发表了一篇论文，得出的结论是：60多个特有的哺乳动物物种是仅有的两个祖先物种的后裔，而这两个祖先物种是在800万至1500万年前到达那里的。菲律宾是一个进化的大熔炉，或者更恰当地描述为许多进化的大熔炉。

今天，菲律宾的大多数本地哺乳动物都生活在确立已久的森林地区。拉里的一个研究专长是菲律宾吕宋岛特有的最有趣和濒临灭绝的群体之一：云鼠（第312和315页）。这群啮齿类动物在吕宋岛上包含大约9种已被描述的物种，以及菲律宾其他地方的一些物种，所有这些物种都被认为是大约1500万年前到达吕宋岛的共同祖先的后代。云鼠是夜行性动物（夜间活动），生活在树冠的高处。由于它们的数量稀少，而且它们的栖息地相对难以进入，因此大多数云鼠都鲜为人知。它们是行动缓慢、温顺的动物，但现代人为获取野味猎杀体型较大的云鼠，这已使它们濒临灭绝。因此，保护性公园对于这类动物的生存是必要的。

除了丰富的特有哺乳动物外，菲律宾还有数量惊人的其他独特物种，包括200多种特有鸟类（如第316页）。菲律宾的特有植物也是惊人的多样化，有超过6000种地球上其他地方没有的植物。科学家和吕宋岛的阿埃塔人之间的互动，只是记录那里植物的药用特性的开端。有些植物被发现是有效的驱虫剂，有些则有助于控制人类的出血问题。菲律宾的植物之美是无与伦比的。菲律宾有超过140属、1100种兰花，其中近千种是地球上其他地方所没有的。

1981年，当拉里开始在菲律宾进行野外工作时，只有二十几位活跃的菲律宾研究人员在研究菲律宾的野生哺乳动物、鸟类、爬行动物和两栖动物。在费迪南德·马科斯政权（regime of Ferdinand Marcos）时期，谈论或撰写关于菲律宾环境的问题，很可能会导致作者受到骚扰、恐吓、解雇甚至遭受更糟糕的情况。1986年人民力量革命（People Power Revolution）废黜了费迪南德·马科斯之后，情况开始好转。1991年，在麦克阿瑟基金会的资助下，拉里为菲律宾野外生物学家制订了一个培训计划，并帮助创建了菲律宾野生动物保护协会（Wildlife Conservation Society of the Philippines，简称 WCSP）。多年来，拉里一直积极培训菲律宾学生，使他们自己成为有用的保护生物学家。他还一直与菲律宾同事一起致力于建立第一个菲律宾国家自然历史博物馆（Philippine National-al Museum of Natural History）。在我开始写这本书的时候，新博物馆计划于 2016 年底开放。

佛罗里达群岛国家海洋保护区（Florida Keys National Marine Sanctuary）的珊瑚礁宽 4 英里，长 150 英里，是世界上第三大珊瑚礁生态系统。无脊椎动物策展人吕迪格·比勒尔（Rüdiger Bieler）[2] 目睹了近几十年来珊瑚礁的状况急剧恶化的局面。据估计，由于污染和环境事故等多种因素，90% 的活体结构珊瑚已经死亡。在大部分的珊瑚礁区域，分枝状的麋角珊瑚（elkhorn）和鹿角珊瑚（staghorn）已经衰退回海底，曾经繁荣的巨石珊瑚岬（coral heads）已经变成了没有生命的结构，不再维持本地海洋生物的生存。珊瑚岬是珊瑚礁群落的重要组成部分，其中一些较大的珊瑚岬需要 500 年或更长时间才能生长起来。吕迪格最近与佛罗里达州莫特海洋实验室（Mote Marine Laboratory）的同事们联合行动。他们的项目主要是用几个世纪以来形成这些巨大结构的同一物种的活体组织，对死掉的珊瑚礁岬进行重新植皮。他们的珊瑚修复团队使用一种新开发的技术，在实验室的罐子里种植了成千上万的珊瑚虫（coral polyps）。他们将活的珊瑚虫以类似植发的方式种植在没有生命的珊瑚巨石表面。几年内，种植的珊瑚虫迅速繁殖，与相邻的珊瑚虫融合，并在曾经死亡的珊瑚礁结构崩溃之前生长成新的表面。重新焕发活力的珊瑚结构又回到了它们以前的角色，成为"海洋热带雨林"。珊瑚礁支撑着地球上大约 40% 的海洋生物，包括从微观生命形式到鱼类、海龟和海洋哺乳动物等相互作用的生物复合体。吕迪格的工作是另一个典型的例子，说明策展人的研究和行动如何帮助维持地球生态系统的健康。

吕迪格和他的妻子、蛛形纲和多足类动物策展人彼得拉·谢尔瓦尔德（见第七章）都是我相识近25年的策展人同事。吕迪格对海洋软体动物，如蜗牛、蛤蜊、牡蛎和它们的近亲都有特别的兴趣。他研究它们如何随着时间的推移而进化，以及它们的多样性如何受到人类活动的影响。吕迪格脑子里有一本软体动物词典，在数百次潜水调查珊瑚礁生物多样性的过程中，他能当场识别出数千个物种。虽然他的调查速度并不快，但是很全面。他对佛罗里达群岛（Florida Keys）进行了近30年的调查，仅软体动物就记录了1700多种，是曾经认为生活在该地区的物种数量的3倍。吕迪格的大量清查工作为佛罗里达群岛的生态系统建立了一个基线物种一览表，它被用来评估从船只在珊瑚礁上搁浅到重大的石油泄漏等各种事件的生态破坏，以及如何为后代更好地维护珊瑚礁。

美国自然历史博物馆和菲尔德博物馆也在环境保护方面设立了重要的应用性和非策展性的项目，这两个项目都与利用自然历史博物馆的科学家和藏品有关。这些包括博士级科学家的基于行动的团队，并不是作为拥有策展人和基础研究的正式的科研部门。相反，它们被设计成围绕当下的务实目标（"行动"），有明确可衡量的结果（例如，通过提高土著社区参与保护其自然资源的水平来保护雨林的英亩数）的团队。美国博物馆优先考虑的是侧重能力建设（帮助国家或地区发展实现其自身保护目标的能力），而菲尔德博物馆优先考虑的是保护可衡量的实地面积。虽然这两个项目都是作为非策展部门设立的，但每个项目都是在策展人的努力下形成的。

位于纽约的美国博物馆的生物多样性和保护中心（Center for Biodiversity and Conservation，简称CBC）是大型自然历史博物馆创建应用保护项目的最早努力之一。其目标是将博物馆大量的科学和教育资源用于环境保护的决策和行动中去。这主要是古生物学策展人和博物馆副馆长迈克·诺瓦切克（Mike Novacek）[3]在博物馆馆长埃伦·福特（Ellen Futter）的支持下组织起来的。

20 世纪 90 年代初，诺瓦切克曾接触过动物学和鱼类学部门的研究助理迈克尔·克莱门斯（Michael Klemens）。克莱门斯是一位在博物馆推广一项重要环境保护计划的生态学家和爬行动物学家。诺瓦切克一直在寻找一种方法，将科学与环境问题更有效地联系起来，并很快提出在博物馆内建立环境保护中心的想法。他组建了一个由另一位策展人——鸟类学家乔尔·克拉夫特（Joel Cracraft）领导的特别小组，为新项目制定计划。在几个月的时间里，诺瓦切克和特别小组帮助将这一理想转变为博物馆的一个重要项目，如今该项目已经有 20 多名工作人员，其中大部分人的经费都是通过联邦机构、私人基金会和个人捐赠者的赠款支持的。

诺瓦切克在 20 世纪 90 年代初因参与寻找鸟类学策展人而对环境保护产生了兴趣。作为面试过程的一部分，入围的候选人都被要求作公开的研究报告。几位候选人报告说，在他们从事论文研究的这几年里，最初吸引他们对鸟类学产生浓厚兴趣的鸟类种群数量急剧下降，现在已经受到高度威胁，濒临灭绝，或者已销声匿迹。在 2007 年出版的《地球：我们一亿年的生态系统以及现在使其面临风险的威胁》（*Terra: Our 100-Million-year-old Ecosystem and the Threats That Now Put It at Risk*）一书中，诺瓦切克重述了对这一困境的反应：

> 我被这种肆意的破坏所震惊，也被该破坏与人类对周遭世界的探索之间如何冲突所震惊。……令人不安的是，考虑到几年后我们可能连这种损失的基本质量和数量都无法了解。届时，我们将在历史上留下前所未有的印记：我们将成为让生命从我们指缝中溜走的一代人。

在 CBC 的大部分历史上，管理者的职位都由埃莉诺·斯特林（Eleanor Sterling）[4]担任，她在 1999 年成为该中心的主任。她在任职的 14

年间，将 CBC 发展成了今天的动态项目。CBC 早期的目标地区包括巴哈马（Bahamas）、玻利维亚、马达加斯加和越南。在距离较近的地方，CBC 推行了一项雄心勃勃的计划，即通过在纽约地区进行快速或闪电式的调查，评估纽约州的生物多样性。美国博物馆的策展人与 CBC 的成员合作，开展了广泛的环境生物学活动，包括组织国际研讨会，发表技术论文，培训学生、教师和美国和平队志愿者（U.S. Peace Corps volunteers）。

大约与 CBC 在纽约成立的同一时间，芝加哥菲尔德博物馆也制定了自己的应用保护计划。1994 年末，它开始作为环境保护计划（Environmental and Conservation Programs，简称 ECP）与另一个专注于文化问题的组织——"文化理解与变革中心"（the Center for Cultural Understanding and Change，简称 CCUC）一起开展。2005 年，ECP 和 CCUC 合并成为环境、文化和保护部（Environment, Culture, and Conservation，简称 ECCo），最近又成为凯勒科学行动中心（Keller Science Action Center）。科学行动中心（及其所有前身）主要侧重于南美洲安第斯－亚马孙地区和伊利诺伊州。

与美国博物馆项目一样，菲尔德博物馆的项目最初由一位古生物学策展人设立。彼得·克兰（在第二章中介绍过）在 1994 年担任古植物学策展人，同时也是菲尔德博物馆负责学术事务的副馆长。他认为自然历史博物馆有必要也有责任将其科学资产与环境问题更有效地联系起来。作为一名擅长研究活体植物的植物学家，他也看到了世界各地生境的不幸丧失。此外，作为一名古生物学家，他熟悉全球范围内的大灭绝事件，并怀疑由于人类活动，我们可能正在进入地球上最严重的大灭绝事件之一。彼得与博物馆策展人桑迪·博伊德（Sandy Boyd）密切合作，建立了 ECP，并让董事会相信，这对菲尔德博物馆的未来将是一个不错的举措。他制定了预算和初步组织计划，并任命德布拉·莫斯科维奇（Debra Moskovits）[5] 为办公室主任。此人不仅在热带生物多样性方面有着深厚的背景，在过去的六年里，她还是菲尔德博物馆环境和动物展品的开发者。

ECP 的新项目始于 1995 年，当时只有德布拉和另外两个兼职的职位。在德布拉的有效领导下，它发展成为博物馆的一个强大部门，并合并成为 ECCo，到 2011 年已有 46 名工作人员[6]。ECCo 的保护愿景持续地将博物馆的科研和藏品转化为环境保护、文化理解，以及生活在生物丰富地区及其周边（尤其是南美洲）的人们福祉的即时行动。ECP–EC-Co 还帮助发起了"芝加哥荒野"（Chicago Wilderness，简称 CW），这是一个由 250 多个组织组成的联盟，共同致力于保护占地 600 万英亩的芝加哥大都会区的生物多样性。

科学行动中心最主要的任务，是以直接导致环境保护的方式调查和了解生物多样性。该中心开展这项工作的两个最有效的方法是：（1）对动植物和文化进行快速生物和社会调查；（2）制作易于使用的免费分发的野外指南，以便识别当地的动植物。

快速生物和社会调查（Rapid biological and social inventories，简称 RBSI）是对植物和动物的快速调查，可以在鲜为人知和相对完整的生境中迅速完成。生物多样性专家是快速生物和社会调查野外小组的核心，有些专家来自科学行动中心，而其他专家则是作为咨询参与者的策展机构及世界各地其他机构的人员。组织一个 RBSI 需要六个月到一年的时间。实施的第一阶段是先遣队乘坐直升机、独木舟或徒步进入偏远的雨林地区建立大本营。不久之后，更大规模的科学小组到达那里，在大约三周的时间里进行动植物种的调查。偶尔也会发生意想不到的事情。有一次，快速调查小组被厄瓜多尔军队误认为是哥伦比亚革命武装力量（FARC）恐怖分子的营地而遭到突袭。他们被从军用直升机上跳下来手持机枪的 22 名武装士兵制服了。幸运的是，没有人受到严重伤害。还有一次，用于将小组送入雨林的一架直升机坠毁，副驾驶遇难。好在当时 RBSI 团队成员都不在飞机上。这个团队明白，这都是进入未开发的、不受管制领域的风险的一部分。这样的事件从来没有让 RBSI 小组打消过执行任务的念头，也没有因为小组经常遇到的各种热带疾病、寄生虫和麻烦的身体状况打过退堂鼓。比较值得注意的是，该团队记录的热带疾病经历令人印象深刻，其中疟疾、登革热和利什曼病（山地麻风病）是相当常见的，但只有真正罕见的疾病才能让这群人意识到危险。这些团队并不试图编制一份详尽的物种清单，也不想对标本进行广泛研究或命名新物种。随后，被认为可能代表新物种的标本，会被提请策展人和世界各地其他生物多样性研究人员注意，以供日后研究。这些调查的目的，是迅速确定需要立即保护的具有突出意义的生物群落。

一旦快速调查的部分完成，团队将用最多一年的时间编写一份综合报告。然后将报告提交给当地和国际决策者，由他们确定优先事项并指导东道主国家的环境保护行动。截至 2014 年年底，ECCo 科学行动中心团队已经进行了 27 次快速调查。他们仅在安第斯－亚马孙地区（重点是秘鲁）就帮助建立了 17 个自然保护区，总面积超过了 2500 万英亩，另外在世界其他地区也建立了 700 万英亩的自然保护区。

科学行动中心还制作了数百个易于使用的在线野外指南，已经收到了来自世界各地数十万次的访问。这些指南可以在菲尔德博物馆的网站上轻松获取[7]。制作这些指南的关键是科学行动中心的科学家罗宾·福斯特（Robin Foster）[8]，他也是植物学的兼任策展人以及 1994 年 ECP 成立期间的行动小组成员。

罗宾受雇于 ECP，是因为他在植物鉴定和热带生态学方面具有非常卓越的专业技能。他主要在秘鲁工作，在这个国家，一片足球场大小的森林中的当地树种数比整个北美加起来还要多。罗宾发起了一个项目，利用他在热带植物群落和图像方面的丰富知识，为野外植物的识别创建工具。在罗宾开始制作安第斯热带地区的指南之前，只有很少的指南可用。在菲尔德博物馆工作的这些年间，罗宾带领植物学部分人员进行了 24 次快速调查探险，其中包括 18 次到安第斯和亚马孙热带地区的调查。他还把超过 500 种不同的快速野外指南放在菲尔德博物馆的网站上，其中大部分是由他和他的团队制作的。这些单独的指南从单页 20 张照片到 74 页 1440 张照片不等。这些指南都是简单、易用的诊断工具，是为从科学家到热带雨林的土著人等广大受众而设计的。它们可以在菲尔德博物馆的网站上免费下载，目前每年的下载量超过 15 万次。指南的重点是清晰的彩色图像和名称，而不是大量的文字。罗宾的理由是，如今，一旦确定了物种，详细的文字就可以上网搜索。罗宾是 ECP 和 ECCo 部门中最有成就的生物多样性专家，也是博物馆中最有成就的科学家之一。他于 2013 年退休，但他仍然是植物学的兼任策展人，也是科学行动中心的参与者。

科学行动中心还包括社会科学家，其中最重要的是北美人类学策展人阿拉卡·瓦利（Alaka Wali）[9]。阿拉卡于 1995 年被聘为菲尔德博物馆文化理解与变革中心主任人类学部的策展人。她在科学行动中心环境保护项目中的作用，是确定对制定保护战略有用的当地生态知识和文化习俗。本地人对他们的环境有特殊的认识，而且往往已经有了保护他们资源的措施。阿拉卡和她的对文化敏感的社会科学家团队，确定了可以纳入该地区环境保护总体规划的当地居民和活动，这使 RBSI 团队离开后的环境保护工作具有长期稳定性。与团队中的生物学家密切合作，也增加了阿拉卡人类学研究的深度，因为这使她能够更好地了解对当地文化至关重要的植物和动物。

菲尔德博物馆的凯勒科学行动中心在迅速取得环境保护成果方面取得了成功，特别是在南美洲安第斯－亚马孙地区建立了受保护的公园。同时，综合研究中心（Integrative Research Center）的策展研究项目，也让人们对生物多样性有了更深入的了解，并扩大了博物馆环境保护工作的全球足迹。研究中心和行动中心之间的综合合作，具有巨大的协同潜力。博物馆管理者一直面临的挑战，是如何在两个中心之间找到合适的平衡和互动组合，以达到最大的效果。

今天的环境保护已经归结为一个生态分类问题。因为我们保护生物多样性的资源是有限的，所以我们必须作出艰难的选择，提出艰难的问题。何时何地我们要优先考虑单一物种（如狮子和黑犀牛）？何时何地我们要优先考虑特定区域（如安第斯山脉－亚马孙地区和菲律宾）？何时何地我们要优先考虑特定环境（如雨林和珊瑚礁）？哪些物种和生态系统对人类的生存最为重要？策展人在这方面发挥着关键作用，因为生物多样性研究始终是形成知识基础的必要条件，在此基础上制定保护行动的战略。

用世界自然保护联盟（International Union for Conservation of Nature）创始成员巴巴·迪乌姆（Baba Dioum）的话来说：

> 最后，我们将只保护我们所爱的。我们将只爱我们所理解的。

哺乳动物学策展人拉里·希尼在吕宋岛的高山地区，抱着一只巨大的狐尾云鼠（Crateromys）。这种濒临灭绝的物种只在菲律宾长满苔藓的云雾林的树冠高处出现。

于 2004 年首次建立的塔普劳山国家公园，位于菲律宾吕宋岛中部，拥有超过 10 万英亩的受保护雨林。这是拉里·希尼和他的同事在 20 年里帮助建立的十多个雨林保护区之一。

（上图）拉里与菲律宾同事达尼洛·巴莱特（Danilo Balete）、里卡多·布恩瓦耶（Ricardo Buenviaje）和乔尔·萨尔米恩托（Joel Sarmiento）在野外工作，以识别一群小型吕宋岛哺乳动物。（下图）一位来自吕宋岛热带雨林的阿埃塔猎人，为拉里的研究团队担任向导。阿埃塔人是土著人，他们被认为是菲律宾最早的居民之一。

菲律宾吕宋岛特有的云鼠。（左上图）细小的吕宋树鼠 —— 巴纳豪树鼠（Musseromys gulantang），重约半盎司；（右上图）狐尾云鼠，重约3磅；（左下图）白云鼠（Phloeomys pallidus），重约6磅，长约30英寸；（右下图）大侏儒云鼠（Carpomys melanurus）。这些和其他5种云鼠被认为是至少1500万年前到达吕宋岛的共同云鼠祖先的后代。

菲律宾特有的200多种鸟类中的几种。（左上图）菲律宾蟆口鸱（Philippine frogmouth），也叫蛙嘴夜鹰（Batrachos septimus），是一种用自己的绒毛和苔藓、地衣、蜘蛛丝一起筑巢的鸟类；（右上图）咬鹃（trogon），粉胸咬鹃（Harpactes ardens），世界上最多彩的鸟类之一。（左下图）受到生态威胁的红褐色犀鸟 —— 棕犀鸟（Buceros hydrocorax）；（右下图）菲律宾鹰（Philippine eagle），也叫食猿雕（Pithecophaga jefferyi）是一种极度濒危的物种，也是菲律宾的国鸟。

菲律宾特有的 6000 多种植物中的几种。(左上图) 900 多种特有兰花中的一种;(右上图) 由蝙蝠授粉的绿玉藤（Macrobotrys）的球状花序;(左下图) 美琳猪笼草（Nepenthes merrilliana），是一种肉食性植物，主要以昆虫为食，偶尔也会以老鼠、蜥蜴和小鸟为食;(右下图) 巨大的尸花（corpse flower），疣状大王花（Rafflesia verrucosa），因能吸引苍蝇为其授粉的腐肉气味而得名。该属植物的花是世界上最大的花，直径可超过 3 英尺，重达 20 多磅。

无脊椎动物学策展人吕迪格·比勒尔在看他和他的同事在佛罗里达州莫特海洋实验室人工饲养的数百只非常幼小的珊瑚虫。他们团队将这些活虫种植在佛罗里达群岛国家海洋保护区的数英亩失活珊瑚巨石上，以帮助堡礁复活。

在佛罗里达群岛国家海洋保护区的吕迪格·比勒尔，在失活片脑纹珊瑚（brain corals）巨石般的骨架上凿洞。然后，他将活的珊瑚虫插入这些洞中，以帮助这部分珊瑚礁重获新生（见下一页）。

（上图）吕迪格·比勒尔和他的同事将活珊瑚虫插入失活的珊瑚岬的凿孔中。大约 5 年后，珊瑚巨石应该会再次被活珊瑚虫的表皮所覆盖，从而帮助该区域的珊瑚礁恢复健康。（下图）佛罗里达堡礁的健康区域。

2013 年，美国博物馆生物多样性与环境保护中心（CBC）主任埃莉诺·斯特林与同事们在越南北部的纳杭自然保护区（Na Hang Nature Reserve）考察。从左至右依次为 CBC 的玛丽·布莱尔（Mary Blair），埃莉诺·斯特林和学生董推哈（Duong Thuy Ha 音译）以及学生阮万坦（Nguyen Van Thanh 音译）。

2009 年，菲尔德博物馆环境、文化和保护部（ECCo）副主任德布拉·莫斯科维奇在秘鲁亚马孙上游
地区的独木舟上。她身后是 ECCo 快速调查和保护工具部主任科里内·维森多普（Corine Vriesendorp），
独木舟的两端是来自新生活（Nueva Vida）社区的两名玛依呼那族（Maijuna）土著人。

2011 年，快速调查小组乘坐直升机进入秘鲁热带雨林偏远的坎潘基斯山（Kampankis Mountain）地区。

保护生态学家和植物学兼任策展人罗宾·福斯特（右二）与学生在秘鲁热带雨林中使用他的野外指南进行快速调查练习。

应用文化研究主任和人类学策展人阿拉卡·瓦利（穿蓝白衬衫）与三名希皮博人（Shipibo）在秘鲁北部科迪勒拉－阿苏尔山国家公园（Cordillera Azul National Park）的缓冲区。

自 1999 年以来，菲尔德博物馆的快速生物和社会调查项目对亚马孙河源头地区进行了调查（浅绿色阴影区域）。这些调查清单为地区和国家政府建立面积达 2500 万英亩的 17 个自然保护区奠定了基础。今天，自然历史博物馆在环境保护方面发挥了真正的作用。

第十四章

星空下的展望：
我们该何去何从？

在怀俄明州西南部，从我帐篷前面看到的暮色与星空。

2014 年 6 月 30 日的黄昏时分，我开始在怀俄明州西南部高山上的化石采石场上方的台地上休息。那天早些时候，我和我的野外队员、学生们从芝加哥赶到了这里，现在我们刚刚布置完营地。当如火的橙色晚霞渐渐褪去，天空一片清澈，繁星铺满之时，我感受到凉爽的高山沙漠的寂静。当学生们热切期盼着第二天早上开始他们第一季的野外挖化石的工作时，我却在考虑开始我第 40 季的同样的工作。夜晚的宁静让我陷入了沉思。自从我在明尼苏达大学上第一堂古生物本科课程，一路走来，记忆犹新。作为一名学生、一名策展人、一名行政领导，长期以来积累的层层经验，帮助我形成了对专业的看法，而这些看法是我在人生的任何一个早期阶段都不可能有的。在怀俄明州那个灰蒙蒙的高地上，我反思了自然和文化历史博物馆在人类社会中的重要性。我反思了我职业生涯的过程，以及是什么使我的职业生涯获得了成功。我思考了基础研究及其应用的独特重要性[1]。我还思考了策展人和博物馆的工作如何发展，以应对日益增长的挑战。

自然和文化历史博物馆在社会中发挥着独特的作用。它们保护着大量无法复制的文化和生物遗产的藏品。这些藏品，加上全职的科研策展人，使博物馆有能力回答一些最大的科学问题，并凭经验借助标本和文物来记录这些结论。馆藏力量和研究人员的多样性，使博物馆即使在规模更加全球性的情况下，也能够灵活地应对不断变化的社会利益。但是，当博物馆进入 21 世纪后，许多博物馆在维持庞大的藏品和多样化的杰出研究人员方面开始经历阵痛期。

馆藏不断扩大，直到储存基础设施爆满，需要进行昂贵的扩建。2001 年至 2004 年，菲尔德博物馆上一次扩大其藏品储存空间时，光建筑费用就达到了 8600 万美元，这还不包括由此产生的每年增加的维护费用。新的研究方法导致需要新的昂贵的藏品储存特殊形式。例如，2005 年，菲尔德博物馆开始使用低温设施，将冷冻组织样本储存在零下 310℉ 的温度下进行 DNA 分析。今天，这一收藏包含了 30 多万份样品，必须永久保存在液氮冷却罐中。

支持最优研究人员的费用也一直在上升。随着藏品规模和广度的扩大，策展人对不同科学领域的覆盖变得不均匀，有些领域出现空白，而在另一些领域则存在冗余。比如我写这本书的时候，菲尔德博物馆有两个鸟类学的策展人，两个哺乳动物学的策展人，但没有鱼类、爬行类、两栖类的策展人。另外，由于许多大型博物馆已经存在了至少一个世纪，它们及其研究人员所面临的社会问题也在不断发展。例如，与 50 年前相比，今天的环境保护问题更像是一个任务优先事项。随着每个博物馆的发展和面临更广泛的问题，这样做的成本也在增加。应对这些不断增长的挑战的关键是什么？

今后，自然历史博物馆必须加强机构间的合作与整合。合作大学也将在这方面发挥作用，特别是在科学期刊订阅和博物馆常驻研究生等费用上涨的问题上。美国自然历史博物馆和合作大学（甚至可能包括主要的动物园、水族馆和植物园）可以组成一个专门的联合体，对收藏、研究和教育目标进行战略规划。其他国家已经开始这样做了，如加拿大自然历史博物馆联盟（Alliance of Natural History Museums of Canada）。新的美国博物馆联盟应该包括三大核心自然历史博物馆（美国自然历史博物馆、史密森学会国家自然历史博物馆和菲尔德博物馆），再加上全国其他几十个博物馆。将其作为一项全国性的工作，可以促进与联邦资助机构和基金会的协调。自然历史博物馆联盟可以通过简化成员间的借调与交流，协调成员机构之间的藏品收集和策展人聘用，以及策划运作在成员机构之间轮换的巡回展览，来更有效地利用资源。联盟可以将所有成员机构的藏品数字化工作标准化，形成一个全国性的藏品图像和在线信息数据库。甚至成员博物馆的应用保护项目，也可以从彼此间更紧密的创新合作中受益。该联盟还可以协调处理美国当今最大的挑战之一：日益严重的科学文盲（science illiteracy）问题。

在整个20世纪和21世纪，学术界蓬勃发展，取得了许多成果，其中大部分是积极的。在研究和高等教育领域（大学到博士后），美国的学术体系成了世界上最好的体系之一。事实上，如今美国仍然是全世界留学生的第一大留学目的地。根据《美国新闻与世界报道》（*U.S News & World Report*）的数据，2012—2013学年，美国大学课程中有819644名外国留学生。但具有讽刺意味的是，在高等教育越来越卓越的同时，美国国内也出现了日益严重的科学文盲问题。美国的初等教育体系和针对大众的教育工作没有跟上来。因此，美国学术文化与社会大众之间的鸿沟越来越大。这种情况是如何发生的呢？在一定程度上，特别是对科学而言，将重点放在对最高水平学术成就的关注，会在成功的同时，也带来危害。

为了符合科学出版、成功申请资助和晋升的竞争要求，我们这一代研究人员不得不把重点放在发表针对专业科学共同体（scientific community）的论文上[2]。这是因为，专业读者是构成向科学杂志提交论文进行同行评审团体的同一群体，他们拥有接受或拒绝论文的权力。此外，向国家科学基金会、国家卫生研究所和其他联邦拨款机构提交的拨款提案的外部审查小组也是由同一个同行团体组成。同行团体也是决定是否给予终身教职和晋升的外部顾问。因此，在顶级博物馆和研究型大学中成功的学术研究生涯，有赖于有效地与其他专业科学家建立联系，以扩大和提升自己的研究能力。这一切的最终结果是，我和我的同一代人被教导在出版物中写作的内容要面向由其他科学家和研究生组成的读者。研究、出版物、基金和科学共同体组成相互关联的系统创造了一种文化，其影响力和生产力远远大于各部分的总和。

由于这种有选择性的互联，科学发现、生产力和效率都有所提高。

美国国内大多数最伟大的科学家都为其他科学家和大学生出版了创纪录数量的出版物。学术界对科学进步的传播达到了前所未有的高度，但是，向大众传播现代科学的本质和重要性的努力却没有相应地跟上。20世纪末21世纪初，美国的科学教育或多或少地采用了"涓滴效应"（trickle-down）的方法，但尚未有效地深入到小学阶段和普通公众中去，科学文盲迅速增加。

2000年，国际学生评估项目（Program for International Student Assessment，PISA）发现，在世界上41个工业化国家中，美国在15岁和16岁学生的科学能力方面排名第15位。到2009年，这一排名在74个国家中下降到第23位，而到2012年，美国的排名在65个国家中下降到了第28位。2008年，麻省理工学院（MIT）的一份报告发现，2.16亿美国人是科学文盲。在一个很多方面都以第一为荣的国家，这些数字令人震惊。美国国家科学基金会2014年的一项调查发现，美国每4个成年人中就有1个不知道地球绕着太阳转，只有不到一半的人知道人类是由早期动物物种进化而来。被调查的成年人中有45%认为占星术是一门科学。今天，大多数美国公众依靠政治家、电台听众热线节目、亲属或宗教顾问，而不是科学家来帮助他们决定有关自然界的重要问题。这些问题包括全球气候变化的原因和适当对策，分子研究在抗击疾病和世界饥饿问题中的应用，以及是否应在生物课堂上教授"创世科学"。

作为一名专业的生物学家和古生物学家，我特别关注的一个问题是在美国过去几十年里建立起来的反进化情绪。这对主要的自然历史博物馆尤为重要，因为许多策展研究项目都涉及生物多样性的进化。

2014年盖洛普民意测验（Gallup poll）显示，42%的美国民众仍然认为宇宙的历史不足1万年，所有物种基本是在同一时间被创造出来的，而且我们应该认为《创世记》（Genesis）是所有人持有的默认的真理。现在美国各地都有巨大的创世博物馆（Creation museums），他们把自己描绘成"科学"机构，并配有恐龙展览来吸引年轻人。我曾经参观过肯塔基州的创世博物馆，它确实是引人注目的。在一系列吸引人的透景画中伫立着拥有巨大翅膀的亚当和夏娃的立体模型，亚当、夏娃、那棵著名的苹果树以及诱惑之蛇等模型都是全尺寸的。有一个看起来逼真的幼儿与恐龙宝宝玩耍的透景画，还有一个巨大的展厅，暗示了达尔文主义导致了西方文明的衰败。博物馆里有一个天文馆，解释了为什么我们能够看到数十亿光年外的星星（据说光是经过某种时间扭曲的）。甚至还有一个侧厅介绍了诺亚如何用原木建造方舟，以容纳地球上包括所有的恐龙在内的每一个物种中的一对儿。

神创论的问题不在道德或宗教范畴内。这个星球上的大多数人都能从一种或另一种信仰中找到慰藉。当神创论者为了在科学课堂上教授特定的宗教信仰而不加掩饰地将自己谎称为科学家（例如"创世科学家"）时，问题就出现了。亨利·M. 莫里斯（Henry M. Morris）被许多人认为是"现代创世科学"之父，他是创世研究所（Institute for Creation Research）的创始人。在 1974 年出版的一本倡导创世科学的书中，莫里斯将进化生物学家妖魔化，他写道："撒旦本人是进化论概念的创始人。"这种说法不科学；事实上，他们是反科学的。反过来，一些科学家则是鼓吹纯粹的无神论是科学的必要条件来予以回应，而这种极端的立场未能说服有信仰的人们。

这场争论在一定程度上是一种误解和讹传，如果从另一个角度来看待它，可以将这种误解和讹传降到最低。宗教和科学根本不是可以比较的意识形态。神创论是一种自上而下的宗教信仰，它为我们今天看到的生物多样性模式提供超自然的解释。另一方面，科学是一种自下而上的方法，负责为这些模式提供自然的解释。在科学中，我们从来没有真正获得"绝对真理"，因为科学通过探索、实验和新发现积累的信息不断挑战其假设。科学是一种旅程，不断学习，但永远不会得出理想的完美真理。这里最关键的问题甚至不是上帝是否对地球及其居民的存在负责[3]。这是一个什么构成科学、什么构成神学的问题。科学负责提出自然理论（如引力、进化论），以解释自然模式（如坠落的物体、基于独特的共有特征将有机体按层级分组）。科学的工作正是研究可观察到的现象，并将其结论建立在确凿的证据之上。根据定义，宗教信仰不需要证据。这不是对宗教价值的评论，也不是对科学真理的指手画脚（事实上，许多科学家在某种程度上有宗教信仰或精神信仰）。这只是想说明，教授宗教知识、信仰法则或生命意义的地方是在神学课、教堂或哲学课上，而不是在科学课堂上。在生物课上讲授神创论与在教堂讲坛上的布道中讲授生物化学一样，没有任何意义。

科学家未来面临的部分挑战将是帮助非科学家更好地了解科学的工作、功能和益处。如果允许科学文盲问题沿着目前的轨迹继续下去，其结果可能是进一步削弱国家的地位，甚至导致长期的经济健康状况下降。过去我们在一定程度上避免了这种情况的发生，因为我们有世界上其他国家的顶尖科学人才的流入。我记得几十年前，博士后学生会从世界各地来到美国，并希望最终能留在这里发展事业，获得更好的生活。虽然这只是基于个人的观察，但我现在已经看不到这种情况了。随着全球经济平衡的转变和移民政策的收紧，这种抽走世界上最优秀和最聪明的人才的能力似乎正在被削弱。中国以及其他国家现在为其在美国的留学生提供了更好的激励措施，鼓励他们回国发展事业。而新的挑战也在不断增加，使移民变得更加困难。我们在美国国内培养更多科学人才的压力越来越大，而这必须首先从解决美国国内的科学文盲问题开始。知识就是力量，一个公众有知识的国家就是一个强大的国家。也许我们甚至应该将其视为一个国家安全问题。归根结底，是科学抵御了致命疾病的爆发，保护了我们的电子信息网络，并帮助我们养活了不断增长的人口。科学为我们应对全球气候、生物多样性甚至文化的变化做好了准备。在今天这个竞争激烈、政治分裂的世界里，科学也有被用来做危险的事情的能力。无知不是一个选项。

科学文盲的问题越来越需要高级科学家来解决。没有人比一线研究人员更了解新科学。正如英国皇家学会（Royal Society）主席马丁·里斯（Martin Rees）2006年所言："研究人员需要更充分地与公众接触。"研究是科学进步的主要部分，应该是大多数职业科学家的首要任务。但研究应该与向公众宣传科学重要性的努力相平衡，这将有助于消除学术界与当今美国国内大部分民众之间存在的文化鸿沟。作为教育改革的一部分，美国和其他地方的学术机构应该帮助那些愿意与公众接触的研究人员，并为他们成功地参与其中提供更多积极的支持。在2008年的一项研究中，研究物理学家巴勃罗·詹森（Pablo Jensen）及其同事认为，科普对科学家的职业科研生涯几乎没有积极影响。事实上，他们的研究发现，许多科学家认为这对他们的职业生涯是不利的。在上文提到的英国皇家学会的研究中，20%的受访研究人员表示，公众参与科普活动实际上可能成为他们职业发展的障碍。学术文化的这个方面应该改变，这些机构的行政权力应该明确地鼓励能够在这方面作出贡献的教授和策展人。正如上述皇家学会的研究报告所建议的那样，研究人员"需要因开展公众参与科普活动而得到奖励"，或许专业科学家也需要更加重视其同事的这种贡献。

博物馆策展人是解决科学文盲问题的理想人选。大学的唯一教育责任是对大学生进行教育，而博物馆则不同，根据定义，博物馆负责教育从年轻人到老年人的更广泛的公众。这就给了策展人一个许可和公共讨论场所来接触更多的观众。策展人处理的材料和问题本来就很受公众欢迎。他们可以与展览部门合作，制作引人入胜的展览来解释其研究和一般科学的实质和重要性。他们可以使用公众科学的方法来吸引公众，就像第三章中我对怀俄明州的业余爱好者和商业收藏家、第五章中威利·比米斯在亚拉巴马州深海钓鱼竞技会、第七章中鸟类学部的工作人员在芝加哥市中心，以及第十二章中布鲁斯·帕特森在非洲的地球观察研究所做的那样。策展人还可以利用他们工作的跨学科优势来解决公众通过书籍、杂志文章以及社交媒体提出的广泛问题[4]。年轻的策展人总是需要注重在同行科学共同体中立足，并建立自己的信誉和知识背景。在任何科学生涯的早期阶段，都需要将注意力集中在一个不受打扰的焦点上来使科学经验和视角有一个提升。但比较成熟的终身策展人应该加大与公众接触的力度[5]，许多人有丰富的经验，可以吸引公众的兴趣。

作为一名策展人，我的生活充满了挑战和冒险，也收获了发现和成就感。能有这样一个无比充实的职业生涯，我觉得自己很幸运。我相信，了解我们这个世界的自然和文化历史，并在它们发生变化时进行监测，具备这一能力是我们作为物种生存的关键。策展人的作用之一是帮助公众领会到这一点。对自然和文化的好奇心是每个人与生俱来的，有些人在长大成人后会失去这种好奇心，但这种兴趣是可以被唤醒的。在我职业生涯的现阶段，我将更多地面向更广泛的读者写作，以鼓励这种觉醒。

我也会在年轻学生还充满对自然的好奇时，努力培养他们对自然的好奇心。策展人的一个重要任务是鼓励新一代潜在的科学家，并将其所学到的知识传授给他们。我最喜欢的方式之一是通过我的"石头和骨头"野外古生物学课程，特别是我们在怀俄明州挖掘化石的两个星期里来做这项工作。没有什么比真正的野外工作更能证明探索和发现的快感，教导一群精力充沛、积极向上的年轻学生是令人振奋的，他们的热情具有感染力，即使对我这样一个已经工作了40多年的人来说也是如此。这也是我个人的怀旧之情，这让我想起了很久以前，当我还是学生时，想象着自己成为一名专业古生物学家会有一个怎样充满希望的未来。但愿这个世界永远不会缺少充满强烈的好奇心、有着非凡抱负的人。

菲尔德博物馆的藏品需要数以万计的柜子和架子来容纳。这是 34 个用来存放植物化石藏品的柜子间过道之一。

菲尔德博物馆藏品储存设施的最后一次大规模扩建发生在 2001 年至 2004 年，当时建造了一个地下两层的扩建工程，增加了 18.6 万平方英尺，耗资超过 8000 万美元。（上图）博物馆南端的挖掘工程。（左下图）2003 年，博物馆馆长约翰·麦卡特（右侧）与董事会主席马歇尔·菲尔德五世（Marshall Field V）视察工程进度。（右下图）博物馆东端的挖掘工作。

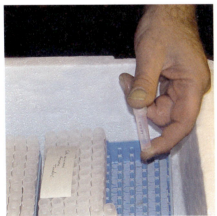

（上图）菲尔德博物馆的低温设施是自 2005 年以来储存冷冻组织藏品的地方，到现在已经储存了代表数万种物种的 30 多万个冷冻组织样本。这些藏品被用于包括寻找动植物的进化关系和对抗疾病等各种研究项目中的 DNA 分析。（左下图）肝脏、心脏或其他组织的小样本被储存在小瓶中。（右下图）小瓶的架子被储存在温度为 −310℉ 的液氮冷却罐中。在这种条件下，样本可以在未来数千年内保持活力并用于基因研究。

招募和培训未来一代科学家永远是自然历史博物馆策展人最为重要的职责之一。这里展示的是2014年我在怀俄明州刘易斯农场举办的"石头和骨头"古生物班。前排包括我（跪在橙白相间的电锯后面）和博物馆其他野外队员。前排后面是学生。在我右边穿着红白格子衬衫的是埃米莉·格拉斯利（Emily Graslie），她是《大脑独家新闻》（*The Brain Scoop*）的主持人。她在那个夏天对我们做了连续三期的报道。

致 谢

感谢为了弄清事实真相我采访过的同事们。他们慷慨地讲述了在策展工作中的经历。这里所描述的任何不准确的地方，都很可能是笔者的错。也感谢所有我认识但没有在这里提到的策展人，虽然这里没有提到，但他们的故事确实值得一提。也许有一天我会写一部续集。感谢马克·阿尔维（Mark Alvey）、史蒂夫·吉泽（Steve Gieser）、安妮·特鲁贝克（Anne Trubek）、埃琳·德威特（Erin DeWitt）、彼得（Peter）和埃莉诺·克兰（Elinor Crane）、理查德·拉里维埃（Richard Lariviere）、琳内·帕伦蒂（Lynne Parenti）和尼尔·舒宾（Neil Shubin），他们阅读了手稿的全部或部分早期版本。

感谢尼戈尼基金会（Negaunee Foundation）、塔瓦尼基金会（Tawani Foundation）、格兰杰基金会（Grainger Foundation）、国家科学基金会（National Science Foundation）、约翰·D 和凯瑟琳·T.麦克阿瑟基金会（John D. and Catherine T. MacArthur Foundation）、芝加哥大学（University of Chicago）、伊利诺伊大学芝加哥分校（University of Illinois at Chicago）、理查德和罗宾·科尔伯恩（Richard and Robin Colburn）、J. N. 普里茨克（J. N. Pritzker）、约翰和珍妮·罗（John and Jeanne Rowe）、戴维和朱

莉·格兰杰（David and Juli Grainger）、约翰和丽塔·坎宁（John and Rita Canning）、芭芭拉和罗杰·布朗（Barbara and Roger Brown）、比尔和琳达·甘茨（Bill and Linda Gantz）、盖尔和特里·布德罗（Gail and Terry Boudreaux）、卡伦·诺德奎斯特（Karen Nordquist）、鲍勃和夏琳·肖（Bob and Charlene Shaw）、理查德和吉尔·夏菲兹（Richard and Jill Chaifetz），以及一些匿名支持者，感谢他们在菲尔德博物馆财政最困难的年份（2008—2013 年），对我们博物馆收藏和研究部门的大力支持。我在领导收藏与研究部期间最有意义的经历之一，就是见证了外界对收藏与研究部的研究业务、收藏和关键人员配置的支持力度有多大。

最后，我特别要感谢我的妻子黛安娜（Dianne），她耐心地阅读和评论了本书的每一页，并且不介意我因对书稿的随机想法而半夜起来把它写下来以免遗忘。是她的耐心和爱让这一切成为可能。

注 释

1. 任何一家大型博物馆的标本数量最多是粗略估算。目前，菲尔德博物馆的标本数量官方数据为 2700 万，但这个数量很容易增加到 10 倍，到本书出版之时，这个数字很可能已经增加。每个博物馆以不同方式对标本进行计数，而菲尔德博物馆则采用保守的方法（例如，一种鱼有 100 多个标本或一种昆虫有 500 个标本，它们可能只有 1 个目录号）。大的数字会有很好的宣传效果，因此一些机构会把每一件都计算在内。也许比标本数量更重要的数字是用于藏品存储的占地面积。菲尔德博物馆目前在其建筑中拥有超过 130 万平方英尺的建筑面积，有超过 50 万平方英尺的空间用于为藏品放置储藏柜、架子和其他存储设备。一个储藏柜有多达 25 个抽屉，一个抽屉或 2 英尺 ×3 英尺的架子可容纳数百件样本。

2. 林奈常引起争议。他不仅遭遇教会带来的麻烦，有时与政府当局发生冲突。我最喜欢林奈的一个故事发生在 1735 年，当时他经过汉堡，在那里他遇到了市长。市长向林奈展示了一个他认为会致富的奇迹：一件有七个头的九头蛇标本。这件标本是几年前从布拉格的一家教堂掠夺而来的。市长试图将其拍卖，竞价不断攀升，数目可观。他已拒绝丹麦国王 3 万泰勒的报价。林奈是一个水平极高的自然主义者，他很快就认出这是一件赝品，用鼬鼠的下巴和爪子与蛇皮人工缝合而成。基于标本的历史，林奈推测它由僧侣制造，以代表启示录中的野兽。林奈并不通融地将其发现公之于众之后，购买该物件的出价为零。林奈被迫迅速逃离以躲避市长的愤怒。有关林奈一生的更多信息，请参见后面列出的 Blunt（2001）的书。

第一章

1. 唐·罗森（Don Rosen）20 世纪 70 年代末至 80 年代初的博士研究生包括莱恩·帕伦蒂（Lyne Parenti）和理查德·瓦里（Richard Vari），他们都成为华盛顿特区史密森学会国家自然历史博物馆策展人。埃德·威利（Ed Wiley）曾担任堪萨斯州生物多样性研究所及自然历史博物馆的策展人，吉多·丁格库斯（Guido Dingerkus）成为法国国家自然历史博物馆（Muséum national d'histoire naturelle）的策展人，达雷尔·西伯特（Darrell Siebert）成为伦敦自然历史博物馆的策展人，我是芝加哥菲尔德自然历史博物馆的策展人。

写这样一本书可以认识很多人，结交朋友，他们对最终的成果功不可没。当我第一次到达纽约时，曾有一名研究生给了我极大的帮助，帮助我了解这座城市的习俗、研究生课程以及我可能会碰到的个性复杂的人，她就是莱恩·帕伦蒂。莱恩是本地人，生于曼哈顿，在曼哈顿和纽约的史坦顿岛（Staten Island）长大。在早期，她探索盐沼以及将史坦顿岛及新泽西水道分开的破败码头时，便对自然历史产生了兴趣。我们在博物馆的鱼类学部门都有办公室，唐·罗森是我们的导师。莱恩非常机智，有一种不动声色的幽默感，这使我立即感到宾至如归。1980年她获得博士学位后，在华盛顿、伦敦、纽约、旧金山和芝加哥经历了漫长的博士后及担任教职时期，之后于1990年成为史密森学会国家自然历史博物馆的鱼类策展人。她有十年要依靠机构资助的资金生活，但最终她找到了自读研究生以来一直想要的工作：在一家主要的自然历史博物馆担任鱼类学策展人。如今，莱恩已成为世界领先的鱼类系统专家及生物地理学家之一。多年来，她在太平洋沿海地区的新几内亚岛、婆罗洲、苏拉威西岛、新加坡、马来西亚半岛、中国、夏威夷、塔斯马尼亚岛、新西兰以及古巴等地做了大量的野外工作。她是一名获奖作家，出版了大量出版物，2003年她成为当选美国鱼类学家和爬行动物学家学会会长的第一位女鱼类学家。

2. 在支序分类学中，独特共有特征（也称为衍生特征）包括特定的物理特征，但不是缺少那些特征。例如，蠕虫没有腿骨不是衍生特征。毕竟，一块岩石也没有腿骨。腿骨的存在是一项提供信息的特征，而具有腿骨的生物则组成了四足动物分支群（四足动物）。在支序分类学中，缺少特征与次生损失（secondary loss）不同。例如，蛇是四足动物，因为它们具有早期发育的腿骨。成年后腿会消失，因为在成年发展阶段之前，它们就停止生长。身体在生长，但肢芽成为细小的残迹。成年蛇缺乏腿是由于次生损失（即与蠕虫或岩石没有腿的情况不同），因此它们仍然是四足动物。次生损失是蛇血统中的一个衍生特征，代表了四足动物中的小得多的种群。有一些原始蛇化石，那些蛇成年后仍有腿，这进一步表明，蛇腿骨的消失是该血统进化史的一部分。这似乎是很明显的一点，但在20世纪80年代，有一个相反的系统学派，被称为表型系统学（phenetics），其目标是将缺少特征和存在特征视为相同，并采用整体相似性作为生物分类的基础。这是系统学曾存在的又一争论，但该争论如今几乎消失了。

3. 通过名为生物地理学的研究计划，支序分类的方法可用于看待地球地理区域之间的相互关系。正如系统生物学家使用共有解剖特征的模式来解密物种之间的关系模式，历史生物地理学家也使用共有特有物种来解密地理区域之间的关系模式。大陆漂移的最早思想主要源于密切相关的动植物物种的分布模式。与南美洲西部的物种相比，巴西的许多化石物种似乎与非洲东部的物种更为紧密相关。大陆漂移理论最终为那些基于当今地理现状似乎相分离的动植物范围提供了解释。地质、地理和生物学的综合研究清楚表明，地球表面的进化与动植物的进化密切相关。地球地理历史和生物历史的一致模式反映了自然的基本顺序。除生物地理学外，支序分类的方法已被用于研究语言、文化和其他非生物特征的演变（参见如 Rexova，Bastin 和 Trynta 2006）。

4.进化生物学有两个基本部分：模式和过程。解剖学（化石或生物）和分子结构（如 DNA）的比较分析提供了数据，即严格意义的"模式"。当科学发现自然界似乎存在非随机模式时，它将尝试提供自然的解释性"过程"对其进行解释（即理论）。犹如万有引力理论是物体自由落体模式的最佳自然解释，进化论是基于共有特征的物种关系模式的最佳自然解释。实际上，进化论雄辩地解释了自然界中无数一致的模式，这是其他自然理论无法企及的。为了直观地丰富和扩展进化理论，我们将实时观察到的过程（例如，父母生孩子，每个孩子又会有自己的孩子，选择性育种实验）推断至地质时期不可观察的过程（物种分裂为两个物种，它们中的每一个又分裂为两个物种）。我们甚至可以将关于功能解剖结构（如，从鳍到手，从手到翅膀，从鳃弓到下颌等）过渡的进化理论放在一起，它们部分基于观察到的胚胎发育（如，鱼和人共有的鳃弓胚胎结构随着生长向不同方向发展）。我们从孟德尔遗传学、胚胎发育、比较解剖学、地理物种分布以及可观察的时间内病毒进化中获得支持性证据，以进一步丰富进化理论，得到了涵盖广泛的过程理论，强有力地解释了我们在自然界中看到的无数模式。用著名的遗传学家和生物学家特奥多修斯·杜布赞斯基（Theodosius Dobzhansky）的话说：

"如果不从进化的角度看，生物学上没有什么能解释得通。"尽管进化论的过程方面是许多生物学家关注的焦点，但物种间的关系模式主要构成了进化研究可检验的假设。从任何实质意义上讲，进化花费如此多时间（比人类观察的整个历史还要多），以至于我们必须主要根据其当前的结果（自然界的支序分类模式）来研究它。破解生物多样性的整体模式是进化科学的基本任务。

5. 即使在科学出版物中，对假设、理论和法则的科学使用常常使人困惑，因此在本书中，我使用了我认为这些术语最为普遍接受的含义。假设是根据当前证据对范围相对狭窄的现象提出的一种解释。这是一个从经验上可检验（也可证伪）的解释。一个例子是层级关系模式（cladogram），表明基于一组共有特征，物种 A 与物种 B 更为密切相关，而不是与物种 C。最常见的进化树如本书第 18 页上所示的，相对稳定，但是随着新的特征信息和物种的发现，或是现有信息通过新分析方法得以检验，那些外观相似、密切相关的物种构成的进化树往往会发生频繁的变化。理论是一种广泛解释，由相互联系的部分组成，解释了各种各样的现象。与假设相比，它通常是更全面的解释，往往更难证伪。经过反复观察得以反复确认。尽管从严格意义上讲理论不是法则，但有时也会将它们看作法则。如引力说、日心说、相对论和自然选择进化论。科学法则是对事物在特定条件下行为的描述或数学解释。最简单的示例是，如果 $A = B$ 并且 $B = C$，则 $A = C$。

6. 如，对于其早期历史，参见 Hennig（1966）及 Nelson and Platnick（1981）。

7. 如辛普森（Simpson，1961）。

8. 化石记录从时间（地层）和空间（地理）上有很大的间隔。记录动物整个目的主要间隔持续数千万至数亿年。如，七鳃鳗今天有 38 种活物种，但是最早的化石物种有 1.2 亿年的历史，从那时起至今没有化石记录。八目鳗类鱼今天有 20 种活生物，但在化石记录中仅一个物种，有 3 亿年的历史。这种间隔持续时间的逻辑结果是，化石记录中的许多动植物谱系可能比其化石记录所指示的年头大或小很多。你也不能相信通过化石记录获得详细的地理范围信息。仅一个露头的化石可得知许多灭绝的物种，这当然只是它们以前地理范围的一小部分。因此，最终凭借化石记录我们知道的只是漫长时间中，灭绝的动植物物种何时何地存在过的微小样本。据估计，如今有 50 亿至 500 亿物种已灭绝（如 Raup 1991）。目前，仅有约 25 万已知灭绝物种，它们以化石的形式为人所知（Prothero 1999）。由此推断，从化石记录中可知的灭绝物种占据不到 0.005%。物种的地层演替（即一系列物种沿岩石地层向上移动）在重建物种之间的祖先后代关系方面作用相对较小。在给定的位置，物种的地层演替可能是由于随着时间推移，生态条件发生变化，密切相关的物种进出地区的结果，而不是进化转变产生的。这也可能是误读一个物种内部的个体变异而导致的结果（例如，注意家犬的个体变异，它们同属于一个物种）。最后，由于环境的变化，地方种群内部可能出现周期性变化。

化石记录不完整的原因有很多，而死亡生物要形成化石的条件既罕见又复杂。首先，通常需要一个水生环境（这就解释了在化石记录中，与鱼类和其他水生物种相比，保存完好的陆地物种化石相对稀缺）。陆地上植物或动物死亡后，其身体通常会完全分解或被食腐动物撕碎。其次，即使在水生环境中，也需要水化学、氧气条件和沉积速率的罕见组合才能使死亡生物变成化石。如果你对许多现代湖泊的泥巴进行深入挖掘，你找不到鱼骨头。这是因为骨骼要么化学性溶解在水中，要么被清道夫和微生物吞噬掉。再次，在今天任何特定位置，大多数历史时期都不再以沉积岩的形式出现。可能包裹化石的沉积物要么从未积聚，要么这些沉积岩后来与它们可能蕴藏的化石一起被侵蚀掉了。最后，由于无法获得，许多成为化石的绝种物种可能永远不会被发现。

尽管化石记录无法帮我们确切识别特定的祖先物种，但从总体上看，它仍然构成了支持进化论的强有力证据。进化复杂性的广泛程度具有基本顺序。最古老的化石只是单细胞生物，发现简单多细胞生物的岩石远比任何包含带头的多细胞生物的岩石要古老得多；带头生物所在的岩石比任何含有带头和四肢的动物的岩石要古老得多；带头和四肢的动物所在岩石比任何含有带头、四肢、毛发的动物的岩石要古老得多；带头、四肢、毛发的动物所在的岩石比任何含有带头、四肢、毛发且用两条腿走路的动物的岩石要古老得多。许多这样增加总体复杂性的例子存在于化石记录中。正如尼尔·舒宾（2008）所说："如果在6亿年前的岩石中，我们发现最早的水母躺在土拨鼠的骨架旁边，那我们就不得不重写教科书。"我们永远不会发现有6亿年历史的土拨鼠，我以我的科学声誉对此预测进行担保。

9. 1981年11月，科林·帕特森积极倡导支序分类学革命时，他应唐·罗森的邀请在美国自然历史博物馆举办了一场有关进化与神创论的研讨会。该会议是常规系统学讨论小组系列活动的一部分，是博物馆研讨会系列中最具启发性的活动。这个好斗的团体中有许多摩拳擦掌的传统古生物学家和生物学家，在给他们进行演讲前，帕特森在《科学》杂志上读到著名的进化生物学家恩斯特·迈尔的一篇反对支序分类学的论文。帕特森对古生物学领域将系统发育概念混合起来的状态感到沮丧。帕特森在演讲中有些挑战性的言论，让人眼前一亮。他说，进化生物学家和古生物学家无休无止地从化石记录中搜寻特定祖先，使进化生物学倒退了几十年。他启发式问他的科学听众："你能告诉我有关进化的任何事情吗？任何一件是真的事情。"他毫不怀疑进化的现实。他只是在挑战观众中的古生物学家和传统进化生物学家，开诚布公地对重要问题进行讨论。他认为，识别特定祖先物种的传统方法在很大程度上是不科学的。他将识别特定祖先物种与达尔文之前的神创论进行了比较，认为它不是研究为主导的理论，因为它的解释权只是语言上的。相反，它是"一种反理论，具有知识的功能，但没有传达任何知识"。他说，古生物学家正在将模式和科学假设同过程和科学理论相混淆。随后他们进行了激烈的辩论。尽管这本是为了促进会议室里科学家之间进行热烈研讨（确实也做到了），但它也产生了意想不到的影响。会议室里有一个反进化论的神创论者，他暗藏一个录音机。神创论者在对创世记进行字面解释后相信，所有物种都是独立创造出来的。许多人（年轻的地球神创论者）认为，所有这一切发生在不到1万年前的6天时间里。

帕特森的演讲在神创论者之间进行了转录和广泛传播，并且成为神创论作品中引用最广泛（在上下文中被错误引用）的科学言论之一。他的名字被用作众多合法挑战的证据，要求在生物学课上讲授与进化同等的"创世科学"。他们声称，帕特森是世界领先的科学家之一，他在批判进化本身的科学地位。作为一名笃定的达尔文主义者和一位科学家，他坚信进化是自然界中关系模式的唯一自然解释，该事件让帕特森感到羞辱。他花了数月时间回复大量邮件，回应那些要他提供进化论观点信息的请求。帕特森在1999年出版的《进化论》一书中感叹道："因为神创论者缺乏科学研究来支持诸如年轻地球……大洪水……或人类和猿类不同世系之类的理论，他们的共同策略是在进化生物学家之间寻找争论或异议来攻击进化论……我明白，要坦率发表言论（在出版物、演讲或书信中），应仔细思量，以防止给了神创论者可乘之机，让他们以脱离语境的'引文'形式进行攻击。"他提交了有关美国法院案件的官方意见，辩论了学校教授进化论的优点，并继续公开澄清他的立场。抗争使他的工作量剧增，他不堪重负，导致了1984年他第一次心脏病发作。

随着时间的推移，帕特森的境况慢慢好起来。身体从心脏病发作中恢复过来后，他继续阐明自己对神创论的立场，并将科学事业与更为形而上和基于信仰的追求区别开来。之后，他完成了《进化论》一书的第二版，在科学界关于他的争论也尘埃落定。古生物学家越来越趋向得出这样的结论，即帕特森关于化石优缺点的观点是正确的。他不再是局外人。实际上，他开启了一个新主流。1993年，帕特森当选为著名的伦敦皇家学会（相当于美国科学院）院士。1997 年，他作为一名外国成员被指定加入史密森学会国家自然历史博物馆董事会。1997 年 10 月，在芝加哥古脊椎动物学会（SVP）会议上，他终于获得了罗默-辛普森勋章。据说 20 世纪 80 年代初，他曾被拒绝授予该勋章。在获奖致辞中，他彬彬有礼地为他与神创论者之间的争论道歉，但他指出解决进化关系的有关问题并不在化石的年龄，而在于生物体的解剖结构，对此观点，他并不抱歉。对我来说，作为 SVP 的代表亲自向他颁发奖章是一件令人愉快的经历，正是他首先使我走上成为专业古生物学家的道路。科林·帕特森被誉为"20 世纪最伟大的鱼类古生物学家"（如 Bonde 2000）。

关于加雷思·尼尔森和唐·罗森的附加注释

加雷思·尼尔森（以下称他"加里"）出生于 1937 年，父母长期居住在美国中西部。他在芝加哥南边的恩格尔伍德（Englewood）地区长大，有两个兄弟和四个姐妹。他自小聪慧，15 岁时，在芝加哥基督教高中三年级时就上了芝加哥大学。在大学读了两年后，他 17 岁时入伍。他被派到新墨西哥州的最高机密桑迪亚基地（Sandia Base）从事先进武器和电子产品的研发。桑迪亚基地负责为美国国防部制造、组装和储存核武器。冷战时期，该秘密基地在美国的核威慑力方面发挥了关键作用。

服役三年后，加里回到芝加哥，担任联合广播公司的技术作家，撰写电子产品组装手册。在联合广播公司一年后，他去巴黎待了一年，参加了与索邦大学和巴黎大学有关的项目，花费大部分时间学了一口流利的法语。最终，他决定重返学术界。他就读于芝加哥的罗斯福大学，于 1962 年毕业获得理学学士学位。在芝加哥的岁月中，加里获得与菲尔德博物馆鱼类策展人洛伦·伍兹（Loren Woods）一起参观的机会，他鼓励加里去读研究生。最后，加里进入夏威夷大学攻读博士学位。但直到他在瑞典自然历史博物馆和英国自然历史博物馆进行博士后工作，他才被系统发育方法所吸引（之后称为"支序分类学"，它的坚定反对者之一是恩斯特·迈尔）。加里首先在瑞典昆虫学家拉尔斯·布伦丁（1966）的一篇论文中了解了系统发育学。布伦丁的论文总结了德国昆虫学家威利·亨尼格（Willie Hennig）的系统发育方法，并将其应用于摇蚊蝇的专论研究中。这份关于无足轻重的叮人小虫的出版物非常震撼，通过影响加里改变了系统生物学和进化生物学的世界，而加里又影响了科林·帕特森和唐·罗森，并最终改变了系统生物学和古生物学的进程。

1967 年秋天，加里被美国自然历史博物馆聘用为助理策展人，与唐·罗森一起进入鱼类学部门。最初，他的研究主要集中在鱼类的描述性解剖，但逐渐地，他的重点更多地转向了系统学方法、科学哲学，最重要的是支序分类学。对于没有被终身聘用的助理策展人来说，这是一个大胆的举动，因为博物馆一些较年长的策展人和同事自称进化系统主义者，不接受支序分类学。实际上，他们强烈反对该学说。这些科学家们不愿意放弃"可以直接从化石记录中读取进化信息""祖传世系只需查看化石记录很容易就可以识别""在进化研究中化石从某种程度上说比生物物种更重要"等观点。这场辩论的意义远远超出我在这本书中所能涵盖的。加里最终成功地领导了一项运动，他将支序分类的方法学引入系统生物学的核心。有关争议更详细的讨论，请参见 Hull（1988）；有关更为技术性的讨论，请参见 Nelson 和 Platnick（1981）。

唐·E. 罗森 1929 年出生于纽约，是俄罗斯移民的后代。尽管他之后的成年生活主要同家人居住在哈德逊河对岸的新泽西州郊区（许多纽约通勤者居住的"睡城"），他还是一位忠实的纽约人。他热爱美国自然历史博物馆，第一个向我展示策展人在其机构中如何发挥教育和专业培训的作用。他 8 岁时加入博物馆的学校自然联盟（School Nature League），从那时起便与博物馆产生了联系。14 岁那年，他开始在由迈伦·戈登（Myron Gordon）负责的博物馆鱼类遗传学实验室（Fish Genetics Laboratory）担任志愿者和助理。22 岁时，唐已经在国际科学会议上发表了获奖论文《孔雀鱼（Poeciliid Fish）的受精机制》(主要讲孔雀鱼如何发生性行为以及雄性性器官的解剖结构)。1952年，他离开了从小生活的纽约，应征入伍，去朝鲜服兵役。战后他回到纽约，在GI法案的支持下支付学费。到1959年，他已从纽约大学获得了学士学位、硕士学位和博士学位。在他整个教育培训中，他仍持续在博物馆进行鱼类收集工作。1960年，博物馆的鱼类学部门开设策展人职位时，唐申请并获得了这份工作。此后，他一直留在那里担任策展人。

唐担任策展人时主持工作，对从50万个标本增加到150万个鱼类收藏标本进行全面重组。他在危地马拉和澳大利亚进行了野外考察并出版了关于进化、生物地理学和鱼类更高分类的系列读物，极具影响力。他是一个极富魅力的演讲者，演说时很少使用笔记。1976年，他当选为系统动物学学会（Society of Systematic Zoology）会长。唐是一名成功的野外收集者、研究员及博物馆人，他喜欢与他从全国各地招募来的研究生互动，对于鱼类学部门的员工和研究生来说，唐·罗森是灵魂人物。

第二章

1. 终身任职制的主要目的是保护自由的科学探究。一项经过菲尔德博物馆董事会批准、名为"策展人级别"的政策指出："自由探究和表达对于维持卓越的研究至关重要，职业地位又是自由探究和表达的关键。"终身任职的策展人职位是主要的研究职位，它们在自然历史博物馆全体人员中仅占据很小的部分。因此，必须非常谨慎地授予这些职位。2014年，菲尔德博物馆的500名员工中只有21名是终身任职的策展人（另请参见第七章，注释1）。在顶尖的研究机构，六年任期审查具有挑战性，主要基于研究成果进行考核（主要看出版物和项目申请）。据了解，哈佛大学那些申请终身任职的候选人中通常只有不到65%的人能获得成功。对于一个终身任职制的职位，在第六年或第七年期满前如果决定不授予终身任职资格，就意味着他们将被解雇。到20世纪80年代，主要自然历史博物馆的助理策展人要达标，提升为有终身任职资格的助理策展人，非常困难，很大一部分人没能实现。我在菲尔德博物馆任职时，地质部门的两位前助理策展人都没有获得终身任职，他们的职位也因此而终止。

适用于策展人的终身任职制与大学教授的职称制度相似，大致分为三个级别：助理策展人、副策展人和策展人（有时称为正式策展人或高级策展人）。这三个可泛称为"策展人"。大多数终身任职制的策展人都是从助理策展人开始聘用起来的，该职位没有任期但有可能由此能获得终身任期。最迟在第五年时，会对助理策展人进行广泛的晋升审查，可能有两个结果：一是晋升为有终身任期的副策展人，二是在设定的几个月至一年的期限后终止聘用。晋升为正式策展人通常是在晋升为副策展人后的5到25年，这又主要是基于研究成果进行考量，当然其他诸如与馆藏相关的活动、服务、教学和管理等因素也会被适当考虑。此级别上的晋升没有时间限制，一名副策展人有可能永远不会得到晋升。只有表现出一定水平的学术成就才可能实现。

除了终身任职的策展人职位外，还有两个荣誉职位通常没有薪水也没有任期，但可以根据需要多次更新。一个是兼任策展人，通常任命在博物馆外工作但在博物馆内进行重要研究的教授或其他博士级别的科学家。在博物馆中担任其他职务的非策展人科学家，如果他们一直积极从事出版和其他研究活动，也可被任命为兼任策展人，但这种情况比较少。另一个荣誉策展人职位是名誉策展人，授予给已退休但继续来博物馆从事研究工作的高级策展人。兼任策展人和名誉策展人的成本很少甚至没有，但他们增加了机构的整体声誉和生产力。2013年，菲尔德博物馆有21名策展人，同样，还有9名名誉策展人和8名兼任策展人。

博物馆中存在的另一种更常见的荣誉研究职位是助理研究员（research associate），2014 年菲尔德博物馆该职位有 100 多人。该任命通常是针对其他机构的研究教授或策展人，他们与菲尔德博物馆的策展人合作或有其他名誉隶属关系，一般不需要在博物馆坐班。

2. 约翰·博尔特（古生物学博士，芝加哥大学，1968 年）在职业生涯中，耗费大量的精力建立杰出的科学部门，为提升博物馆的地位作出巨大贡献。这一至关重要的贡献往往被学术界忽略。就个人而言，我感谢他给予我的第一份专业工作，同样，他在 20 世纪 80 年代对地质部门的无私远见使菲尔德博物馆受惠颇丰。博尔特自 1972 年至 2008 年间在菲尔德博物馆担任古脊椎动物学策展人，至今一直担任名誉策展人。

3. 彼得·克兰在英格兰北安普敦郡的凯特林（Kettering）蓝领区长大。从我认识他起，他就是一名满世界跑、工作狂式的科学家，他的思维开阔，很少放慢脚步。他的努力和成就使他对植物学和环境生物学领域产生巨大影响。他早期合作的科学工作包括将支序分类方法学最早应用于早期植物化石中。1994 年，他与博物馆馆长桑迪·博伊德共同创建了菲尔德博物馆第一个主要应用环境保护项目（ECP / ECCo；在第十三章进行讨论）。1999 年，彼得离开菲尔德博物馆，成为英国邱园皇家植物园的董事兼首席执行官，在那里，他管理着 650 位科学家和专业工作人员以及世界上最大的活植物收藏。彼得在邱园发起了全球生物清单计划，推动了世界上最大的植物保护项目之一：千年种子银行合作项目（MSB）。目标是收集 2.5 万个植物物种的种子储存起来，以抵御不断增加的人类活动和气候变化造成它们在本土栖息地灭绝的风险。这是一个了不起的主意。一旦某种物种灭绝，它就永远消失。但是，如果种子得以存储，则可以将物种带回。MSB 实现了十年收集超过十亿颗种子的目标。彼得因其在邱园所做的园艺及保护工作于 2004 年被英国女王封为爵士。

2006 年，彼得接到芝加哥大学校长的电话，为他提供了享有盛誉的正式教授职位。他和妻子埃莉诺在英国任职十年后，正计划返回美国。

为得到这份新的工作，他们将行程提前。2010年，他再次离开芝加哥，成为耶鲁大学森林与环境研究学院院长，并在耶鲁皮博迪自然历史博物馆（Yale Peabody Museum of Natural History）担任古植物学策展人。多年来，彼得已经获得四个荣誉博士学位，入选四个不同国家的国家科学院，并于2014年在东京接受了日本天皇和皇后颁发的国际生物奖。2016年7月，彼得成为弗吉尼亚州橡树泉花园基金会（Oak Springs Garden Foundation）新成立的研究中心的负责人。在那里，他负责在占地112英亩的场地上建成一个新的主要学术研究中心，专门研究植物的历史和未来、花园及其在社会中的作用。

4. 斯科特·利德加德负责菲尔德博物馆最大的化石藏品，即无脊椎动物化石。他既是古生物学家又是海洋生态学家，专门研究群居物种的体形是如何进化的。群居物种包括多种成分的有机体，如珊瑚（在一个珊瑚骨架上有许多不同的珊瑚虫）或蚂蚁（具有不同的结构层级，如工蚁、雄蚁和蚁后）。最近，他一直专注于科学的历史和哲学。（例如，什么是活化石？我们如何识别这种东西？我们对此的观念会随着时间而改变吗？）斯科特还是芝加哥大学的获奖老师。作为最受欢迎的兼职教授之一，他获得了2006年研究生教学及指导卓越奖（Faculty Award for Excellence in Graduate Teaching and Mentoring）。

5. 约翰·弗林在全球范围内进行了广泛的野外工作。他带领了50多次探险，涉足智利、马达加斯加、蒙古国、印度、安哥拉、哥伦比亚、秘鲁和美国西部。约翰是地球历史专业的学生和学者，专门研究哺乳动物化石。他最显著的成就包括更新了我们对食肉动物进化的理解，在一次探险中他发现了一个有2000万年历史的化石，该化石被认为是南美洲最古老的完好保存的灵长类动物头骨。约翰还与人合著了一本书，为全球古生物学家和地质学家所使用的新生代（最近6500万年）描绘了地质时标。约翰于1998年担任古脊椎动物学会会长，该学会是世界上最大的研究脊椎动物进化的专家组织。他于2004年离开菲尔德博物馆，成为纽约美国自然历史博物馆的古生物学部门策展人和负责人。2007年，他被任命为美国博物馆理查德·吉尔德（Richard Gilder）研究生院的首任院长，这是西半球第一个完全由自然历史博物馆运营的博士学位课程。

6. 奥利维耶·里佩尔是罗威家族进化生物学策展人。他生性谦虚、安静，是一个极为高产的科学家，也是一名真正的知识分子。他的办公室在我的旁边，我们经常在彼此的办公室里讨论科学、博物馆政治或个人事务。他很聪明，他的道德感很强，秉性善良。我认为我们俩的关系有益于舒缓身心，他是我在博物馆里最亲密的朋友之一。奥利维耶大部分科学工作集中在爬行动物的早期进化上。他在古生物学方面有一些惊人的发现，从直观上填补了我们对于生命进化树认知上的空白。2008年，奥利维耶及其同事（Li et al. 2008）在中国发现了一只有2.2亿年历史的乌龟，即半齿龟（Odontochelys semitestacea），这是已知的最古老的乌龟，处于乌龟和其他爬行动物之间的过渡形式。它的腹部有底壳（即胸甲），但没有顶壳。取而代之的是，其背部具有坚硬的肋骨，不难想见，那是真正外壳的初期形式。他与以色列同事描述的另一种特别有趣的化石（Rieppel et al. 2003 and Tchernov et al. 2000）是一条有肢蛇——圣域哈斯蛇，来自中东9300万年前的矿床（请参阅第32页）。最近，奥利维耶许多较为知名的作品都是关于一般科学哲学的，思考诸如"什么是物种？""有自然法则吗？""我们如何从观察到的自然模式中解释进化过程和历史？"之类的问题。这是我和奥利维耶共同努力的领域，1994年，我们合作编写了《解释自然的等级体系》（*Interpreting the Hierarchy of Nature*）一书（Grande and Rieppel 1994）。

7. 多年来，我们5个人迄今共有1400多种科学出版物，获得了数千万美元的资助，为菲尔德博物馆的藏品增添了成千上万的化石，策划了一些非常成功的博物馆展览，教授或指导了100多名研究生或博士后，有时作为机构管理者，要对所有策展人和其他科研人员负责。

第三章

1.有关此方面的更多信息，请参见 Grande（2013）。

附加注释

本章中，博物馆的化石目录编号以及有关化石山段的更多信息和历史在参考文献的 Grande（2013）中予以提供。

第四章

附加注释

与路易·埃斯皮诺萨·阿鲁巴雷纳（Luis Espinosa Arrubarrena）的讨论对于本章非常有用。阿鲁巴雷纳是谢利·阿普尔盖特之前的学生和同事，也是墨西哥国立自治大学（Universidad Nacional Autónoma de México）地质博物馆的现任馆长。

第五章

1.在 Grande（1994）和 MacGinitie（1969）中进行概述。

2.像大多数大型博物馆和许多大学那样，菲尔德博物馆使用食肉甲虫对部分去肉的大骨架进行最后清理。这些皮蠹对人类无害，因为它们只吃死的、干了的组织。皮蠹全都保存在一个特殊的房间内，那里有一系列缸，里面装有成千上万只甲虫及其幼虫。部分去肉的骨架干燥后，被放入装有昆虫的缸中。幼虫每天消耗几磅的肌肉和其他软组织，同时保持骨骼完整。一旦骨架上完全没有肌肉、皮肤和其他软组织，就将其从甲虫群里移出来送至实验室，在那里进行冲洗、干燥并以相关凭单数据为基础，如标本在何处收集的、物种的名称等，进行编号。然后，它们便可纳入博物馆的主要藏品。令人惊讶的是，即使今天技术进步，皮蠹群仍是制备用于研究的大中型脊椎动物干燥骨架的最佳方法。皮蠹群的房间是压力密封的，密封的双门入口通道内部用负压密封。该安全外壳有利于防止甲虫逃到博物馆其他地方对收藏品造成严重损害。对于过来探秘的旅行团队来说，皮蠹室是他们最常要求造访的地方，但不建议快到午餐时间来此参观。

3. Janvire (1998)。

4. 下面列出威利和我合作的一些主要出版物（如 Grande and Bemis 1991, 1996, 1998, 1999; and Bemis and Grande 1992, 1999）。我在 gars（2010）上发表的专著文章中还使用了一些我们看到的材料。这些文章涵盖了鱼类、解剖学、古生物学、生物多样性和进化学。我们使用大量新的解剖学数据严格测试了计算机化的支序分类分析方法，我们的一些出版物吸引了新的学生进入系统生物学领域。我们还共同研究了比较解剖学教科书，该教科书已在全国各大高校中广泛使用（Liem et al. 2001）。我们是博士生埃里克·希尔顿的共同导师，他目前是弗吉尼亚海洋科学研究所（Virginia Institute of Marine Science）的策展人和教授。2012 年，我因"在系统鱼类学方面杰出的出版工作"获得了小罗伯特·H. 吉布斯（Robert H. Gibbs Jr.）纪念奖，它是北美最大的鱼类学家和爬行动物专业学会颁发的系统鱼类学最高专业奖（请参阅 Collett, 2013）。我与威利的合作在获得该奖项方面发挥了重要作用。

附加注释

在威利·比米斯（William Elliott Bemis，博士学位，加州大学伯克利分校，1983）大部分职业生涯中，他是与本书提及的大部分其他策展人不同的一种策展人。他不是从一家知名博物馆开始工作的，他的策展经历包括负责非博物馆的收藏工作长达20年之久，藏品属于马萨诸塞大学阿默斯特分校（缩写UMass）生物学系。该收藏包括数千种重要的动物学和古生物学标本。十多年来，威利给藏品内容增加了数千个骨架。他的运营空间包括大学莫里尔科学中心（Morrill Science Center）大楼的屋顶，在那里他有一家由皮蠹群全天候工作的骨架制备工厂。

威利向UMass申请建造一座特殊建筑以安置他计划中的博物馆，并为此积累了一个有超过3000册鱼类书籍的研究图书馆，并筹集了150万美元的捐赠。仅需要再增加1800万美元，他就有足够的资金为博物馆招募工作人员。普利策奖得主约翰·麦克菲（John McPhee）在其广受赞誉的著作《创始之鱼》（*The Founding Fish*）（2002年）中讲述了威利创建马萨诸塞州自然历史博物馆的痴迷梦想。2005年，威利离开UMass，还有那个没能成功创建的博物馆。他接受了一份工作，成为康奈尔大学肖尔斯海洋实验室（Shoals Marine Laboratory）的负责人，这里位于距离缅因州海岸约七英里的阿普尔多尔岛（Appledore Island）上。UMass的藏品、大部分鱼类图书馆以及给博物馆的捐赠基金仍在马萨诸塞州，等着具有威利的信誉、动力和理想主义等品质的其他人推动其进一步发展。这一连串的事件表明积极向上的策展研究人员对于自然历史博物馆获得成功是功不可没的。

第六章

1. 罗伯特·T.巴克（Robert T. Bakker），1976年从哈佛大学获得古生物学博士学位。史蒂芬·斯皮尔伯格的电影《侏罗纪公园：失落的世界》（*The Lost World of Jurassic Park*）中巴克被描绘成一个长着胡子的古生物学家罗伯特·伯克（Robert Burke），在电影中他被霸王龙吃掉了。

2. 古脊椎动物学会成立于1940年，是一个约有2000名成员的科学组织，其既定任务是促进古脊椎动物学的发展。它是专业的古脊椎动物学家的最大组织，但也向任何对古脊椎动物学感兴趣的人开放。其部分任务是对重要的脊椎动物化石遗址，尤其是那些公共土地上的遗址进行保护和保存。

3. 1993 年 11 月 19 日，针对 BHI 和公司不同个人的 39 项指控的原始起诉已提交给美国南达科他州西部地区法院，涉及①阴谋罪；②以虚假陈述方式入境货物；③盗窃政府财产；④虚假陈述；⑤电汇欺诈；⑥妨碍司法公正；⑦洗钱；⑧州际运输被盗货物；⑨结构性拆分行为；⑩货币或货币工具报告违规。

4. 在审判中针对 BHI 使用的部分证据是从南达科他州荒地收集的鲶鱼化石。我为菲尔德博物馆从 BHI 那里购买了这些化石，它们被标记为来源合法。后来发现提供给我们的位置数据不正确，它们实际来自国家公园区（National Park area）。审判结束时，联邦突袭期间从 BHI 没收的来自该遗址剩余鲶鱼化石返还给了国家公园管理局，国家公园管理局随后通过长期租借的方式将它们转移给菲尔德博物馆。我希望在接下来的几年中将剩余的化石制备好，这样我就可以发布对该材料的科学描述。

5. 克里斯托弗·A. 布罗许（Christopher A. Brochu），1997 年获得得克萨斯大学奥斯汀分校地质科学博士学位。

6. 彼得·马克维奇基（Peter J. Makovicky），2001 年获得哥伦比亚大学地球和环境科学博士学位。彼得是美国博物馆古脊椎动物学部门的学生，该部门与哥伦比亚大学联合培养博士生。我是该博物馆鱼类学部门的学生，该部门与纽约市立大学联合培养博士生。

7. 关于苏的审判案件，美国法律期刊上发表了许多文章，此处仅列出其中的几篇。

补充注释

2014 年，与彼得·拉森、文斯·圣图奇、奈特·艾默（Nate Eimer）、桑迪·博伊德、约翰·麦卡特、比尔·辛普森和彼得·马克维奇基口头或电子邮件的交流对本章的写作很有帮助。一些引文和详细信息取自 Fiffer（2002）或 Larson and Donnan（2002）。

第七章

1. 在一个机构内部，难免会争论的一个问题是，策展人的理想人数是多少？答案取决于诸多因素，包括馆藏的构成、在策展人职位招募期间所能获得的世界一流专家情况以及机构预算限制。在任何博物馆，策展研究职位的数量通常仅占专职人员总数的一小部分。对于任何机构而言，确定策展职位与博物馆其他职位的理想比例都是一个挑战。2015年，美国三大博物馆中，史密森学会国家自然历史博物馆的员工总数为1100名，其中策展人81名，约占8.1%；美国自然历史博物馆的员工总数为1012名，其中策展人41名，约占4.1%；菲尔德博物馆员工总数约为500名，其中策展人21名，约占4.2%。博物馆之间员工总数的差异是由于某些职位使用编外人员承包商造成的（如保安、商店和餐厅），这会影响全职员工人数的计算方式。在过去的120年中，国家自然历史博物馆的策展人职位从28个增加到124个（20世纪80年代达到峰值），美国自然历史博物馆的策展人职位从11个增加到52个（20世纪60年代达到峰值），菲尔德博物馆的策展人职位从7个增加到38个（21世纪初期达到峰值）。国家自然历史博物馆拥有联邦政府资助的运营预算，使他们能够最大程度地支持科研策展人。其他自然历史博物馆必须依靠自己创收业务及捐赠来实现可持续性。最近，由于项目扩大（如应用保护项目、新的博士后和教育职位）以及其他预算挑战、机会和限制，这三个机构的策展人数量缩减，以对应科学资金的重新分配。菲尔德博物馆和美国博物馆的策展人职位数量均来自在线年度报告。史密森学会国家自然历史博物馆的相关数据由该馆的柯克·约翰逊（Kirk Johnson）和迈克·麦卡锡（Mike McCarthy）提供。

2. 格雷格·米勒，1982 年获田纳西大学诺克斯维尔分校植物学博士学位。格雷格从 1985 年至 2009 年担任菲尔德博物馆的蘑菇和真菌（真菌学）策展人。如今，格雷格担任尼戈尼基金会芝加哥植物园科学副园长。

3. 理查德·H. 雷（Richard H. Ree）2001 年获哈佛大学有机体和进化生物学博士学位。

4. 索斯藤·伦布施 1993 年获德国埃森大学植物学博士学位。

5. 迈克尔·狄龙 1976 年获得克萨斯大学奥斯汀分校植物学博士学位。

6. 约翰·贝茨 1993 年获路易斯安那州立大学动物学博士学位。

7. 如今，经过 120 年的发展，菲尔德博物馆的鸟类收藏已有超过 50 万个标本。其中大约有 40 万个填充皮、8 万副骨架、2.2 万组鸟蛋（一组是一个鸟窝或其他相关藏品）、2 万个用酒精保存的鸟类尸体以及 8.5 万个用于 DNA 分析的冷冻组织样品。2005 年我在博物馆看到的另一次重要的鸟类抢救作业（除了每年收集撞到芝加哥市建筑物的死鸟）是在明尼苏达州北部，有 600 多只大的灰色猫头鹰在短时间内被高速公路上的汽车和卡车撞死。受加拿大严冬的影响，该物种的自然范围向南转移，猫头鹰对危害因素不熟悉，造成了灾难性的后果。如今，我们参与了菲尔德博物馆多种抢救作业。实际上，到目前为止，抢救作业是鸟类部门藏品增长的最大来源。

8. 米纳克什·瓦德瓦 1994 年获圣路易斯华盛顿大学地球和行星科学博士学位。

9. 菲利普·赫克 2005 年在瑞士苏黎世的瑞士联邦技术学院获宇宙化学博士学位。

10. 肯·英吉利根 2003 年获加州大学伯克利分校整合生物学博士

学位。

11.珍妮特·R.沃伊特 1990 年获亚利桑那大学生态与进化生物学博士学位。

12.彼得拉·谢尔瓦尔德 1985 年获汉堡大学生物学博士学位。

13.香农·哈克特 1993 年获路易斯安那州立大学进化生物学博士。

14.科里·索克斯·莫罗 2007 年获哈佛大学有机和进化生物学博士学位。

15.在策展专业中，尽管该行业一些最著名的策展人是女性，如玛格丽特·米德，但是女性的人数明显少于男性。截至 2014 年 6 月，根据已发布的年度报告，我对北美三大自然历史博物馆进行了调查，得出以下数据：在史密森学会国家自然历史博物馆，女性策展人占 30％；在美国自然历史博物馆，女性策展人占 20％；在菲尔德博物馆，女性策展人占 20％。在其他大多数主要自然历史博物馆中，女性策展人的比例也很低，如女性策展人在哈佛比较动物学博物馆占 25％，在耶鲁皮博迪自然历史博物馆占 14％，在加州科学院占 7％。虽然这些数字在今天很低，但它们代表进步。从 1979 年至 1983 年，我在美国博物馆任职期间，女性策展人的比例不到 10％；1983 年我开始在菲尔德博物馆工作，那时没有女性策展人。

为什么比例不平衡？有几个原因。最近的研究表明，学术机构甚至是由学者本人发起的招聘，仍然存在一定程度的性别偏见（Moss-Racusin 等，2012）。尽管招聘中的性别偏见可能仍是造成性别差异的一个因素，但我认为更大的原因是，一开始，特别是系统学和古生物学领域，只有少量合格的女性申请人。在此，我可以从个人经验谈起，我在菲尔德博物馆地质部门主持的最后一次策展人猎头是 1989 年招募一位古脊椎动物生物学的策展人。

猎头结果显示有 111 名有博士学位的人申请该职位，其中只有 7 名申请者（占 6％）是女性。在过去的 28 年中，我参与了 11 次策展人猎头，每一次，男性申请者的数量都远远超过女性申请者。美国大学女性协会最近对科学领域的女性进行的研究表明，顶尖研究机构职位的合格女性申请者比男性申请者更容易被录用，但最初，申请此类职位的合格女性占比较小（Hill，Corbett 和 St. Rose，2010 年）。学术机构之间针对现有顶尖女科学家的竞标使问题更加复杂。我担任菲尔德博物馆收藏与研究部门负责人时，一位女策展人（在本章提及的米纳克什·瓦德瓦）就被亚利桑那州立大学高薪聘请走了，他们出价很高，相当于出让好几个策展人的职位才得以与之匹配。

策展人职位中，女性候选人比例低的原因之一是对于年轻女孩缺乏支持和鼓励，使她们在其教育轨迹的早期就对科学产生兴趣（Ceci and Williams 2010）。我怀疑在比较解剖学和系统生物学等领域尤其如此，而这两个领域对于自然历史博物馆的策展人来说尤其重要。另外，许多最初对生物学领域感兴趣的年轻女孩在学院和大学培训期间，可能会转到其他方向，如医学（在过去的 40 年中，医学院的女性比例急剧上升）。研究还表明，由于研究人员必须建立起强大的研究成果才能获得终身职位，而女性的生育年龄与这一时期重合，使有些女性选择不去从事某些科学领域（McNutt 2013）。

我无法为这些总体挑战提供确切的解决方案，但是解决策展人职业中顶尖女科学家稀缺问题的最好途径，似乎是从文法学校和高中开始，鼓励和培养女孩们进入系统生物学、进化生物学或古生物学等专业的早期兴趣。还可以考虑推迟终身任职评估的截止日期以适应女性生育需求，并在发布策展人工作描述中明确说明。诸如科里·莫罗的"科学界女性"小组等项目为希望成为策展人和其他科研人员的女性，在其早期提供了急需的帮助。

16. 加里·法因曼 1980 年获纽约城市大学人类学博士学位。

17. 瑞安·威廉姆斯 1997 年获佛罗里达大学人类学博士学位。

18. 威廉·帕金森 1999 年获密歇根州立大学人类学博士学位。

19. 约翰·E.特雷尔1976年获哈佛大学人类学博士学位。

20. 罗伯特·马丁（以下称他鲍勃）1967年在英格兰牛津的伍斯特学院（Worcester College）获动物行为学博士学位。在2001年进入菲尔德博物馆之前，鲍勃是瑞士苏黎世人类学研究所所长兼教授。从2001年至2006年，鲍勃担任菲尔德博物馆的副馆长兼教务长，之后他离开管理岗位，成为体质人类学的策展人。鲍勃于2013年退休，成为博物馆的名誉策展人。如今，他的时间分配在芝加哥和欧洲（在那里，他通过芝加哥大学海外留学计划在巴黎继续教授灵长类动物的进化）。

21. 查普鲁卡·库辛巴（以下称他查普）于1993年获得布林·莫尔学院（Bryn Mawr College）人类学博士学位。他是班上唯一的非洲人，毕业时代表班级致告别辞。他于1994年7月1日成为菲尔德博物馆的策展人员。2013年，查普离开菲尔德博物馆，成为华盛顿特区美国大学人类学教授兼系主任，在那里他继续积极从事研究。

第八章

1. 今天，对动物的选择性采集是按照非常严格的准则，以最人道的方式进行的。濒危物种不会被采集，虽然许多濒危物种的标本已经可以在博物馆中找到，那是因为这些标本是在物种更丰富的时候或在它们被确定为新物种之前采集到的。正如布鲁斯·帕特森在其2002年的文章《论科学采集哺乳动物的持续必要性》（*On the Continuing Need for Scientific Collecting of Mammals*）中所指出的那样，目前还没有已知的科学采集动物导致动物物种濒危或灭绝的案例。相反，来自这些藏品的信息最终有助于促进这些藏品最初来源的物种和生态系统的生存。保存的标本对于研究动物的遗传学、寄生虫、内部解剖学、胃内容物、生态学、进化关系和其他特征至关重要。这些特定日期的采集记录了生物学和生态学的基线信息，以便与过去和未来的样本进行比较。通过这种方式，我们可以分析面对生态灾难和全球气候变化时动植物群落的持续健康状况。

自然历史藏品往往有助于解决在获取它们时还未曾想到的问题。菲尔德博物馆的例子包括今天为追踪疾病的起源或生态系统的变化对一个多世纪前采集的标本进行的 DNA 研究。我最喜欢的一个对藏品意外发挥作用的例子，是 20 世纪末对博物馆蛋壳藏品的研究使白头海雕（bald eagle）免于灭绝（总结于 Wurster 2015）。白头海雕一度高度濒危，种群数量骤减到了危险的低水平。对一个世纪以来多年采集的白头海雕蛋的研究表明，白头海雕的数量下降是由于它们的蛋壳变得非常薄。白头海雕蛋壳普遍变薄的时间与滴滴涕（DDT）开始广泛应用于农业生产的时间有关。这一发现最终导致了对滴滴涕使用的限制，随后白头海雕的数量又恢复了。

有了由博物馆永久保存的已编目标本的收藏，也使得科学家不必为将来许多需要对动物进行身体检查的研究而去杀死样本。当我做关于包括鲱鱼、凤尾鱼和其他类似鲱鱼的物种在内的鲱形鱼类（clupeomorph fishes）的进化和比较解剖学的博士研究（发表于 Grande 1985）时，我没有必要再对任何活体动物进行新的采集。美国博物馆、菲尔德博物馆、史密森学会国家自然历史博物馆和伦敦自然历史博物馆的用乙醇保存的藏品，让我有机会接触到 155 种不同种类的鲱形鱼类，我可以将它们制作成透明染色的骨骼标本进行分析。

第九章

1. 在我领导博物馆藏品和研究部门的大部分时间里，有八位副馆长，包括负责藏品和研究的副馆长（我的职位）；负责环境、文化和保护的（ECCo）副馆长；负责技术的副馆长；负责机构发展的副馆长（筹款）；负责行政的副馆长；负责展览和博物馆企业的副馆长；负责董事会关系的副馆长以及负责运营的副馆长。

2. 多年来，菲尔德博物馆的使命宣言一直非常稳定。1893 年 9 月，博物馆的创始人将该机构致力于"知识的积累和传播"。从一开始，它的研究重点就在人类学、生物学和地质学领域。1992 年 6 月 15 日，博物馆董事会批复了包含"菲尔德博物馆是一个关注自然界和文化间的多样性和关系的教育机构。它提供了以藏品为基础的研究和学习，以便'公众更好地理解和欣赏我们生活的世界'新的使命宣言。"的文件。在这份文件中，研究重点被明确为以"人类学以及进化和环境生物学及地质学的自然科学"为中心。然后在 1999 年 9 月 27 日分发给董事会的一份文件中，使命宣言包含"在新的世纪里，博物馆将重新致力于知识的创造、积累和传播"，这与一个世纪前的使命宣言几乎相同。最后，2014 年，菲尔德博物馆在其网站上列出了使命宣言："菲尔德博物馆激发人们对地球生命的好奇心，同时探索世界的起源以及如何使世界变得更加美好。我们邀请来自世界各地的游客、学生、教育工作者和科学家踏上科学发现之旅。我们的展览讲述了地球上的生命故事；我们的收藏解开了科学之谜；我们的研究打开了新的视野；我们的科学转化成为健康地球而努力的行动。作为教育者，我们激发人们的求知欲和理解力。"今天，既定的研究重点仍然不变，但使用不同的部门名称（社会科学代替了人类学，生命科学代替了生物学，地球科学代替了地质学）。

3. 生命大百科全书功能的核心是一系列相互连接的网站 —— 其最终目标是为地球上近 200 万个物种中的每一个物种都提供一个页面。每一个数字化页面的设计都是可以无限扩展的，包括声音、视频、静止图像、图形、文字以及任何国家的其他网络内容的链接。随着物种及不同种类的内容被世界各地充当内容把关人的科学家添加和组织，数字物种页面的数量还在无限扩大。现有网站和在线数据文件被纳入到 EOL 中，生物多样性专家、热心的业余爱好者以及几乎任何需要添加重要内容的人，都可以使用公众科学方法来扩展网站，从而生成新的内容。通过这种方式，世界各地成千上万的人都为这个不断增长的数据库作出了贡献。马克·韦斯特尼特（1992年至2013年在菲尔德博物馆担任鱼类策展人）是菲尔德博物馆EOL的职能部门——生物多样性综合中心（Biodiversity Synthesis Center，简称BioSynC）的主任。BioSynC的主要工作是促进推动世界上最伟大的生物多样性专家开始参与EOL。多年来，在马克的出色领导下，它举办了有来自45个国家的1000多名访问科学家（visiting scientists）参加的40多个大型研讨会。即使在EOL这一阶段的初始资助结束后，通过马克和BioSynC工作人员获得的额外资助，BioSynC又继续了两年。2013年，马克调到芝加哥大学担任组织生物学和解剖学教授后，EOL的BioSynC部门即宣告解散。

4. 在过去的20年里，伊拉克、阿富汗和叙利亚的博物馆和文物遭到了极端恐怖分子的大规模破坏，他们认为这些文物是冒犯他们宗教信仰的象征。媒体上的大量文章一直在定期记录这一点（例如，Bernard 2001；Cambanis 2015；Cullinane、Alkhshali和Tawfeeq 2015；Shaheen 2015）。正如人类历史上经常出现的情况一样，宗教极端主义周期性地与科学和文化史学家的使命发生冲突，不断地侵蚀我们关于历史的实证证据和知识。

5. 在博物馆财政危机最为严重的时候，芝加哥大学为菲尔德博物馆的收藏和研究部门提供了支持，这得益于我在大学的一些同事的帮助，我将对他们永远心存感激。这些人包括地球物理科学系主任迈克·福特（Mike Foote）教授、生态学与进化系主任乔伊·贝格尔松（Joy Bergelson）教授、进化生物学委员会主席迈克尔·科茨（Michael Coats），尤其是我的同事、负责学术战略的副院长尼尔·舒宾。另外，芝加哥大学教务长汤姆·罗森鲍姆（Tom Rosenbaum，现任加州理工学院院长）也为大学的协助作出了必不可少的贡献。

附加注释

如果没有卡特·奥布赖恩（Carter O'Brien）、马克·阿尔维和托旺达·西蒙斯（Towanda Simmons）以及后来接替托旺达的凯西·门尼等出类拔萃的办公室工作人员，我就不可能完成领导菲尔德博物馆收藏与研究部的工作。堆积如山的组织责任有时会充满挑战，但正是这个团队使我的工作成为可能，我很高兴能在这里感谢他们。

第十章

1. 菲尔德博物馆宝石收藏的创始核心来源于查尔斯·蒂芙尼（Charles Tiffany，1812—1902），是通过希金博特姆家族（Higinbotham family）收购完成征集的。蒂芙尼是纽约市一位开创性的商业领袖，他在 1845 年制作了北美第一本零售目录，并在 19 世纪末创建了欧洲大陆最著名的珠宝公司。他的公司买卖了一些世界上最好的宝石，包括一部分法国王冠上的珠宝和著名的霍普系列的作品等。在著名宝石学家乔治·孔兹（George Kunz）的协助下，蒂芙尼积累了世界上最好的私人宝石收藏，并于 1893 年在芝加哥世界博览会（Chicago World's Fair）上展出。为期 6 个月的展览结束后，世界博览会主席哈洛·希金博特姆（Harlow Higinbotham）以 10 万美元的价格从蒂芙尼手中买下了这批藏品，这在 1893 年是一笔非常大的资金。不久之后，他将这批藏品捐赠给了新的芝加哥自然历史博物馆（菲尔德自然历史博物馆的前身）。博物馆的第一个宝石馆是希金博特姆宝石馆（Higinbotham Hall of Gems），哈洛·希金博特姆从 1898 年到 1908 年一直担任博物馆馆长。后来，哈洛·希金博特姆的女儿从蒂芙尼公司购买了第二批主要的宝石藏品，并于 1941 年捐赠给了博物馆。

附加注释

有关宝石、宝石矿物和菲尔德博物馆宝石馆的进一步阅读，请参见
Grande and Augustyn（2009a）。关于为 iPad 开发的高度互动的应用程
序，见 Grande and Augustyn（2009b）。

第十一章

1. 对人类遗骸的收集并不总是为了研究或展示。在中世纪，因为人
们认为埃及木乃伊具有药用价值，所以它们很有市场。木乃伊粉末因其
所谓的疗效而被药剂师出售。整个 18 世纪，人类遗骸和相关的人种学和
文化材料的收集，主要由私人收藏家或为私人收藏家而进行。到了 19 世
纪，保存人类物质和文化多样性的记录已成为西方世界博物馆的一项重
要使命。

2. 关于澳塔（Ota）是"布希曼人"的标题来自 1906 年 9 月 9 日
的《纽约时报》（*New York Times*）。2015 年帕梅拉·纽柯克（Pamela
Newkirk）在其一本名为《奇观》（*Spectacle*）的书中讲述了澳塔·本加
（Ota Benga）的悲惨故事。澳塔是 1906 年被贴上了"非洲俾格米人"的
标签在纽约动物园的笼子里展出的一个年轻的刚果人。他是一个 103 磅
的小个子，身高只有 4 英尺 11 英寸，他在非洲被带走，由失败的传教士
兼商人塞缪尔·菲利普斯·弗纳（Samuel Phillips Verner）送给了纽约动
物园园长。弗纳用一磅盐和一匹布从非洲奴隶贩子手中买下了澳塔。在
动物园的展览中，澳塔被作为进化的"遗失的环节"（missing link）展
出，人们蜂拥而至观看展览。澳塔最终从被当作动物的生活中解救出
来，并被布鲁克林和弗吉尼亚州林奇堡的非裔美国人社区接纳；但他仍
为对刚果家园的思念所困扰，始终找不到回去的路，最终在 1916 年自

杀，年仅 32 岁。

3. 在 20 世纪初，种族类型化（race typification）的概念在世界各地的主流博物馆中仍然是一个非常流行的概念。在芝加哥，这一概念最终形成了一个名为"人类种族大厅"（Hall of the Races of Mankind）的大型长期展览。这个展览的规划最早开始于 1915 年，并于 1933 年开幕。展览非常受欢迎，在开放的第一年就吸引了超过 200 万的参观者。直到 1968 年，那时，种族类型化的概念和展览的背景已经为人类学家们所不齿，该展览才被撤下。展览中，奥古斯特·罗丹（Auguste Rodin）的学生、著名雕塑家马尔维娜·霍夫曼（Malvina Hoffman，1887—1966）创作的代表了 100 种不同种族类型的 116 件雕塑作品，大部分都进入了人类学收藏馆的仓库，最终成了极其珍贵的艺术品。2016 年，这些雕塑中的 50 件被放到了一个更加人性化的展览中，名为"审视我们自己，重新思考马尔维娜·霍夫曼的雕塑"（*Looking at Ourselves and Rethinking the Sculptures of Malvina Hoffman*）。这个展览再次讨论了种族的概念，在过去的 80 年里，种族的概念发生了巨大的变化，但在很大程度上仍然与我们息息相关。弗朗兹·博厄斯在 1911 年的一句话标在新展墙的显眼位置，上面写着："所有的种族在过去都对文化的进步作出了贡献……只要我们愿意给他们一个公平的机会，他们将有能力促进人类的共同利益。"

4. 海伦·A. 罗宾斯（Helen A. Robbins）于 2001 年获得亚利桑那大学人类学博士学位。

第十二章

1. 食人狮的透景画是汤姆·格诺斯克 4 岁时第一次走进菲尔德博物馆被吸引住的事物之一。巧合的是，正是他在 1997 年想出了如何找到约翰·亨利·帕特森近一个世纪前发现的已迷失的食人狮洞穴。自从格诺斯克和他的同事们重新定位了帕特森的洞穴，并报告说里面没有人的骨头后，一场关于该洞穴是否可能是狮子窝的争论就开始了，但它所处的区域在 20 世纪的厄尔尼诺现象期间曾多次被洪水淹没。1899 年，食人狮吃剩的任何骨头早就被冲走了。一些科学家认为，今天的狮子并不生活在洞穴中。但是到了 1998 年，格诺斯克和克比斯·彼得汉斯（Kerbis Peterhans）在邻近的乌干达（乌干达铁路线的终点）发现了一个穴居狮群。对洞穴作为食人狮巢穴合理性的最后挑战来自查普·库辛巴，他认为帕特森所看到的可能是一个墓穴，而不是狮子的巢穴。但由于原来的骨头已经不在那里了，所以没有办法验证这个假设。围绕帕特森中校洞穴的争议仍然没有完全解决，事实上也可能永远不会得到解决。

2. 布鲁斯·帕特森，1981 年获得新墨西哥大学（New Mexico University）生物学博士学位，他撰写了一本名为《察沃的狮子》（*The Lions of Tsavo*，McGraw-Hill，2004）的通俗读物。

第十三章

1. 劳伦斯·希尼，1979 年在堪萨斯大学（University of Kansas）获得系统学和生态学博士学位。

2. 吕迪格·比勒尔，1985 年在汉堡大学（University of Hamburg）获得动物学博士学位。

3. 迈克·诺瓦切克，1978 年在加州大学伯克利分校（University of California, Berkeley）获得古生物学博士学位。

4. 埃莉诺·斯特林，1993 年在耶鲁大学（Yale University）获得林业、环境研究和人类学博士学位。斯特林是马达加斯加夜狐猴（nocturnal lemurs）方面的世界权威，也是全世界热带地区生物多样性方面的主要权威。她在环境研究和人类学方面的训练，使她能够将生物多样性研究与对所关注地区的当地居民的考虑结合起来，以便在CBC离开后的很长一段时间内都能延续环境保护措施。2014年，埃莉诺从CBC主任的职位上退了下来，担任了CBC首席环保科学家（Chief Conservation Scientist）的新角色，以推进CBC的关键研究和全球推广计划。2003年获得哥伦比亚大学（Columbia University）生态学和进化生物学博士学位的安娜·卢斯·波泽坎斯基（Ana Luz Porzecanski）接任了主任一职。这在某种程度上使事情完整地循环了起来，因为安娜是鸟类学策展人乔尔·克拉夫特的博士生，而乔尔·克拉夫特是最初筹建CBC的团队的关键成员，并在1994年担任其临时主任。

5. 德布拉·莫斯科维奇，1985年获得芝加哥大学生物学博士学位。

6. 人员编制信息摘自菲尔德博物馆网站。

7. 参见：fieldmuseum.org/search/google/field %20guides?query=–field%20guides

8. 罗宾·福斯特，1974年在杜克大学获得植物学博士学位。

9. 阿拉卡·瓦利，1984年在哥伦比亚大学获得人类学博士学位。

第十四章

1. 博物馆的两种主要研究类型是基础研究和应用研究，但是也有一些重叠部分。应用研究回答的是从医学研究（如第七章提到的病原体项目）到环境保护（第十二和十三章）等具有直接和即时应用的具体问题。基础研究的目的只是增加我们的普通科学的知识基础。策展研究通常优先考虑基于标本的纯粹由好奇心和扩展我们文化科学知识的期望所推动的基础研究。2014年，菲尔德博物馆网站公布的第一个使命是："激发对地球生命的好奇心和理解（即基础研究）"。基础研究会回答一些科学界最大问题，最终使其应用，这往往会给社会带来原来从未想象过的巨大收益。历史上，基础研究导致了从笔记本电脑、iPhone 到 DNA 和激光等一系列宝贵的发现。许多防治心脏病、阿尔茨海默症，甚至癌症的药物的进步，部分是由于对植物和动物多样性的基础研究。基础研究的最终应用往往要到几十年后才会被充分认识。如果所做的研究类型只有应用研究，那么人类还将停留在开发制造更好的矛的方法上。而自然史和文化史基础研究的结果，是更好地理解我们在地球生物多样性和文化复杂性的网络中的位置。这种理解是衡量我们作为一个物种的价值的标准，也是制定我们在这个星球上的未来战略的基础。

2. 现在的学术文化（包括科研策展人和大学教授）是一个历史过程的结果，我本人的学术生涯也在这个过程中得到发展，这使得我的视角成为一个内部的主观视角。我在纽约读研究生的那几年和在芝加哥的前 20 年，正值科研机构的黄金时代。20 世纪 80 年代，联邦机构对研究的资助激增，并加强了对研究型科学家的培养力度，使得 20 世纪 70 年代以来失业和未充分就业的博士毕业生队伍都逐渐找到了合适的工作。根据历史学教授休·格雷厄姆和南希·戴蒙德（Hugh Graham and Nancy Diamond，1997 年）的说法，1978 年至 1990 年期间，已就业的学术科学家人数增加了 41%。20 世纪 50 年代成立的国家科学基金会和其他联邦机构正在以前所未有的水平支持科研机构（主要是大学和研究型博物馆），向这些机构从事基础研究的教授和策展人个人提供大笔拨款。这使得这些机构能够利用他们对科研人员的拨款，开展广泛的、前沿的科学项目。这些项目产生了新的发现和科学进步，提高了研究机构和整个国家的声誉。就个人而言，这些项目还有助于本人建立自己的科学事业。

联邦基金的增加使大学和博物馆能够以财政审慎的方式扩大其研究计划。联邦拨款会给科学家所在机构带来间接费用（也叫间接成本），这个数额是附加在项目本身成本之外的费用，机构回收的间接费用率可以很高。例如，2014 年哈佛大学联邦支持的校内研究的间接费用率（公布在其网站上）为69%。这意味着，哈佛大学的研究人员要想向美国国家科学基金会或美国国家卫生研究院提交一份100万美元研究项目资助的申请书，他还可以在申请书中加入69万美元的额外费用，供大学支付管理费用（与大楼整体基础设施有关的开支、行政费用，甚至是研究人员的部分或全部工资）。对研究型大学和研究型博物馆的额外资助使它们成为20世纪末美国科技领先的主要来源。联邦对研究的支持导致了特别是在医学研究和物理学（例如，从DNA结构的发现到核磁共振成像技术的发展）以及系统生物学（破译地球上的生命树）领域的重大发现。

虽然现在有了用于研究的大笔拨款，但赢得拨款的竞争过程却变得异常激烈。在许多计划中（如系统生物学），只有大约10%至14%的申请能得到资助，而几乎所有提交的申请书都是非常好的甚至是非常优秀的。每一份提交的申请书都代表着一个漫长而耗时的努力。我自己的一些申请书（包括附录）每份60至150页不等，花了一个月甚至更多的时间来准备。对科学家和机构来说，投入时间和资源来编写这种申请书是一种风险。因此，研究机构必须比以往任何时候都更注重拥有最优秀的科学家，以便从他们的研究经费中获得最大的收益：不仅要增加科学发现，以提高机构的声誉，而且要获得资助，以帮助支付容纳主要研究项目的成本。

随着学术机构对科研人员的期望越来越高，顶级研究职位对申请人的要求也变得越来越高。到20世纪末，博士学位已成为在主要大学或博物馆担任教授或策展人职位的最低学历要求。申请这些职位的人越来越多地以容易衡量的生产力单位（资助金和出版物）来评估。作为20世纪70年代末和80年代初的博士生，我的研究生导师给我灌输了这样一个观点：要想成为一个成功的策展人或教授，主要的要求是发表文章（否则就会沦落），获得联邦基金（包括头几年至少获得一个主要的联邦基金，以便获得终身职位），而对于博物馆来说，还要开发一个富有成效的野外项目。主要的研究机构将这些标准纳入了它们的聘用、终身教职的任命以及晋升的政策。其他因素，如对机构的服务、公共宣传或教学等，即使在主要大学中，所占的比重也要小得多（例如，见第二章注1中关于哈佛大学的讨论）。为了克服晋升的障碍，研究人员不得不把精力集中在与专业共同体内其他科学家的成功沟通上。这样做的意外后果是，研究人员几乎没有时间向公众宣传他们所做工作的重要性。我相信，未来各大博物馆的高级策展人所面临的挑战，将是如何更好地平衡专业技术研究与向公众宣传。博物馆执行管理层面临的挑战将帮助他们做到这一点。

3. 进化论与个人精神信仰不应该有冲突，就像苹果和橘子，只是不同而已。许多科学家都有某种宗教信仰或精神信仰。我最喜欢哲学家卡尔·波珀（Karl Popper）劝说爱因斯坦用神学的方式来表达自己的观点的一句话："如果上帝从一开始就想把万物放入宇宙中，他就会创造一个没有变化、没有生物和进化、没有人和人的变化经验的宇宙。但他似乎认为，一个存在连他自己都意想不到的事件发生的活的宇宙，会比一个死的宇宙更有趣。"（引自 Hartshorne 1984）

4. 如今，向公众传播策展研究和野外调查的最快方式之一是依赖于互联网和社交媒体。菲尔德博物馆为通过互联网更广泛地传播策展内容所做的早期努力是一个由尼戈尼基金会资助的名为"野外探险"（Expeditions at the Field）的网站。这是一次不大不小的探索性尝试，虽然只是成功吸引了几千个浏览者，却引起了那些已经在网上寻找此类东西的人的兴趣。几年后，我在领导 C&R 部门时，聘请了一位摄像师、媒体制作人费德里科·帕尔多（Federico Pardo）制作了第二个系列网站，名为"野外揭秘"（The Field Revealed）。与互动式的"野外探险"网站主要关注野外工作不同，"野外揭秘"网站是一系列聚焦于博物馆基于收藏的研究项目短视频。这增加了我们的在线浏览量，个别策展人也开发了独立的博客网站。菲尔德博物馆迄今为止最成功的社交媒体投资是聘请了美国天才科学传播者、视频教育家埃米莉·格拉斯利担任我们的全职首席好奇心通讯记者。她在自己的视频教育频道中主持了名为《大脑独家新闻》的节目，并在节目中做了许多关于博物馆策展研究项目的内容。到2014年年底，经过短短两年的时间，该频道的视频浏览量就达到了1020万次，有27万订阅者。埃米莉和她的制片人汤姆·麦克纳马拉（Tom McNamara）和我一起做了一个关于宝石和宝石矿物的专题。2014年，他们还和我、我的野外队员以及我的"石头和骨头"课的学生一起来到怀俄明州，制作了一些关于我的野外遗址和研究的剧集。跟上快速发展的互联网技术是博物馆和策展人在21世纪面临的另一大挑战。今天，我们不仅需要通过笔记本电脑，还需要通过智能手机、智能手表以及其他尚未被公众使用的新设备等来与人们连接。我们还需要跟上不断变化的各类社交媒体平台。

5. 有一些策展人在与广大公众交流方面非常积极和成功（下面提到的例子），包括美国自然历史博物馆的策展人玛格丽特·米德和奈尔斯·埃尔德雷奇、内罗毕科林东纪念馆（Coryndon Memorial Museum）的策展人路易斯·利基（Louis Leakey）、比较动物学博物馆的策展人史蒂芬·杰伊·古尔德和威尔逊（E.O.Wilson）以及伦敦自然历史博物馆（Natural History Museum in London）的策展人理查德·福提（Richard Fortey）。其他在与公众交流方面特别成功的科学家包括美国自然历史博物馆罗斯地球和空间中心（Rose Center for Earth and Space）的尼尔·德格拉斯·泰森（Neil deGrasse Tyson）和我的同事芝加哥大学的尼尔·舒宾。所有这些杰出的教育家都为提高社会对科学的鉴赏力、鼓励公众对基础研究的支持做了很多工作，但今天我们需要更多这样的传播者。

参考文献

前言

Blunt, W. 2001. *The Compleat Naturalist: A Life of Linnaeus.* Princeton, NJ: Princeton University Press.

Bullard, G. 2014. "Government Doubles Official Estimate: There Are 35,000 Active Museums in the U.S." *IMLS Press Release*, May 19, 2014.

Imprey, O., and A. McGregor. 2001. *The Origins of Museums: Cabinet of Curiosities in Sixteenth-and Seventeenth- Century Europe.* Cornwall, UK: House of Stratus.

Kendall, P. 1994. "Museum VP Leaves the Field: Spock Changed Once–Stuffy Halls into a Showplace." *Chicago Tribune*, July 5, 1994.

Linnaeus, C. 1758. *Systema naturae per regna tria naturae: Secundum classes, ordines, genera, species, cum characteribus, differentiis, synonymis, locis.* 10th ed. Stockholm: Laurentius Salvius.

Moravcsik, J. 1973. "The Anatomy of Plato's Divisions." In *Exegesis and Argument: Studies in Greek Philosophy Presented to Gregory Vlastos,* ed. E. Lee, A. Mourelatos, and R. Rorty, 324 – 348. Assen, Netherlands: Van Gorcum.

Ogle, W. 1882. *Aristotle on the Parts of Animals: Translated with Introduction and Notes.* London: Kegan Paul Trench.

Rader, K., and V. Cain. 2014. *Life on Display: Revolutionizing U.S. Museums of Science and Natural History in the Twentieth Century.* Chicago: University of Chicago Press.

Singer, C. 1931. *A Short History of Biology.* Oxford: Oxford University Press.

Soulsby, B. H. 1933. *A Catalogue of the Works of Linnaeus in the British Museum.* 2nd ed. 2 vols. British Museum.

Woolley, L. 1929. *Ur of the Chaldees: A Record of Seven Years of Excavation.* Harmondswort, Middlesex, UK: Penguin.

第一章

Bonde, N. 2000. "Colin Patterson: The Greatest Fish Paleobiologist of the 20th Century." Special issue, *Linnean Society* 2: 33 – 38.

Brundin, L. 1966. "Transantarctic Relationships and Their Significance, as Evidenced by Chironomid Midges with a Monograph of the Subfamilies Podonominae and Aphroteniinae and the Austral Heptagyiae." Fjarde serien, *Kungliga Svenska Vetenskapakademiens Handlingar* 11: 1 – 472.

Darwin, C. 1859. *On the Origin of Species by Means of Natural Selection; or, The Preservation of Favored Races in the Struggle for Life.* London: John Murray Publisher.

Delson, E., N. Eldredge, and I. Tattersall. 1977. "Reconstruction of Hominid Phylogeny: A Testable Framework Based on Cladistic Analysis." *Journal of Human Evolution* 6: 263–278.

Dobzhansky, T. 1973. "Nothing in Biology Makes Sense Except in the Light of Evolution." *American Biology Teacher* 35: 125–129.

Eldredge, N. 2005. *Darwin: Discovering the Tree of Life.* New York: W.W. Norton.

Forey, P. L., B. G. Gardiner, and C. J. Humphries, eds. 2000. "Colin Patterson (1933–1998): A Celebration of His Life." Special issue, *The Linnean*, no. 2. London: Academic Press.

Gordon, M., and D. E. Rosen. 1951. "Genetics of Species Differences in the Morphology of the Male Genitalia of Xiphophorin Fishes." *Bulletin of the American Museum of Natural History* 95: 415–460.

Grande, L. 1980. *The Paleontology of the Green River Formation with a Review of the Fish Fauna.* Laramie: Geological Survey of Wyoming, Bulletin 63. [2nd ed., 1984.]

Hennig, W. 1966. *Phylogenetic Systematics.* Urbana: University of Illinois Press.（译本总结了亨尼格早期论文所发表的方法，对布伦丁产生了影响。）

Hull, D. 1988. *Science as a Process.* Chicago: University of Chicago Press.

Mayr, E. 1965. "Numerical Phenetics and Taxonomic Theory." *Systematic Zoology* 14: 73–97.

Mead, M. 1928. *Coming of Age in Samoa.* With a foreword by Franz Boas. New York: William Morrow & Co.

Nelson, G. 1973. "Classification as an Expression of Phylogenetic Relationships." *Systematic Zoology* 22: 344–359.

———. 2000. "Ancient Perspectives and Influence in the Theoretical Systematics of a Bold Fisherman." In "Colin Patterson (1933 – 1998): A Celebration of His Life," ed. P. L. Forey, B. G. Gardiner, and C. J. Humphries. Special issue, *The Linnaean* 2: 9 – 23.

Nelson, G., and N. Platnick. 1981. *Systematics and Biogeography: Cladistics and Vicariance.* New York: Columbia University Press.

Parenti, L., and M. Ebach. 2009. *Comparative Biogeography. Discovering and Classifying Biogeographical Patterns of a Dynamic Earth.* Berkeley: University of California Press.

Patterson, C. 1964. "A Review of Mesozoic Acanthopterygian Fishes, with Special Reference to Those of the English Chalk." *Philosophical Transactions of the Royal Society of London, Ser. B, Biological Sciences* 247: 213 – 482.

———. 1978. *Evolution.* London: British Museum (Natural History) and Routledge & Kegan Paul.（1999年伦敦自然历史博物馆第二版）

———, ed. 1987. *Molecules and Morphology in Evolution: Conflict or Compromise?* Cambridge: Cambridge University Press.

Prothero, D. 1999. "Fossil Record." *Encyclopedia of Paleontology*, 490 – 492. Chicago: Fitzroy Dearborn Publishers.

Raup, D. 1991. *Extinction: Bad Genes or Bad Luck?* New York: W. W. Norton.

Rexova, K., Y. Bastin, and D. Trynta. 2006. "Cladistic Analysis of Bantu Languages: A New Tree Based on Combined Lexical and Grammatical Data." *Naturwissenschaften* 93: 189 – 194.

Rosen, D., and D. Buth. 1980. "Empirical Evolutionary Research versus Neo–Darwinian Speculation." *Systematic Zoology* 29: 300 – 308.

Shubin, N. 2008. *Your Inner Fish: A Journey into the 3.5-Billion-Year-*

Old History of the Human Body. New York: Pantheon Books.

Simpson, G. G. 1951. Horses. New York: Oxford University Press.

———. 1961. *Principles of Animal Taxonomy*. New York: Columbia University Press.

———. 1981. "Exhibit Dismay." Nature 290: 286.

Strait, D., F. E. Grine, and M. Moniz. 1997. "A Reappraisal of Early Hominid Phylogeny." *Journal of Human Evolution* 32: 17 - 82.

Taylor, W. R., and G. C. Van Dyke. 1985. "Revised Procedures for Staining and Clearing Small Fishes and Other Vertebrates for Bone and Cartilage Study." *Cybium* 9, no. 2: 107 - 119.

Toombs, H. A., and A. E. Rixon. 1959. "The Use of Acids in the Preparation of Vertebrate Fossils." *Curator* 2: 304 - 312. (描述了酸转移制备技术。)

第二章

Berggren, W. A., D. V. Kent, J. J. Flynn, and J. A. Van Couvering. 1985. "Cenozoic Geochronology." *Geological Society of America* 96: 1407 - 1418.

Cameron, M. 2010. "Faculty Tenure in Academe: The Evolution, Benefits, and Implications of an Important Decision." *Journal of Student Affairs at New York University* 10: 1 - 9.

Crane, P. R. 2013. Ginkgo: *The Tree That Time Forgot.* New Haven, CT: Yale University Press.

Fandos, N., and N. Pisner. 2013. "Joining the Ranks: Demystifying Harvard's Tenure System." *Harvard Crimson*, April 11, 2013.

Grande, L. 1980. *The Paleontology of the Green River Formation with a*

Review of the Fish Fauna. Laramie: Geological Survey of Wyoming, Bulletin 63. [2nd ed., 1984.]

Grande, L., and O. Rieppel, eds. 1994. *Interpreting the Hierarchy of Nature: From Systematic Patterns to Evolutionary Process Theories.* San Diego: Academic Press.

Kenrick, P., and P. R. Crane. 1997. *The Origin and Early Diversification of Land Plants: A Cladistic Study.* Washington, DC: Smithsonian Institution Press.

Li, C., X.– C. Wu, O. Rieppel, L.– T. Wang, and L.– J. Zhao. 2008. "An Ancestral Turtle from the Late Triassic of Southwest China." *Nature* 456: 497–501.

McPherson, M. S., and M. O. Schapiro. 1999. "Tenure Issues in Higher Education." *Journal of Economic Perspectives* 13: 85–98.

Padian, K., and K. Angielczyk. 1998. "'Transitional Forms' versus Transitional Features." In *Scientists Confront Intelligent Design and Creationism*, ed. A. Petto and L. Godfrey, 197–230. New York: W.W. Norton.

Rieppel, O., H. Zaher, E. Tchernov, and M. Polcyn. 2003. "The Anatomy and Relationships of Haasiophis terrasanctus, a Fossil Snake with Well–Developed Hind Limbs from the Mid–Cretaceous of the Middle East." *Journal of Paleontology* 77: 536–558.

Tchernov, E., O. Rieppel, H. Zaher, M. J. Polcyn, and L. L. Jacobs. 2000. "A Fossil Snake with Limbs." *Science* 287: 2010–2012.

第三章

Grande, L. 1980. *The Paleontology of the Green River Formation with a Review of the Fish Fauna.* Laramie: Geological Survey of Wyoming, Bulletin 63.（1984 年第二版）

———. 2005. "Stones and Bones: Students Learn While Working as Paleontologists." *In the Field* 77: 2‑3.

———. 2013. *The Lost World of Fossil Lake: Snapshots from Deep Time.* Chicago: University of Chicago Press.

Julian, J., and the Fossil Country Museum. 2009. *Images of America: Kemmerer.* Charleston, SC: Arcadia Publishing.

第四章

Applegate, S. P. 1996. "An Overview of the Cretaceous Fishes of the Quarries Near Tepexi de Rodriguez, Puebla, Mexico." In *Mesozoic Fishes*, ed. G. Arratia and G. Viohl, 529‑538. Munich: Verlag Friedrich Pfeil.

Butterworth, J. K. 1981. *Latin American Urbanization.* Cambridge: Cambridge University Press.

Grande, L., and W. E. Bemis. 1998. "A Comprehensive Phylogenetic Study of Amiid Fishes (Amiidae) Based on Comparative Skeletal Anatomy: An Empirical Search for Interconnected Patterns of Natural History." *Society of Vertebrate Paleontology Memoir 4*. 来自 Tlayúa 组的墨西哥硕弓鳍鱼在这本书中得以描述。

Harner, M. 1977. "The Enigma of Aztec Sacrifice." *Natural History* 86: 46‑51.

Bemis, W. E., and L. Grande. 1992. "Early Development of the Actinopterygian Head: I. General Observations and Comments on Staging of the Paddlefish *Polyodon spathula.*" *Journal of Morphology* 213: 47‒83.

―――. 1999. "Development of the Median Fins of the North American Paddlefish (*Polyodon spathula*), with Comments on the Lateral Fin‒fold Hypothesis." In *Mesozoic Fishes: II. Systematics and the Fossil Record,* ed. G. Arratia and H.‒ P. Schultze, 41‒68. Munich: Verlag Dr. Friedrich Pfeil.

Bemis, W. E., E. J. Hilton, B. Browne, R. Arrindell, A. M. Richmond, C. D. Little, L. Grande, P. L. Forey, and G. J. Nelson. 2004. "Methods for Preparing Dry, Partially Articulated Skeletons of Osteichthyans, with Notes on Making Ridewood Dissections of the Cranial Skeleton." *Copeia*, no. 3: 603‒609.

Collette, B. 2013. "Lance Grande: Robert H. Gibbs, Jr. Memorial Award for Excellence in Systematic Ichthyology― 2012." *Copeia*, no. 1 (2013): 2‒3.

Grande, L. 1994. "Repeating Patterns in Nature, and 'Impact' in Science." In *Interpreting the Hierarchy of Nature: From Systematic Patterns to Evolutionary Process Theories*, ed. L. Grande and O. Rieppel, 61‒84. San Diego: Academic Press.

―――. 2010. *An Empirical Synthetic Pattern Study of Gars (Lepisosteiformes) and Closely Related Species, Based Mostly on Skeletal Anatomy: The Resurrection of Holostei.* Special publication, American Society of Ichthyologists and Herpetologists. [Description of Masillosteus janaea on pp. 635‒61.]

Grande, L., and W. Bemis. 1991. "Osteology and Phylogenetic Relationships of Fossil and Recent Paddlefishes (Polyodontidae) with

Comments on the Interrelationships of Acipenseriformes." *Society of Vertebrate Paleontology Memoir*

1. 威利·比米斯和我的第一本专著，大量使用组合图来说明辐鳍鱼骨架，这是我们在 Grande and Bemis（1998）、Grande（2010）以及 Hilton，Grande and Bemis（2011）中进一步发展的一种说明技巧。

———. 1996. "Interrelationships of Acipenseriformes, with Comments on 'Chondrostei.'" In *Interrelationships of Fishes*, ed. M. Stiassny, L. Parenti, and D. Johnson, 85‒115. San Diego: Academic Press.

———. 1998. "A Comprehensive Phylogenetic Study of Amiid Fishes (Amiidae) Based on Comparative Skeletal Anatomy: An Empirical Search for Interconnected Patterns of Natural History." *Society of Vertebrate Paleontology Memoir 4.*

———. 1999. "Historical Biogeography and Historical Paleoecology of Amiidae and Other Halecomorph Fishes." In *Mesozoic Fishes: II. Systematics and the Fossil Record,* ed. G. Arratia and H.‒ P. Schultze, 413‒424. Munich: Verlag Friedrich Pfeil.

Hilton, E., L. Grande, and W. E. Bemis. 2011. "Skeletal Anatomy of the Shortnose Sturgeon, *Acipenser brevirostrum Lesueur,* 1818, and the Systematics of Sturgeons (Acipenseriformes, Acipenseridae)." *Fieldiana, Life and Earth Sciences,* no. 3: 1‒168.

Janvire, P. 1998. "Bowfins and the Revenge of Comparative Biology." *Science* 281: 1150.

Liem, K. F., W. E. Bemis, W. F. Walker, and L. Grande. 2001. *Functional Anatomy of the Vertebrates: An Evolutionary Perspective,* 3rd ed. Fort Worth: Saunders College Publishers.

MacGinitie, H. D. 1969. "The Eocene Green River Flora of Northwestern Colorado and Northeastern Utah." *University of California Publications in the*

Geological Sciences 83.

McPhee, J. 1998. "Catch- and- Dissect." *New Yorker,* October 19, 58 - 66.

———. 2002. *The Founding Fish.* New York: Farrar, Straus and Giroux.

Nur, A., and Z. Ben- Avraham. 1977. "Lost Pacifica Continent." *Nature* 270: 41 - 43.

Paddock, R. 1997. "Central Heat Saps Moscow's Economy." *Los Angeles Times,* March 23.

Simpson, G. G. 1943. "Mammals and the Nature of Continents." *American Journal of Science* 241: 1 - 31.（辛普森早期观点之一反对大陆漂移说。）

———. 1965. *The Geography of Evolution.* New York: Capricorn Books.（辛普森仍然反对大陆漂移的观点。）

第六章

Brochu, C. A. 2003. "*Osteology of Tyrannosaurus rex:* Insights from a Nearly Complete Skeleton and High-Resolution Computed Tomographic Analysis of the Skull." *Society of Vertebrate Paleontology Memoir 7.* 恐龙苏骨架的图解说明。

Duffy, P. K., and L. A. Lofgren. 1994. "Jurassic Farce: A Critical Analysis of the Government's Seizure of 'Sue,' a Sixty-Five-Million- Year-Old *Tyrannosaurus rex* Fossil." *South Dakota Law Review* 39: 47528.（达菲是彼得·拉森的律师。）

Dussias, A. M. 1996. "Science, Sovereignty, and the Sacred Text: Paleontological Resources and Native American Rights." *Maryland Law Re-*

view 55: 84 – 159.

Fiffer, S. 2000. *Tyrannosaurus Sue: The Extraordinary Saga of the Largest, Most Fought Over T. rex Ever Found.* New York: W. H. Freeman.

Grande, L. 1980. *The Paleontology of the Green River Formation with a Review of the Fish Fauna.* Laramie: Geological Survey of Wyoming, Bulletin 63.（1984年第二版）

Hutchinson, J. R., K. T. Bates, J. Molnar, V. Allen, and P. J. Makovicky. 2011. "A Computational Analysis of Limb and Body Dimensions in Tyrannosaurus rex with Implications for Locomotion, Ontogeny, and Growth." *PLoS ONE* 6, no. 10: e26037. DOI: 10.1371/journal.pone.0026037.（对恐龙苏体重、生长和年龄估计。）

Larson, P., and K. Donnan. 2002. *Rex Appeal: The Amazing Story of Sue, the Dinosaur That Changed Science, the Law, and My Life.* Montpelier, VT: Invisible Cities Press.（唐南［Donnan］是彼得·拉森的前妻。）

Lazerwitz, D. J. 1994. "Bones of Contention: The Regulation of Paleontological Resources on the Federal Public Lands." *Indiana Law Journal* 69: 601 – 636.

Poindexter, M. D. 1994. "Of Dinosaurs and Indefinite Land Trusts: A Review of Individual American Indian Property Rights Amidst the Legacy of Allotment." *Boston College Third World Law Journal* 14: 53 – 81.

Sink, M. 1999. "In the Earth's Graveyard, Little Protection against Theft." *New York Times,* June 15.（文斯·圣图奇被描述为国家公园管理局唯一"带着手枪的古生物学家"。）

Bates, J. M. 2007. "Natural History Museums: World Centers of Biodiversity Knowledge, Now and in the Future." *Systematist* 29: 3 – 6.

Bates, J., and T. C. Demos. 2001. "Do We Need to Devalue Amazonian and Other Large Tropical Forests?" *Diversity and Distribution* 7: 249 – 255.

Ceci, S. J., and W. Williams, 2010. "Sex Differences in Math-Intensive Fields." *Current Direction in Psychological Science* 19: 275 – 279.

Diehl, R., J. Bates, D. Willard, and T. Gnoske. 2014. "Bird Mortality during Migration over Lake Michigan: A Case Study." *Wilson Journal of Ornithology* 126: 19 – 29.

Eaton, D., and R. Ree. 2013. "Inferring Phylogeny and Introgression Using RADseq Data: An Example from Flowering Plants (Pedicularis: Orobanchaceae)." *Systematic Biology* 62: 689 – 706.

Elkington, B. G., K. Sydara, A. Newsome, C. H. Hwang, D. C. Lankin, C. Simmler, J. G. Napolitano et al. 2014. "New Finding of an Anti-TB Compound in the Genus *Marsypopetalum* (Annonaceae) from a Traditional Herbal Remedy of Laos." Journal of Ethnopharmacology 151, no. 2: 903 – 911.

Gould, S. J. 1977. *Ever Since Darwin: Reflections in Natural History.* New York: W. W. Norton.

Hackett, S. J., R. T. Kimball, S. Reddy, R. C. K. Bowie, E. L. Braun, M. J. Braun, J. L. Chojnowski et al. 2008. "A Phylogenomic Study of Birds Reveals Their Evolutionary History." *Science* 320: 1763 – 1768.

Hamill, S. 2004. "Park Forest Meteorite Fall: One Year Many Deals Later." *Chicago Tribune*, March 26.

Heck, P., B. Schmitz, H. Baur, A. Halliday, and R. Wieler. 2004. "Fast

Delivery of Meteorites to Earth after a Major Asteroid Collision." *Nature* 430: 323–325.

Hill, C., C. Corbett, and A. St. Rose. 2010. *Why So Few? Women in Science, Technology, Engineering, and Mathematics.* Washington, DC: AAUW.

Kammerer, C., K. Angielczyk, and J. Fröbisch. 2011. "A Comprehensive Taxonomic Revision of *Dicynodon* (Therapsida, Anomodontia), and Its Implications for Dicynodont Phylogeny, Biogeography, and Biostratigraphy." *Society of Vertebrate Paleontology Memoir* 11: 1–158.

Korochantseva, E., M. Trieloff, C. Lorenz, A. Buykin, M. Ivanova, W. Schwarz, E. Jessberger. 2007. "L–chondrite Asteroid Breakup Tied to Ordovician Meteorite Shower by Multiple Isochron 40Ar–39Ar Dating." *Meteoritics and Planetary Science* 42: 113–130.

Kusimba, C. 1997. "A Time Traveler in Kenya." *Natural History* 106: 38–47.

Lumbsch, H. T. 2009. "Not a Drop to Drink: How Plants Survive Waterless Conditions by Sticking Together." *In the Field.*

Lumbsch, H. T., P. M. McCarthy, and W. M. Malcolm. 2001. "Key to the Genera of Australian Lichens: Apothecial Crusts." Canberra, AUS: ABRS Government Printer.

Martin, R. D. 2013. How We Do It: The Evolution and Future of Human Reproduction. New York: Basic Books.

Martin, R. D., A. M. MacLarnon, J. L. Phillips, L. Dussubieux, P. R. Williams, and W. B. Dobyns. 2006. "Comment on 'The Brain of LB1, Homo floresiensis.' " *Science* 312: 999.

McFarland, J., and G. Mueller. 2009. *Edible Wild Mushrooms of Illinois and Surrounding States: A Field to Kitchen Guide.* Urbana: University of Illinois Press.

McNutt, M. 2013. "Leveling the Playing Field." *Science* 341: 317 .

Moreau, C. S., C. D. Bell, R. Vila, S. B. Archibald, and N. P. Pierce. 2006. "Phylogeny of the Ants: Diversification in the Age of Angiosperms." *Science* 312: 101 – 104.

Moseley, M., D. Nash, P. Williams, S. DeFrance, A. Miranda, and M. Ruales. 2005. "Burning Down the Brewery: Excavation and Evacuation of an Ancient Imperial Colony at Cerro Baúl, Perú." *Proceedings of the National Academy of Sciences* 102: 17264 – 17271.

Moss– Racusin, C. A., J. F. Dovidio, V. L. Brescoll, M. J. Graham, and J. Handelsman. 2012. "Science Faculty's Subtle Gender Biases Favor Male Students." *Proceedings of the National Academy of Sciences* 109: 16474 – 16479.

Price, T., and G. Feinman. 2013. *Images of the Past.* 7th ed. New York: McGraw– Hill.

Schmitz, B., M. Lindstrom, F. Asaro, and M. Tassinari. 1996. "Geochemistry of Meteor– Rich Limestone Strata and Fossil Meteorites from the Lower Ordovician at Kinnekulle, Sweden." *Earth and Planetary Letters* 145: 31 – 48.

Terrell, J. 2014. *A Talent for Friendship: Rediscovery of a Remarkable Trait.* Oxford: Oxford University Press.

Wilson, E. O., 2014. *Letters to a Young Scientist.* New York: Liveright.

Winger, B., F. Barker, and R. Ree. 2014. "Temperate Origins of Long– Distance Seasonal Migration in New World Songbirds." *PNAS* 111: 12115 – 12120.

Winker, K., J. Reed, P. Escalante, R. Askins, C. Cicero, G. Hough, and J. Bates. 2010. "The Importance, Effects, and Ethics of Bird Collecting." The *Auk* 127: 690 – 695.

第八章

Grande, L. 1985. "Recent and Fossil Clupeomorph Fishes with Materials for Revision of the Subgroups of Clupeoids." *Bulletin of the American Museum of Natural History* 181: 231－372.

Patterson, B. D. 2002. "On the Continuing Need for Scientific Collecting of Mammals." *Mastozoologia Neotropical: Journal of Neotropical Mammalogy* 9: 253－262.

Pope, C. H. 1958. "Fatal Bite of Captive African Rear－Fanged Snake (*Dispholidus typus*)." *Copeia* no. 4: 280－282.

Schmidt, K. P. 1923 and 1957. (施米特在菲尔德博物馆档案中的野外笔记。)

———. 1952. *Crocodile Hunting in Central America.* Popular Series: Zoology, no. 15. Chicago: Chicago Natural History Museum.

Wright, A. G. 1967. *In the Steps of the Great American Herpetologist, Karl Patterson Schmidt.* New York: M. Evans Company.

Wurster, C. 2015. *DDT Wars: Rescuing Our National Bird, Preventing Cancer, and Creating EDF.* New York: Oxford University Press.

第九章

Atkinson, R. C., and W. A. Blanpied. 2007. "Research Universities: Core of the U.S. Science and Technology System." *Technology and Society* 30: 30－48.

Bernard, P. 2001. "What the Taliban Destroyed." *Wall Street Journal*, December 20.

Bonney, R., H. Ballard, R. Jordan et al. 2009. *Public Participation in Scientific Research: Defining the Field and Assessing Its Potential for Informal Science Education.* A CAISE Inquiry Group Report. Washington, DC: Center for Advancement of Informal Science Education (CAISE).（关于用公众科学方法进行科学研究的文件。）

Cambanis, T. 2015. "Why ISIS' Destruction of Antiquities Hurts So Much." *Boston Globe*, March 10.

Cole, J. R. 2012. *The Great American University: Its Rise to Preeminence, Its Indispensable National Role, Why It Must Be Protected.* New York: Public Affairs.

Cornelius, C. O. 1919. "Henry Hering's Sculptures for Field Museum of Natural History." *Field Museum of Natural History Annual Report* 5: 291 – 295.

Cullinane, S., H. Alkhshali, and M. Tawfeeq. 2015. "Tracking a Trail of Historical Obliteration: ISIS Trumpets Destruction of Nimrud." *CNN*, April 13.

Gillers, H. 2013. "Field Museum Cutting Costs, Losing Scientists." *Chicago Tribune*, July 31.

Gillers, H., and J. Grotto. 2013. "Dinosaur−Sized Debt: Field Museum Borrowed Heavily Before Recession; Now It's Paying the Price." *Chicago Tribune*, March 8.

Herzog, L. 2011. "Institutional Analysis of a Natural History Museum: Formation and Dissemination of Scientific Knowledge." Master's thesis, DePaul University, Chicago.（21 世纪第一个十年间菲尔德博物馆的社会学分析。赫尔佐克 1996 年至 1998 年在菲尔德博物馆担任行政助理，1998 年至 2012 年担任化石制备员。当她还在博物馆做制备员的时候，她又回到研究生院学习社会学。如今，她是北卡罗来纳州自然科学博物馆的首

席制备员。)

Hooper– Greenhill, E. 1992. *Museums and the Shaping of Knowledge.* London: Routledge Press.

Nugent, T. 2014. "Sue and the Bean Counter." *Nebraska Magazine 110* (Spring): 34‐39.（关于1984年至今菲尔德博物馆首席财务官吉姆·克罗夫特的文章，其中引用了几段关于菲尔德博物馆在20世纪90年代末和21世纪初的财政危机。）

Shaheen, K. 2015. "Isis Fighters Destroying Ancient Artefacts at Mosul Museum." *Guardian*, February 26.

Shen, H. 2012. "Chicago's Field Museum Cuts Back on Science." *Nature Magazine*, December 20.

Webber, T. 2013. "Field Museum Debt Forces Reorganization." *Spokesman-Review*, July 6.

第十章

Grande, L., and A. Augustyn. 2009a. *Gems and Gemstones: Timeless Natural Beauty of the Mineral World.* Chicago: University of Chicago Press.

Grande, L., and A. Augustyn, 2009b. *Gems and Jewels.* iPad app. Touch Press and University of Chicago Press.

第十一章

Anon. 2000. From the Photo Archives. *In the Field* 71 (July‐August): 12.（关于助理策展人威廉·琼斯在吕宋岛被谋杀的短篇小说。）.

Boas, F. 1974. *A Franz Boas Reader: The Shaping of American Anthropology, 1883 – 1911*, ed. G. W. Stocking Jr. Chicago: University of Chicago Press.

Forde, C., J. Hubert, and P. Turnbull, eds. 2002. *The Dead and Their Possessions: Repatriation in Principle, Policy and Practice.* New York: Routledge Taylor & Francis Group.

Gossett, T. F. 1963. Race: *The History of an Idea in America.* New York: Oxford University Press. [2nd ed., 1997.]

Landau, P. M., and D. G. Gentry Steel. 1996. "Why Anthropologists Study Human Remains." *American Indian Quarterly* 20: 209 – 228.

McManamon, F. P. 1992. "Managing Repatriation: Implementing the Native American Graves Protection and Repatriation Act." *CRM Bulletin* 15: 9 – 12.

Nash, S., and G. Feinman, eds. 2003. "Curators, Collections, and Contexts: Anthropology at the Field Museum, 1893 – 2002." *Fieldiana, Anthropology,* n.s., no. 36, Publication No. 1525.（关于菲尔德博物馆人类学部历史的推荐读物。）

Newkirk, P. 2015. Spectacle: *The Astonishing Life of Ota Benga.* New York: Amistad/HarperCollins.

Owsley, D., and K. Bruwelheide. 2009. *Written in Bone: Bone Biographer's Casebook.* Minneapolis: LeanTo Press.

Page, K. 2011. "The Significance of Human Remains in Museum Collections: Implications for Collection Management." Master's thesis, State University of New York, Buffalo.

Robbins, H. 2014. "In Consideration of Restitution: Understanding and Transcending the Limits of Repatriation under the Native American Graves Protection and Repatriation Act (NAGPRA)." In *Museums and Restitution:*

New Practices, New Approaches, ed. L. Tythacott and K. Arvanitis, 105‑18. Farnham, Surrey, UK: Ashgate Press.

Rose, J. C., T. J. Green, and V. Green. 1996. "NAGPRA IS FOREVER: Osteology and the Repatriation of Skeletons." *Annual Review of Anthropology* 25: 81‑103.

第十二章

Aderet, O. 2014. "Ashes of WWI Jewish Legion Chief to Be Interred in Israel." *Jewish World News,* October 13. http:// www .haaretz .com /jewish / news / .premium‑1.620433. (有关约翰·帕特森的骨灰被转移到以色列进行安放的新闻报道。)

Anthony, G., J. Estes, M. Ricca, A. Miles, and E. Forsman. 2008. "Bald Eagles and Sea Otters in the Aleutian Archipelago: Indirect Effects of Trophic Cascades." *Ecology* 89: 2725‑2735.

Conrad, E. C. 1982. "Are There Fossils in the 'Wrong Place' for Evolution?" *Creation Evolution Journal* 3: 14‑22.

Gnoske, T., and J. Kerbis‑ Peterhans. 2000. "Cave Lions: The Truth Behind Biblical Myths." *In the Field,* 71: 2‑6.

Guilford, G. 2013. "Why Does a Rhino Horn Cost $300,000? Because Vietnam Thinks It Cures Cancer and Hangovers." *The Atlantic,* May 15.

Kerbis‑Peterhans, J. C., C. M. Kusimba, T. P. Gnoske, S. Andanje, and B. D. Patterson. 1998. "Man‑Eaters of Tsavo Rediscovered after 100 Years, an Infamous 'Lion's Den,' Rekindles Some Old Questions." *Natural History* 107: 12‑14.

Leakey, M. G., C. S. Feibel, I. MacDougall, and A. Walker. 1995. "New

Four-Million-Year-Old Hominid Species from Kanapoi and Allia Bay, Kenya." *Nature* 376, no. 6541: 565 – 71.

Leakey, M., and A. Walker. 1997. "Early Hominid Fossils from Africa." *Scientific American*, June.

Ngene, S., E. Bitok, J. Mukeka, F. Gakuya, P. Omondi, K. Kimitie, Y. Watol, L. Kariuki, and O. Okita. 2011. "Census and Ear-Notching of Black Rhinos (*Diceros bicornis michaeli*) in Tsavo East National Park, Kenya." *Pachyderm*, no. 49: 61 – 69.

Olsen, E. C. 1985. "Bryan Patterson, 1909 – 1979." *Biographical Memoirs*, National Academy of Sciences: 435 – 450.

Patterson, Bruce. 2004a. *The Lions of Tsavo: Exploring the Legacy of Africa's Notorious Man-Eaters.* New York: McGraw– Hill.

———. 2004b. "Maneless and Misunderstood: The Lions of Tsavo." *Earthwatch Institute* 23: 12 – 15.

Patterson, Bruce, S. Kasiki, E. Selempo, and R. Kays. 2004. "Livestock Predation by Lions *(Panthera leo*) and Other Carnivores on Ranches Neighboring Tsavo National Parks, Kenya." *Biological Conservation* 119: 507 – 516.

Patterson, Bryan, and N. W. Howells. 1967. "Hominid Humeral Fragments from the Early Pleistocene of North– Western Kenya." *Science* 156: 64 – 66.

Patterson, J. 1907. *The Man-Eaters of Tsavo and Other East African Adventures.* London: MacMillan.

Sheldrick Wildlife Trust. 2014. *Tsavo Ecosystem Elephant Count.* https://www .sheldrickwildlifetrust .org /updates /updates .asp ?ID = 616.

Von Buol, P. 1998. "Into the Man– Eater's Den." *Safari,* August/ September, 9 – 17.

Wagner, J. "A Wolf's Role in the Ecosystem— the Trophic Cascade," *Mission: Wolf.* http:// www .missionwolf .org /page /trophic − cascade/.

第十三章

Catibog−Sinha, C., and L. R. Heaney. 2006. *Philippine Biodiversity: Principles and Practice.* Diliman, Philippines: Haribon Foundation.

Foster, R. 1977. "*Tachigalia versicolor* Is a Suicidal Neotropical Tree." *Nature* 268: 624 – 626.

Heaney, L. R., ed. 2011. "Discovering Diversity: Studies of the Mammals of Luzon Island, Philippines." *Fieldiana, Life and Earth Sciences,* no. 2.

Heaney, L. R., and D. S. Balete. 2012. "Discovering Diversity: Newly Discovered Mammals Highlight Areas of Unique Biodiversity on Luzon." *Wildernews* 1: 4 – 9.

Heaney, L. R., and S. M. Goodman. 2009. "Mammal Radiations." In *Encyclopedia of Islands,* ed. R. Gillespie and D. Clague, 588 – 91. Berkeley: University of California Press.

Heaney, L. R., and J. C. Regalado Jr. 1998. *Vanishing Treasures of the Philippine Rain Forest.* Chicago: Field Museum.

Jansa, S., K. Barker, and L. R. Heaney. 2006. "The Pattern and Timing of Diversification of Philippine Endemic Rodents: Evidence from Mitochondrial and Nuclear Gene Sequences." *Systematic Biology* 55: 73 – 88.

Kolbert, E. 2014. *The Sixth Extinction.* New York: Henry Holt.

MacNamara, P., J. M. Bates, and J. H. Boone. 2008. *Architecture by Birds and Insects: A Natural Art.* Chicago: University of Chicago Press.

Mikkelsen, P. M., and R. Bieler. 2007. Seashells of Southern Florida—Living Marine Mollusks of the Florida Keys and Adjacent Regions: Bivalves. Princeton, NJ: Princeton University Press.

Moskovits, D. K., C. Fialkowski, G. M. Mueller, and T. A. Sullivan. 2002. "Chicago Wilderness: A New Force in Urban Conservation." *Annals of Missouri Botanical Garden* 89: 153 – 163.

Novacek, M. 2007. *Terra: Our 100-Year-Old Ecosystem—and the Threats That Now Put It at Risk.* New York: Farrar, Straus & Giroux.

第十四章

Adkins, R. 2012. "America Desperately Needs More STEM Students: Here's How to Get Them." *Forbes* online, July 9.

Alliance of Natural History Museums of Canada. 2011. *A National Collections Strategy for Canada's Natural History Museums.* http:// www. naturalhistorymuseums.ca/documents/ANHMC_English_StrategyPaper.pdf.

Atkinson, R., and W. Blanpied. 2008. "Research Universities: Core of the U.S. Science and Technology System." *Technology and Society* 30: 30 – 48.

Chappell, B. 2013. "U.S. Students Slide in Global Ranking on Math, Reading and Science." *NPR:The Two-Way.Breaking News from NPR.* December3.http://www.npr.org/sections/thetwo-way/2013/12/03/248329823/u-s-high-school-students-slide-in-math-reading-science.

Cole, J. R. 2012. *The Great American University: Its Rise to Preeminence, Its Indispensable National Role, Why It Must Be Protected.* New York: Public Affairs.

Duncan, D. 2007. "216 Million Americans Are Scientifically Illiterate (Part I)." *MIT Technology Review*, February 21.

Eldredge, N. 2000. *The Triumph of Evolution and the Failure of Creationism.* New York: W. H. Freeman and Co.

———.2005. *Darwin: Discovering the Tree of Life.* New York: W. W. Norton.

Fabricant, D. S., and N. Farnsworth. 2001. "The Value of Plants Used in Traditional Medicine for Drug Discovery." *Environmental Health Perspectives* 109: 69 – 75.

Fandos, N., and N. Pisner. 2013. "Joining the Ranks. Demystifying Harvard's Tenure System." *The Harvard Crimson*, April 11.

Finn, R. 2001. "Snake Venom Protein Paralyzes Cancer Cells." *Journal of the National Cancer Institute* 93, no. 4: 261 – 262.

Fortey, R. 1999. Life: *A Natural History of the First Four Billion Years of Life on Earth.* New York: Vintage Books.

———. 2005. *Earth: An Intimate History.* New York: Vintage Books.

———. 2008. *Dry Storeroom No. 1: The Secret Life of the Natural History Museum.* London: Harper.

Gould, S. J. 1991. *Wonderful Life: The Burgess Shale and the Nature of History.* New York: W.W. Norton. （该书 1991 年曾入围普利策奖，是全国性的畅销书。该书的论点是，偶然性是地球生命进化的决定性因素之一。）

Graham, H. D., and N. Diamond. 1997. *The Rise of American Research Universities: Elites and Challengers in the Post- War Era.* Baltimore: Johns Hopkins University Press.

Hartshorne, C. 1984. *Omnipotence and Other Theological Mistakes.* Albany: State University of New York Press.

Haynie, D. 2013. "U.S. Sees Record Numbers of International College Students." *U.S. News and World Report*, online, November 11.

Hölldobler, B., and E. O. Wilson. 1991. *The Ants.* Cambridge, MA: Belknap/Harvard University Press. (该书获得 1991 年普利策非虚构类奖项，是对蚂蚁的种类学、生态学和进化生物学的全面调查。)

Jensen, P., J.– P. Rouquier, P. Kreimer, and Y. Croissant. 2008. "Scientists Who Engage with Society Perform Better Academically." *Science and Public Policy* 35: 527 – 541.

Kehoe, A. 1998. "Why Target Evolution? The Problem of Authority." In *Scientists Confront Creationism: Intelligent Design and Beyond,* ed. A. Petto and L. Godfrey, 381 – 404. New York: W. W. Norton.

Leakey, L., and V. Goodall. 1969. *Unveiling Man's Origins.* Cambridge, MA: Schenkman Publishing.

Mahidol, C., S. Ruchirawat, H. Prawat, S. Pisutjaroenpong, S. Engprasert, P. Chumsri, T. Tengchaisri, S. Sirisinha, and P. Picha. 1998. "Biodiversity and Natural Product Drug Discovery." *Pure and Applied Chemistry* 70: 2065 – 2072.

Mead, M. 1972. *Blackberry Winter: My Earlier Years.* New York: William Morrow.

Morris, H. 1974. *The Troubled Waters of Evolution.* Master Books.

Newport, F. 2014. "In U.S., 42% Believe Creationist View of Human Origins." Gallup online, June 2.

Patlak, M. 2003. "From Viper's Venom to Drug Design: Treating Hypertension." *FASEB Breakthroughs in Bioscience.* http://www.fasebj.org/cgi/reprint/18/3/421e.

Petto, A., and L. Godfrey. 1998. *Scientists Confront Intelligent Design and Creationism.* New York: W. W. Norton.

"PISA 2012 Results," OECD, http://www.oecd.org/pisa /keyfindings/ pisa−2012−results.html.

Powers, K., L.Prether, J.Cook, J.Woolley, H.Bart, A.Monfils, andP. Sierwald. 2014. "Revolutionizing the Use of Natural History Collections in Education." *Science Education Review* 13: 24‐33.

Ramsey, G. F. 1938. *Educational Work in Museums in the United States: Development, Methods, and Trends.* New York: H. W. Wilson.

Reese, M. 2006. *Science Communication: Survey of Factors Affecting Science Communication by Scientists and Engineers.* London: The Royal Society. https://royalsociety.org/~/media/Royal_Society_Content/policy/ publications/2006/1111111395.pdf.

Schudel, M. 2006. "Obituary: Henry M. Morris, Father of 'Creation Science.' " *Seattle Times,* March 5, 2006.

Shubin, N. 2008. *Your Inner Fish: A Journey into the 3.5-Billion-Year-Old History of the Human Body.* New York: Pantheon Books.

Tewksbury, J., J. Anderson, J. Bakker, T. Billo, P. Dunwiddie, M. Groom, S. Hampton et al. 2014. "Natural History's Place in Science and Society." *BioScience*20: 1‐11.

Tyson, N. d. 2014. *Cosmos: A Spacetime Odyssey.* 也有 DVD 和蓝光盘 的电视纪录片连续剧。

Wilson, E. O. 1979. *On Human Nature.* Cambridge, MA: Harvard University Press.（该书获得 1979 年普利策奖，是一本介绍如何解释人类 社会的不同特征是进化的结果的书。）

图片来源

前言

第 XIII 页：照片由兰斯·格兰德提供。在怀俄明州西南部的高山沙漠中刘易斯农场上，田野工作休息时，2010 年。

第 XIV 页：摄影师未知，菲尔德博物馆底片 # GN78508。

第一章

第 002 页：照片由兰斯·格兰德提供。

第 014 页：照片由克里斯托弗·J. 汉弗莱斯（Christopher J. Humphries）提供。

第 015 页：照片由兰斯·格兰德提供。

第 016 页：照片由莱恩·帕伦蒂提供。

第 017 页：照片由兰斯·格兰德提供。

第 018 页：图片由兰斯·格兰德和凯西·门尼（Kasey Mennie）提供。

第 019 页：图片由兰斯·格兰德和凯西·门尼提供。

第 020 页：照片由加雷思·尼尔森提供。

第 021 页：朝北看的鸟瞰图，2014 年从一架低空飞行的飞机上拍摄。图片由微软公司的必应地图（Bing Maps）提供。感谢马克·约翰斯顿（Mark Johnston），他帮我从必应地图网站上下载了高分辨率图像。

第二章

第 024 页：照片由约翰·温斯坦（John Weinstein）提供，菲尔德博物馆底片 #GN88741_53c。在 2004 年从一架直升机上拍摄的鸟瞰图。

第 030 页：照片由约翰·温斯坦提供，菲尔德博物馆底片 #GEO 85887_3c。

第 031 页：（上图）照片由黛安娜·亚历山大·怀特（Diane Alexander White）提供，菲尔德博物馆底片 #GN87750_34CB；（左下图和右下图）图片由彼得·克兰提供。

第 032 页：照片由马克·维达尔姆（Mark Widhalm）提供，1999；菲尔德博物馆底片 #GN89465_9c。

第 033 页：（左上图）照片由马克·维达尔姆提供，1997；菲尔德博物馆底片 #GN88442_2c；（右上图）照片由约翰·弗林提供，1994；菲尔德博物馆底片 #GEO86061c；（左下图）照片由马克·维达尔姆提供，1997；菲尔德博物馆底片 #GN88434_7c；（右下图）照片由马克·维达尔姆提供，1996；菲尔德博物馆底片 #GN88025_8c。

第三章

本章介绍的博物馆目录编号及有关化石的其他信息均在 Grande（2013）书中予以提供。

第 036 页：照片由兰斯·格兰德提供。

第 048 页：照片由兰斯·格兰德提供，1984。

第 049 页：照片由兰斯·格兰德提供，2009。

第 050 页：照片由兰斯·格兰德提供，2009。

第 051 页：照片由兰斯·格兰德提供。

第 052 页：照片由兰斯·格兰德提供。

第 053 页：照片由兰斯·格兰德和约翰·温斯坦提供。

第 054 页：照片由兰斯·格兰德和约翰·温斯坦提供。

第 055 页：照片由兰斯·格兰德和约翰·温斯坦提供（左上图除外），左上图由文物保护组织的马克·莫特纳（Mark Mauthner）提供。

第 056 页：照片由兰斯·格兰德和约翰·温斯坦提供。

第 057 页：照片由兰斯·格兰德提供。

第 058 页：照片由兰斯·格兰德提供。

第 059 页：照片由兰斯·格兰德和约翰·温斯坦提供。

第 060 页：照片由兰斯·格兰德和约翰·温斯坦提供。

第 061 页：照片由兰斯·格兰德和约翰·温斯坦提供。

第 062 页：照片由兰斯·格兰德提供。

第 063 页：照片由兰斯·格兰德提供，2015。

第四章

第 066 页：照片由兰斯·格兰德提供。

第 076 页：照片由巴勃罗·塞万提斯－卡尔德龙（Pablo Cervantes-Calderon）提供，1988，由路易·埃斯皮诺萨·阿鲁巴雷纳发送。

第 077 页：照片由兰斯·格兰德提供。

第 078 页：照片由兰斯·格兰德提供。

第 079 页：照片由兰斯·格兰德提供。

第 080 页：照片由兰斯·格兰德提供。

第 081 页：照片由兰斯·格兰德提供。

第 082 页：照片由兰斯·格兰德提供。

第 083 页：照片由兰斯·格兰德提供。

第五章

第 086 页：照片由威利·比米斯提供，2002。

第 100 页：图片由兰斯·格兰德和凯西·门尼提供。After Nur and Ben−Avraham（1977）。

第 101 页：照片由兰斯·格兰德提供。

第 102 页：照片由兰斯·格兰德提供。

第 103 页：照片由兰斯·格兰德提供。

第 104 页：照片由兰斯·格兰德提供。

第 105 页：照片由威利·比米斯提供。

第 106 页：照片由兰斯·格兰德提供。

第 107 页：照片由史蒂夫·德罗特（Steve Droter）提供。版权属于 Chesapeake Bay Program, 2013。

第 108 页：照片及线条画由兰斯·格兰德提供（源自格兰德 2010）。

第六章

第 110 页：照片由马克·维达尔姆提供，菲尔德博物馆底片 #GN89775_12c。照片摄于 2000 年博物馆闭馆后的深夜。

第 136 页：照片由彼得·拉森提供，版权属于 1990 Black Hills Institute of Geological Research。

第 137 页：照片由苏珊·亨德里克森提供，版权属于 1990 Black Hills Institute of Geological Research。

第 138 页：照片版权属于 1990 Black Hills Institute of Geological Research，摄影师是彼得·拉森（上图）；下图是由彼得·L. 拉森和拉里·希弗对 1990 Black Hills Institute of Geological Research 授予版权的图像进行重新绘制。

第 139 页：照片由彼得·拉森提供，版权属于 1990 Black Hills Institute of Geological Research。

第 140 页：照片由路易·普西霍约斯（Louie Psihoyos）提供，科比斯图片 #42–21814815。

第 141 页：照片版权属于 1990 Black Hills Institute of Geological Research。

第 142 页：照片由戴维·雷登提供。

第 143 页：照片由约翰·温斯坦提供，菲尔德博物馆底片 #GN89035_28c。

第 144 页：照片由约翰·温斯坦提供，菲尔德博物馆底片 #GN89145_5CB。

第 145 页：照片由约翰·温斯坦提供，2000；菲尔德博物馆底片 #GN89656_22CB。

第 146 页：照片由约翰·温斯坦提供，菲尔德博物馆底片 #GN89693_25Ac（上图）及 GN89752_2Ac（下图）。

第 147 页：照片由约翰·温斯坦提供，菲尔德博物馆底片 #GN89709_32Ac。

第 148 页：照片由约翰·温斯坦提供，2014 年 3 月；菲尔德博物馆底片 #GN91961_073Cd。

第 149 页：芝加哥警察署法证服务部提供的扫描影像，由彼得·马克维奇基提供。

第 150 页：照片由兰斯·格兰德提供，2014 年 4 月。

第七章

第 152 页：图片由兰斯·格兰德和凯西·门尼提供。

第 173 页：（上图）照片由贝蒂·斯特拉克提供，2003 年；（左下图）照片由苏珊·凯利（Susan Kelly）提供，2007 年；（右下图）照片由 Khwanruan Papong 提供，2011 年。

第 174 页：照片由兰斯·格兰德提供。

第 175 页：照片由兰斯·格兰德提供。

第 176 页：（左上图）照片由桑切斯·维加（Sanchez Vega）拍摄，迈克尔·狄龙提供；（右上图）照片由兰斯·格兰德提供；（下图）图片来自 IMOD 网站。

第 177 页：照片由迈克尔·狄龙提供，摄影师是詹姆士·亨德里克森（James Hendrickson）。

第 178 页：（左上图）照片由乔希·恩格尔（Josh Engle）提供，（右上图及下图）照片由兰斯·格兰德提供。

第 179 页：（左上图）照片由马克·维达尔姆提供，菲尔德博物馆底片 #GN90414_07d，举着的陨石标本编号为 ME340；（右上图）照片由兰斯·格兰德提供，举着的陨石标本编号为 ME6048.1；（下图）照片由米纳克什·瓦德瓦提供。

第180页：（左上图）照片由约翰·温斯坦提供，菲尔德博物馆底片#GN91375_22Ad；（右上图）照片由兰斯·格兰德提供；（左下图）照片由肯·英吉利根提供，2006年；（右下图）图片在马琳·唐纳利（Marlene Donnelly）为肯·英吉利绘制后进行了修改。

第181页：照片由珍妮特·沃伊特及伍兹霍尔海洋学研究所（Woods Hole Oceanographic Institute）提供，2003年。

第182页：（左上图）照片由卡伦·比恩（Karen Bean）提供，菲尔德博物馆底片#GN91313_087d；（右上图）照片由约翰·温斯坦提供，菲尔德博物馆底片#GN90809_37d；（下图）照片由约翰·温斯坦提供，菲尔德博物馆底片#GN91147_013Ad。

第183页：摄影师罗伯托·凯勒·佩雷斯（Roberto Keller Perez），2014年。照片由科里·莫罗提供。

第184页：（左上图）照片由琳达·尼古拉斯提供，2014年；（右上图）照片由琳达·尼古拉斯提供，2005；（左下图及右下图）照片由瑞安·威廉姆斯及塞罗·巴乌尔考古项目提供。

第185页：照片由比尔·帕金森提供。

第186页：照片由比尔·帕金森提供。

第187页：（左上图）照片由桑普森·普鲁普鲁（Sampson Purupuru）拍摄，约翰·特雷尔提供；（右上图）照片由兰斯·格兰德提供；（左下图）照片由约翰·温斯坦提供，2007年，菲尔德博物馆底片#GN91016_45d；（右下图）照片由兰斯·格兰德提供。

第188页：照片由约翰·温斯坦提供，1998年，菲尔德博物馆底片#Z987306c。

第八章

第190页：摄影师不详；菲尔德博物馆底片#Z86242，摄于1952年。这些蜥蜴是来自伯利兹加隆尤格（Gallon Jug）的头盔鬣蜥（helmeted iguanas），也叫海帆蜥（Corytophanes cristatus）。

第197页：摄影师不详，1923年，菲尔德博物馆底片#CSZ47726。

第198页：摄影师不详，菲尔德博物馆底片#CSZ47695（上图）和CSZ47699（下图）。

第199页：照片由兰斯·格兰德拍摄。

第200页：摄影师不详，菲尔德博物馆底片#GN91736_478c。

第201页：照片由约翰·莫雷斯（Johan Morais）拍摄。

第202页：照片由兰斯·格兰德拍摄。

第九章

第204页：兰斯·格兰德根据查尔斯·卡彭特（Charles Carpenter）在1918年拍摄的四张菲尔德博物馆图片汇编而成，菲尔德博物馆底片#CSGN40265、CSGN40270、CSGN40272和CSGN40264。

第218页：照片由兰斯·格兰德拍摄。德林格手枪的目录号为FMNH 279321，来自阿富汗的大麻叶的标本编号为FMNH 1629791。

第219页：照片由兰斯·格兰德拍摄。

第220页：照片由卡伦·比恩于2009年拍摄。菲尔德博物馆底片#GN91229_254CB。

第221页：照片由兰斯·格兰德拍摄。

第222页：照片由兰斯·格兰德于2011年拍摄。

第223页：照片由亚历克斯·萨蒙德的保镖拍摄。

第十章

本章所述标本的博物馆目录号和其他信息见 Grande and Augustyn（2009a）。

第 226 页：照片由约翰·温斯坦拍摄，菲尔德博物馆底片 #A114779d_20B。

第 237 页：照片由兰斯·格兰德于 2008 年拍摄。

第 238 页：照片由兰斯·格兰德于 2008 年拍摄。

第 239 页：照片由约翰·温斯坦和兰斯·格兰德拍摄。

第 240 页：照片由约翰·温斯坦和兰斯·格兰德拍摄。

第 241 页：照片由约翰·温斯坦和兰斯·格兰德拍摄。

第 242 页：照片由约翰·温斯坦和兰斯·格兰德拍摄。

第 243 页：照片由约翰·温斯坦和兰斯·格兰德拍摄。

第 244 页：照片由约翰·温斯坦和兰斯·格兰德拍摄。

第 245 页：照片由约翰·温斯坦和兰斯·格兰德拍摄。

第 246 页：照片由约翰·温斯坦拍摄。

第 247 页：照片由约翰·温斯坦和兰斯·格兰德拍摄。

第 248 页：照片由约翰·温斯坦和兰斯·格兰德拍摄。

第 249 页：照片由约翰·温斯坦和兰斯·格兰德拍摄。

第十一章

第 252 页：摄影师不详，史密森学会档案馆底片 #MNH8304。

第 268 页：照片由斯蒂芬·西姆斯拍摄，菲尔德博物馆底片 #CSA33663_A。

第 269 页：照片由马克·维达尔姆于 1998 年拍摄，菲尔德博物馆底

片 #GN88941 U 10c。

第 270 页：照片由兰斯·格兰德于 2014 年拍摄。

第 271 页：照片由约翰·温斯坦拍摄，菲尔德博物馆底片 #GN91515_007d。

第 272 页：照片由海伦·罗宾斯拍摄。

第 273 页：照片由卡伦·比恩拍摄，菲尔德博物馆底片 #GN91537#U 122d。

第 274 页：图像由 J. P. 布朗（J. P. Brown）于 2011 年扫描。

第十二章

第 276 页：照片由约翰·温斯坦拍摄，菲尔德博物馆底片 #Z94352c。

第 290 页：（上图）摄影师不详，菲尔德博物馆底片 #Z93658；（下图）摄影师不详，菲尔德博物馆底片 #Z93657。

第 291 页：照片由兰斯·格兰德拍摄。

第 292 页：（上图）摄影师不详，菲尔德博物馆底片 #GEO80350；（下图）摘自哈佛大学恩斯特·迈尔图书馆（Ernst Mayr Library）比较动物学博物馆档案。

第 293 页：（上图）照片由约翰·温斯坦拍摄，菲尔德博物馆底片 #Z983932c；（下图）照片由布鲁斯·帕特森拍摄。

第 294 页：照片由 J. P. 布朗和布鲁斯·帕特森拍摄。

第 295 页：照片由兰斯·格兰德拍摄。

第 296 页：照片由兰斯·格兰德拍摄。

第十三章

第 298 页：照片由雷夫·布朗（Rafe Brown）拍摄。

第 312 页：照片由达尼洛·巴莱特于 2007 年拍摄。

第 313 页：照片由达尼洛·巴莱特拍摄。

第 314 页：照片由达尼洛·巴莱特于 2011 年拍摄。

第 315 页：照片由拉里·希尼拍摄。

第 316 页：照片由达尼洛·巴莱特拍摄。

第 317 页：照片由达尼洛·巴莱特拍摄。

第 318 页：照片由彼得拉·谢尔瓦尔德拍摄。

第 319 页：照片由彼得拉·谢尔瓦尔德于 2014 年拍摄。

第 320 页：照片由彼得拉·谢尔瓦尔德拍摄。

第 321 页：图片由埃莉诺·斯特林提供。摄影师：石梅黄（Thach Mai Hoang）。

第 322 页：照片由阿尔瓦罗·德尔坎波（Alvaro del Campo）拍摄。

第 323 页：照片由阿尔瓦罗·德尔坎波拍摄。

第 324 页：照片由罗宾·福斯特提供，2010 年。

第 325 页：照片由黛安娜·阿尔维拉（Diana Alvira）于 2009 年拍摄。

第 326 页：图片由乔恩·马克尔（Jon Markel）制作，经兰斯·格兰德稍作修改。

第十四章

第 328 页：照片由约翰·温斯坦为兰斯·格兰德拍摄，约 5 分钟的延时摄影。

第 337 页：照片由约翰·温斯坦拍摄，菲尔德博物馆底片 #GN91729_18d。

第 338 页：（上图）照片由约翰·温斯坦于 2003 年拍摄，菲尔德博物馆底片 #GN90605_59D；（左下图）照片由马克·维达尔姆于 2004 年拍摄，菲尔德博物馆底片 #GN90679_22D；（右下图）照片由约翰·温斯坦于 2003 年拍摄，菲尔德博物馆底片 #GN90605_04D。

第 339 页：（上图）照片由兰斯·格兰德于 2015 年拍摄；（左下图）照片由兰斯·格兰德于 2015 年拍摄；（右下图）照片由约翰·温斯坦于 2007 年拍摄，菲尔德博物馆底片 #GN91082_015d。

第 340 页：照片由兰斯·格兰德拍摄。

译名表

A

A Talent for Friendship: Rediscovery of a Remarkable Trait
《友谊的天赋：显著特征的重新发现》

Actinopterygii
辐鳍鱼纲

Admiral Farragut
法拉格特海军上将

Aerugoamnis paulus
小格林里弗蛙

Aeta
阿埃塔人

Akiko Shinya
新野明子

Alabama Deep Sea Fishing Rodeo
亚拉巴马州深海钓鱼竞技会

Alaka Wali
阿拉卡·瓦利

Albertine Rift Mountains
阿尔伯汀纵谷

Alepotrypa Cave
阿普崔帕岩洞

Aleutian Islands
阿留申群岛

Alex Mwazo Gombe
亚历克斯·姆瓦佐·贡贝

Alex Salmond
亚历克斯·萨蒙德

Alliance of Natural History Museums of Canada
加拿大自然历史博物馆联盟

Allison Augustyn	艾莉森·奥古斯丁
Alvaro del Campo	阿尔瓦罗·德尔坎波
Alvin	阿尔文号
American Fisheries Society	美国渔业协会
Amia calva	弓鳍鱼
Amos Nur	阿莫斯·努尔
Ana Luz Porzecanski	安娜·卢斯·波泽坎斯基
Anastasia Papathanasiou	阿纳斯塔西娅·帕帕塔纳西乌
Anne Grauer	安妮·格劳尔
Anne Trubek	安妮·特鲁贝克
Antiquities Act	《文物法》
Apalone heteroglypta	异痕滑鳖
Appledore Island	阿普尔多尔岛
Arby	阿尔比
Archaeological Resources Protection Act	《考古资源保护法》
Archimedes	阿基米德
Aristarchus	阿利斯塔克
Aristotle	亚里士多德
Arizona	亚利桑那州
Arkansas State University	阿肯色州立大学
Arvid Aase	阿尔维德·奥瑟
Asterotrygon maloneyi	星鳞魟
Attila Gyucha	阿提拉·久查
Auguste Rodin	奥古斯特·罗丹
Aztec	阿兹特克人

B

Baba Dioum	巴巴·迪乌姆

Baboo PURSHOTAM HURJEE PURMAR	普尔肖坦·胡吉·普马尔
Badlands National Park	荒地国家公园
Baffin Island	巴芬岛
Bahamas	巴哈马
Baja	巴哈
Barack Obama	贝拉克·奥巴马
Barbara and Roger Brown	芭芭拉和罗杰·布朗
Battle of Mobile Bay	莫比尔湾战役
Belize	伯利兹
Belonostomus	巨鱵嘴鱼
Benjamin	本哈明
Betty Strack	贝蒂·斯特拉克
Beverly Halstead	贝弗利·霍尔斯特德
Bibliotheca Alexandrina	亚历山大图书馆
Bill and Linda Gantz	比尔和琳达·甘茨
Bill Anders	比尔·安德斯
Bill Larson	比尔·拉森
Bill Parkinson	比尔·帕金森
Bill Simpson	比尔·辛普森
Biodiversity Synthesis Center	生物多样性综合中心
Boavus idelmani	艾氏始蚰
Bob and Charlene Shaw	鲍勃和夏琳·肖
Bob Bakker	鲍勃·巴克
Bob Hunt	鲍勃·亨特
Bob Masek	鲍勃·毛谢克
Bob Sloan	鲍勃·斯隆
Bolivia	玻利维亚

Borneo	婆罗洲
bowfins	弓鳍鱼
Brian Morrill	布赖恩·莫里尔
Britain's House of Parliament	英国议会大厦
British Railroad	英国铁路公司
Brown	布朗
Bruce Patterson	布鲁斯·帕特森
Brule Formation	布鲁尔组
Bryan Patterson	布莱恩·帕特森
Bryn Mawr College	布林·莫尔学院
Bureau of Alcohol, Tobacco, Firearms and Explosives	酒精、烟草、火器和爆炸物管理局
Bureau of Land Management	土地管理局

C

Cairo	开罗
California Institute of Technology	加州理工学院
Carl Ulrich	卡尔·乌尔里希
Carolus Linnaeus	卡尔·冯·林奈
Carter O'Brien	卡特·奥布赖恩
Caucus Mountains	卡库斯山脉
Caviar	《鱼子酱》
Center for Biodiversity and Conservation	生物多样性和保护中心
Centers for Disease Control and Prevention	疾病控制和预防中心
Cerro Baúl	塞罗·巴乌尔
Chap Kusimba	查普·库辛巴
Chapurukha Kusimba	查普鲁卡·库辛巴
Charles Carpenter	查尔斯·卡彭特

Cheyenne River Sioux Indian Reservation	夏安河苏族印第安人保留地
Chicago Tribune	《芝加哥论坛报》
Chicago Wilderness	芝加哥荒野
Chicago World's Fair	芝加哥世界博览会
Chicago's Lincoln Park Zoo	芝加哥林肯公园动物园
chicha de molle	吉开酒
Chile	智利
Chocolate	"巧克力"
Chris Brochu	克里斯·布罗许
Christopher A. Brochu	克里斯托弗·A. 布罗许
Christopher J. Humphries	克里斯托弗·J. 汉弗莱斯
Clark University	兑拉克大学
Clayton Ray	克莱顿·雷
Clifford H. Pope	克利福德·H. 波普
Coahuila	科阿韦拉
Cockerellites liops	滑古狼鲈
Colin Patterson	科林·帕特森
Colonia Morelos	莫雷洛斯移民镇
Columbia University	哥伦比亚大学
Columbian Museum of Chicago	芝加哥哥伦布博物馆
Columbus	哥伦布
Copeia	《两栖爬行学报》
Copernicus	哥白尼
Coptic Pope Theophilus	科普特牧首西奥菲勒斯
Cordillera Azul National Park	科迪勒拉 - 阿苏尔山国家公园
Corine Vriesendorp	科里内·维森多普
Corrie Saux Moreau	科里·索克斯·莫罗

Coryndon Memorial Museum	内罗毕科林东纪念馆
Creation museums	创世博物馆
Crocodylus moreletii	莫雷特鳄鱼

D

Dakota	"达科他"
Danilo Balete	达尼洛·巴莱特
Darrell Siebert	达雷尔·西伯特
Dauphin Island Sea Lab	多芬岛海洋实验室
Dave Willard	戴夫·威拉德
David and Juli Grainger	戴维和朱莉·格兰杰
David Bardack	戴维·巴达克
David Hull	戴维·赫尔
David Raup	戴维·劳普
David Redden	戴维·雷登
Deborah Bekken	德博拉·贝克肯
Debra Moskovits	德布拉·莫斯科维奇
DeKalb	迪卡尔布
Delphinium kamaonense	展毛翠雀花
Denver Museum of Nature and Science	丹佛自然与科学博物馆
Department of Defense	国防部
Dhi Qar Governorate of Iraq	伊拉克济加尔省
Diana Alvira	黛安娜·阿尔维拉
Diana Brooks	黛安娜·布鲁克斯
Diane Alexander White	黛安娜·亚历山大·怀特
Dianne	黛安娜
Dick Durbin	迪克·德宾
Dilloniana	《狄龙安娜》

Dinosaur 13	《恐龙 13 号》
Diplomystus dentatus	齿状双棱鲱
Diros Project	迪洛斯项目
Dirty White Boys	"脏兮兮的白种男孩"（船名）
Distinguished Service Curator	杰出贡献策展人
Don Miguel Aranguthy	唐·米格尔·阿朗古蒂
Don Rosen	唐·罗森
Donald MacMillan	唐纳德·麦克米伦
Dr. Robert E. Sloan	罗伯特·斯隆博士
Dreams from My Father	《我父亲的梦想》
Drew Carhart	德鲁·卡哈特
Duke University	杜克大学
Duong Thuy Ha	董推哈

E

E.O.Wilson	威尔逊
Earlham College	厄勒姆学院
Earthwatch Institute	地球观察研究所
Ecuador	厄瓜多尔
Ed Wiley	埃德·威利
Eden Lantz	伊登·兰茨
Edward O. Wilson	爱德华·威尔逊
Eitan Tchernov	埃坦·切尔诺夫
El Instituto Centífico Michael Owen Dillon	迈克尔·欧文·狄龙科学研究所
Eleanor Sterling	埃莉诺·斯特林
Elinor Crane	埃莉诺·克兰
Elinor	埃莉诺
Elizabeth	伊丽莎白

Ellen Futter	埃伦·福特
Ellen Gieser	埃伦·吉泽
Ellie Thompson	埃利·汤普森
Emiliano Zapata	埃米利亚诺·萨帕塔
Emily Graslie	埃米莉·格拉斯利
Encyclopedia of Life	"生命大百科全书"（项目名）
Englewood	恩格尔伍德
Ennigaldi	恩尼加尔迪
Environment, Culture, and Conservation	环境、文化和保护部
Eocypselus rowei	罗氏曙雨燕
Epinephelus nigritus	华沙石斑鱼
Eratosthenes	厄拉多塞
Eric Hilton	埃里克·希尔顿
Erin DeWitt	埃琳·德威特
Ernst Mayr Library	恩斯特·迈尔图书馆
Ernst Mayr	恩斯特·迈尔
Esociformes	狗鱼目
Euclid	欧几里得
Eugenia K. Sytchevskaya	尤金妮亚
Ever Since Darwin	《自达尔文以来》
Evolving Planet	"进化星球"

F

Faculty Award for Excellence in Graduate Teaching and Mentoring	研究生教学及指导卓越奖
Faith	费斯镇
Faustino	福斯蒂诺
Fay-Cooper Cole	费伊－库珀·科尔

Federico Pardo	费德里科·帕尔多
Felix	费利克斯
Ferdinand Marcos	费迪南德·马科斯
Field Museum of Natural History	菲尔德自然历史博物馆
Fish Genetics Laboratory	鱼类遗传学实验室
Florida Keys National Marine Sanctuary	佛罗里达群岛国家海洋保护区
Florida Keys	佛罗里达群岛
Forensic Services Division	法证服务部
Fort Gaines	盖恩斯堡
Fossil Basin	化石盆地
Fossil Butte Member	化石山段
Fossil Butte National Monument	化石山段国家遗址
Fossil Lake	化石湖
Franz Boas	弗朗兹·博厄斯

G

Gail and Terry Boudreaux	盖尔和特里·布德罗
Galápagos	加拉帕戈斯群岛
Gallon Jug	加隆尤格
Gantz Family Collections Center	甘茨家族收藏中心
Gareth（Gary）J. Nelson	加雷思·J.尼尔森
garfish	长嘴硬鳞鱼
gars	长嘴硬鳞鱼
Gary Feinman	加里·法因曼
Gems and Gemstones	《宝石和宝石矿物》
Genesis Medical Imaging	创世纪医学影像
Genesis	《创世记》
George Dorsey	乔治·多尔西

George Gaylord Simpson	乔治·盖洛德·辛普森
George Kunz	乔治·孔兹
Giorgos Papathanassopoulos	乔治·帕帕斯塔索普洛斯
Grainger Foundation	格兰杰基金会
Grainger Hall of Gems	格兰杰宝石馆
Green River Formation	格林里弗组
Greg Mueller	格雷格·米勒
Guido Dingerkus	吉多·丁格库斯

H

Haasiophis terrasanctus	圣域哈斯蛇
Hall of the Races of Mankind	人类种族大厅
Hams Fork River	哈姆斯福克河
Hans Radke	汉斯·拉德克
Harlan J. Berk	哈伦·J. 伯克
Harlow Higinbotham	哈洛·希金博特姆
Harpers Ferry	哈珀斯·费里
Harvard University	哈佛大学
Harvard's Museum of Comparative Zoology	哈佛大学比较动物学博物馆
Hawaii	夏威夷
Heidelberg University	海德堡大学
Helen Robbins	海伦·罗宾斯
Henry M. Morris	亨利·M. 莫里斯
Hero	希罗
Herophilus	希罗菲卢斯
Herzog	赫尔佐克
Hibiki-nada Sea	响滩
Hill City	希尔城

Hipparchus	喜帕恰斯
Hoedspruit	霍德斯普鲁特
Homewood	霍姆伍德
Homo floresiensis	弗洛勒斯人
Homo sapiens	智人
Hopi Reservation	霍皮族保留地
Hotel Uzkoe	乌兹科酒店
Houston Museum of Natural Science	休斯敦自然科学博物馆
How We Do It: The Evolution and Future of Human Reproduction	《我们如何做到：人类生殖的演变与未来》
Hugh Graham and Nancy Diamond	休·格雷厄姆和南希·戴蒙德
Huntsville	汉斯维尔
Hymen Marx	海门·马克思

I

Idi Amin	伊迪·阿明
Illinois	伊利诺伊州
Ilongot	伊朗戈特
In Too Deep	"深不可测"（船名）
Indiana Jones	《夺宝奇兵》
Institute for Creation Research	创世研究所
International Union for Conservation of Nature	世界自然保护联盟
Interpreting the Hierarchy of Nature	《解释自然的等级体系》

J

J. N. Pritzker	J.N.普里茨克
Jaap Hoogstraten	亚普·霍斯特

James A. Lovell	詹姆斯·A. 洛维尔
James Hendrickson	詹姆士·亨德里克森
Jamie Brake	杰米·布雷克
Janet Voight	珍妮特·沃伊特
Jay Kislak	杰伊·基斯拉克
Jean Schlumberger	让·史隆伯杰
Jeffrey Dahmer	杰弗里·达默
Jim Croft	吉姆·克罗夫特
Jim E. Tynsky	吉姆·E. 廷斯基
Jim Holstein	吉姆·霍尔斯坦
Jim Phillips	吉姆·菲利普斯
Jivaro	希瓦罗人
Joe Brennan	乔·布伦南
Joel Cracraft	乔尔·克拉夫特
Joel Sarmiento	乔尔·萨尔米恩托
Johan Morais	约翰·莫雷斯
Johannes Lampe	约翰内斯·兰佩
John and Jeanne Rowe	约翰和珍妮·罗
John and Rita Canning	约翰和丽塔·坎宁
John Bates	约翰·贝茨
John Bolt	约翰·博尔特
John D. and Catherine T. MacArthur Foundation	约翰·D. 和凯瑟琳·T. 麦克阿瑟基金会
John Flynn	约翰·弗林
John Henry Patterson	约翰·亨利·帕特森
John McCarter	约翰·麦卡特
John McPhee	约翰·麦克菲
John Paul	约翰·保罗

John Terrell	约翰·特雷尔
John Terriak	约翰·特里亚克
John Weinstein	约翰·温斯坦
Jon Markel	乔恩·马克尔
Jon Mitchell	乔恩·米切尔
Jonathan Haas	乔纳森·哈斯
Josh Engle	乔希·恩格尔
Joy Bergelson	乔伊·贝格尔松
Julian Kerbis Peterhans	朱利安·科比斯·彼得汉斯
Julius Cesar	恺撒大帝
Jurassic Park	《侏罗纪公园》

K

Kahuzi-Biega National Park	卡胡兹－比加国家公园
Kamba	坎巴人
Kampankis Mountain	坎潘基斯山
Karen Bean	卡伦·比恩
Karen Nordquist	卡伦·诺德奎斯特
Karen Rader	卡伦·雷德
Karl Patterson Schmidt	卡尔·帕特森·施米特
Karl P. Schmidt Memorial Herpetological Library	卡尔·帕特森·施米特的爬行动物学图书馆
Karl Popper	卡尔·波珀
Karoo Basin	卡鲁盆地
Kasey Mennie	凯西·门尼
Kashmir	克什米尔地区
Kayleigh Kueffner	凯莉·屈夫纳
Keller Science Action Center	凯勒科学行动中心

Kemmerer	凯默勒
Ken Angielczyk	肯·英吉利根
Ken Carpenter	肯·卡彭特
Kenya	肯尼亚
Kenyan National Museums	肯尼亚国家博物馆
Kenyan Wildlife Service	肯尼亚野生动物管理局
Kerbis-Peterhans	克比斯·彼得汉斯
Kettering	凯特林
Kevin Schieffer	凯文·希弗
Kevin	凯文
Kew Gardens	邱园
Kikuyu	基库尤人
Kimberley Process Certification Scheme	金伯利进程认证计划
King Tut	图坦卡蒙法老
Kirk Johnson	柯克·约翰逊
Kish	基什
Kitakyushu Museum of Natural History and Human History	北九州市立自然史·历史博物馆
Knightia eocaena	始新奈氏鱼
Kroeber	克罗伯

L

Labrador	拉布拉多（地区）
Lake Forest	森林湖
Lance Grande	兰斯·格兰德
Laramie	拉勒米
Larry Heaney	拉里·希尼
Lars Brundin	拉尔斯·布伦丁

Lauren	劳伦
Leigh Van Valen	利·范·瓦伦
Leonard Wood	伦纳德·伍德
Leonard Woolley	伦纳德·伍利
Lepisosteus bemisi	雀鳝
Lester Lampert	莱斯特·兰珀特
Letters to a Young Scientist	《写给年轻科学家的信》
Leyte	莱特
Life on Display: Revolutionizing U.S. Museums of Science and Natural History in the Twentieth Century	《展出的生活：论 20 世纪美国科学和自然历史博物馆的变革》
Life Over Time	"时间流逝中的生命"
Linda Nicholas	琳达·尼古拉斯
Linnean Society of London	伦敦林奈学会
Locked in Stone: The Prehistoric Creatures of Fossil Lake	"石封的记忆：化石湖的史前生物"
Loma Linda University	洛马·琳达大学
Looking at Ourselves and Rethinking the Sculptures of Malvina Hoffman	"审视我们自己，重新思考马尔维娜·霍夫曼的雕塑"
Loren Woods	洛伦·伍兹
Louie Psihoyos	路易·普西霍约斯
Louis Comfort Tiffany	路易斯·康福特·蒂芙尼
Louis Leakey	路易斯·利基
Loyola University	洛约拉大学
Luis Espinosa Arrubarrena	路易·埃斯皮诺萨·阿鲁巴雷纳
Lutheran Archbishop of Uppsala	乌普萨拉路德宗大主教
Luzon Island	吕宋岛
Lyceum	吕克昂学园
Lyne Parenti	莱恩·帕伦蒂

Lynne Parenti	琳内·帕伦蒂

M

Maasai	马赛人
MacArthur Foundation	麦克阿瑟基金会
Macrosemiidae	巨半椎鱼科
Madagascar	马达加斯加
mahi-mahi	鬼头刀鱼
Maijuna	玛依呼那族
Malawi	马拉维
Malvina Hoffman	马尔维娜·霍夫曼
Man-Eaters of Tsavo	察沃的食人魔
Manhattan	曼哈顿
Manila	马尼拉
Marc Scherer	马克·谢勒
Margaret Mead	玛格丽特·米德
Marine Biological Laboratory at Woods Hole	伍兹霍尔海洋生物实验室
Mark Alvey	马克·阿尔维
Mark Johnston	马克·约翰斯顿
Mark Mauthner	马克·莫特纳
Mark Westneat	马克·韦斯特尼特
Mark Widhalm	马克·维达尔姆
Marlene Donnelly	马琳·唐纳利
Marlin Perkins	马林·珀金斯
Marshall Field V	马歇尔·菲尔德五世
Marshall Space Flight Center	马歇尔太空飞行中心
Martin Rees	马丁·里斯

Mary Blair	玛丽·布莱尔
Massachusetts	马萨诸塞州
Matthew Nitecki	马修·尼西基
Maurice Williams	莫里斯·威廉姆斯
McKinsey and Company	麦肯锡公司
Meave Leakey	米芙·利基
Meenakshi Wadhwa	米纳克什·瓦德瓦
Mermaid with Goldfish	《美人鱼和金鱼》
Michael Coats	迈克尔·科茨
Michael Dillon	迈克尔·狄龙
Michael Douglas	迈克尔·道格拉斯
Michael Jackson	迈克尔·杰克逊
Michael Klemens	迈克尔·克莱门斯
Mike Eklund	迈克·埃克隆德
Mike Foote	迈克·福特
Mike McCarthy	迈克·麦卡锡
Mike Novacek	迈克·诺瓦切克
Milton Obote	米尔顿·奥博特
Mindanao	棉兰老岛
Minden	明登
Mini	米妮
Minneapolis	明尼阿波利斯
Minnesota	明尼苏达州
Mioplosus labracoides	拟中狼鲈
Mish Tworkowski	米什·特沃尔科夫斯基
Missouri Botanical Garden	密苏里植物园
Mixtec	米斯特克语

Mombasa	蒙巴萨
Monte Albán	蒙特阿尔班
Montgomery Ward store	蒙哥马利·沃德商店
Moquegua	莫克瓜
Morrill Science Center	莫里尔科学中心
Mosaic	马赛克
Mount Elgon	埃尔贡山
Mount Tapulao	塔普劳山
Mpumalanga	姆普马兰加
Mtwapa	姆特瓦帕
Muséum national d'histoire naturelle	法国国家自然历史博物馆
Museum of Comparative Zoology	比较动物学博物馆
Museum Pie de Vaca	牛脚博物馆
Mutual of Omaha's Wild Kingdom	《野生动物王国》
Myron Gordon	迈伦·戈登

N

Na Hang Nature Reserve	纳杭自然保护区
Nabonidus	拿波尼度
Nahuatl	纳瓦特尔语
Nain	奈恩
Nanna	月神娜娜
Nate Eimer	纳特·艾默
Nathan P. Eimer	内森·P.艾默
National Academy of Sciences	美国国家科学院
National Institutes of Health	国家卫生研究所
National Park area	国家公园区
National Park Service	国家公园管理局

National Science Foundation	美国国家科学基金会
Native American Graves Protection and Repatriation Act	《美国原住民墓葬保护和归还法案》
Natural History Museum in London	伦敦自然历史博物馆
Natural History Museum of Los Angeles County	洛杉矶县自然历史博物馆
Nature	《自然》
Nebraska Magazine	《内布拉斯加杂志》
Negaunee Foundation	尼戈尼基金会
Neil deGrasse Tyson	尼尔·德格拉斯·泰森
Neil Shubin	尼尔·舒宾
New Mexico University	新墨西哥大学
New Orleans	新奥尔良
New York Times	《纽约时报》
New York Zoological Gardens	纽约动物园
Newt Gingrich	纽特·金里奇
Nguyen Van Thanh	阮万坦
Niles Eldredge	奈尔斯·埃尔德雷奇
Normandale Junior College	明尼苏达州诺曼代尔初级学院
North Carolina Museum of Natural Sciences	北卡罗来纳州自然科学博物馆
Northwestern University	西北大学
Nunatsiavut	努纳武特

O

O'Hare	奥黑尔
Oak Springs Garden Foundation	橡树泉花园基金会
Odontochelys semitestacea	半齿龟
Olivier Rieppel	奥利维耶·里佩尔

On the Continuing Need for Scientific Collecting of Mammals	《论科学采集哺乳动物的持续必要性》
Onychonycteris finneyi	芬氏爪蝠
Ormoc	奥尔莫克
Ota Benga	澳塔·本加

P

Pablo Cervantes-Calderon	巴勃罗·塞万提斯－卡尔德龙
Pablo Jensen	巴勃罗·詹森
Pachyamia mexicana	墨西哥硕弓鳍鱼
Pacifica	太平洋古陆
paddlefishes	匙吻鲟
Pala International	帕拉国际公司
Pala	帕拉
Pamela Newkirk	帕梅拉·纽柯克
Pap Wheeler	"帕普·惠勒"
Paramount Pictures	派拉蒙电影公司
Park Forest	帕克森林
Park Service's Interpretive Design Center	公园管理局解释设计中心
Patrick Duffy	帕特里克·达菲
Patrick	帕特里克
Paul Buchheim	保罗·布赫海姆
Pegleg Craig	"独腿克雷格"
Peru	秘鲁
Pete Makovicky	彼得·马克维奇基
Peter Crane	彼得·克兰
Peter Larson	彼得·拉森
Peter	彼得

Petra Sierwald	彼得拉·谢尔瓦尔德
Petrified Forest National Park	石化森林国家公园
Phil Fraley Productions	菲尔·弗雷利生产公司
Phil Fraley	菲尔·弗雷利
Philipp Heck	菲利普·赫克
Philippine National Museum of Natural History	菲律宾国家自然历史博物馆
Philippines	菲律宾
Pickens Kane Moving and Storage	皮肯斯·凯恩装运公司
Pierre	皮埃尔
Pillsbury Hall	皮尔斯伯里大厅
Planetary Studies Foundation	行星研究基金会
Play N Hookie	"扮演胡奇"（船名）
Poeciliid Fish	孔雀鱼
pompano	鲳鲹
Pope Clement XIII	教皇克雷芒十三世
Pritzker Laboratory for Molecular Systematics and Evolution	普里茨克分子系统学与进化实验室
Pritzker	普里茨克
Protorohippus venticolus	广居原山马
Prussia	普鲁士
Psychology Today	《今日心理学》
Puebla	普埃布拉

R

Race	《种族》
Rafe Brown	雷夫·布朗

Rallallah	拉马拉
Ramada Inn	华美达酒店
Ranulfo	拉努尔福
Rapid City	拉皮德城
Ricardo Buenviaje	里卡多·布恩瓦耶
Richard and Jill Chaifetz	理查德和吉尔·夏菲兹
Richard and Robin Colburn	理查德和罗宾·科尔伯恩
Richard Fortey	理查德·福提
Richard Gilder	理查德·吉尔德
Richard Gray	理查德·格雷
Richard H. Ree	理查德·H. 雷
Richard Koontz	理查德·孔茨
Richard Lariviere	理查德·拉里维埃
Richard Leakey	理查德·利基
Richard M. Daley	理查德·M. 戴利
Richard Vari	理查德·瓦里
Richfield	里奇菲尔德
Rick Jackson	里克·杰克逊
Rick Ree	里克·雷
Río Las Leñas	里奥·拉斯莱尼亚斯
Robert A. Pritzker Center for Meteoritics and Polar Studies	罗伯特·A. 普里茨克陨石学和极地研究中心
Robert Burke	罗伯特·伯克
Robert Farrar	罗伯特·法拉尔
Robert H. Gibbs Jr.	小罗伯特·H. 吉布斯
Robert Inger	罗伯特·英格
Robert Lücking	罗伯特·吕金
Robert Mandel	罗伯特·曼德尔

Robert Martin	罗伯特·马丁
Robert T. Bakker	罗伯特·T. 巴克
Roberto Keller Perez	罗伯托·凯勒·佩雷斯
Robin Foster	罗宾·福斯特
Rocketdyne	洛克达因（公司）
Rocky Wirtz	洛基·沃茨
Romer-Simpson Medal	罗默-辛普森奖章
Rose Center for Earth and Space	罗斯地球和空间中心
Rowe Family	罗家族
Royal Society	英国皇家学会
Rüdiger Bieler	吕迪格·比勒尔
Ryan Williams	瑞安·威廉姆斯

S

Sampson Purupuru	桑普森·普鲁普鲁
Samuel Andanje	塞缪尔·安丹杰
Samuel Phillips Verner	塞缪尔·菲利普斯·弗纳
Sanchez Vega	桑切斯·维加
Sandia Base	桑迪亚基地
Sandy Boyd	桑迪·博伊德
Schefflera sp.	伞形树
School Nature League	学校自然联盟
Science Action Center	科学行动中心
Science as a Process	《作为过程的科学》
Scott Lidgard	斯科特·利德加德
Sebastian	塞巴斯蒂安
Shailer Mathews	谢勒·马修斯
Shannon Hackett	香农·哈克特

Shelton Pleasants Applegate	谢尔顿·普莱曾茨·阿普尔盖特
Shipibo	希皮博人
Shirley	雪莉
Shoals Marine Laboratory	肖尔斯海洋实验室
Shuar	舒阿尔人
Sidley ＆ Austin	西德利＆奥斯汀律所
Simms	西姆斯
Simon Wanjohi	西蒙·万乔希
Sioux Nation	苏族部落
Six Day War	六日战争
Sloan Foundation	斯隆基金会
Smithsonian	史密森学会
Society of Systematic Zoology	系统动物学学会
Society of Vertebrate Paleontology	古脊椎动物学学会
Solnhofenamia elongata	索尔恩霍芬弓鳍鱼
South Dakota Badlands	南达科他州的荒地国家公园
South Dakota	南达科他州
Spectacle	《奇观》
Stanley Field	斯坦利·菲尔德
Stanley McCormick	斯坦利·麦考密克
Stan	斯坦
Star Trek	《星际迷航》
Staten Island	史坦顿岛
Stephen Jay Gould	史蒂芬·杰伊·古尔德
Stephen Simms	斯蒂芬·西姆斯
Steve Droter	史蒂夫·德罗特
Steve Emery	史蒂夫·埃默里

Steve Fiffer	史蒂夫·费弗
Steve Gieser	史蒂夫·吉泽
Steve McCarroll	史蒂夫·麦卡罗尔
Steven Spielberg	史蒂文·斯皮尔伯格
Stockholm	斯德哥尔摩
Stove-pipe Smith	"炉管史密斯"
sturgeons	鲟鱼
SUE Uncrated	"走出板条箱的苏"
SUE	恐龙苏
Sun-god Opal	太阳神欧泊
Susan Hendrickson	苏珊·亨德里克森
Susan Kelly	苏珊·凯利
Swahili	斯瓦希里人

T

Taita	塔依塔人
Tanzania	坦桑尼亚
Tara	度母
Tawani Foundation	塔瓦尼基金会
Tepexi de Rodríguez	特佩希·德罗德里格斯
Tepexi	特佩希
Terra: Our 100-Million-year-old Ecosystem and the Threats That Now Put It at Risk	《地球：我们一亿年的生态系统以及现在使其面临风险的威胁》
Terry Wentz	特里·温茨
Thach Mai Hoang	石梅黄
The Brain Scoop	《大脑独家新闻》
the Center for Cultural Understanding and Change	文化理解与变革中心

The Field Revealed	野外揭秘
The Founding Fish	《创始之鱼》
The Ghost and the Darkness	《黑夜幽灵》
The Lost World of Fossil Lake	《化石湖的失落世界》
The Lost World of Jurassic Park	《侏罗纪公园：失落的世界》
The Man-Eaters of Tsavo and Other East African Adventures	《察沃的食人魔及其他东非历险》
The Paleontological Institute, Russian Academy of Science	俄罗斯科学院古生物学研究所
The Romance of Ants	"蚂蚁罗曼史"
The Schlumberger Bow	史隆伯杰蝴蝶结
Theodosius Dobzhansky	特奥多修斯·杜布赞斯基
Thomas Gossett	托马斯·戈塞特
Thorsten Lumbsch	索斯藤·伦布施
Thuy Ngo Nguyen	阮翠玉
Tiffany and Company	蒂芙尼公司
Tom Gnoske	汤姆·格诺斯克
Tom Harkin	汤姆·哈金
Tom McNamara	汤姆·麦克纳马拉
Tom Rosenbaum	汤姆·罗森鲍姆
Towanda Simmons	托旺达·西蒙斯
Transantarctic Mountain	横跨南极山脉
triggerfish	扳机鱼
Tsantsa	特山德沙
Tsavo East National Park	东察沃国家公园
Tsavo	察沃
Tsoabichi greenriverensis	格林里弗怪鳄
Tucson Gem and Mineral Show	"图森宝石和矿物展"

Tutankhamun	图坦卡蒙
Twin Cities	双子城

U

U.S News & World Report	《美国新闻与世界报道》
U.S. Agency for International Development	美国国际开发署
U.S. Department of Fish and Wildlife	美国鱼类及野生动植物管理局
U.S. Drug Enforcement Administration	美国缉毒局
U.S. State Department	美国国务院
Uganda Railway Committee	乌干达铁路委员会
Uganda	乌干达
Ulrich quarry	乌尔里希采石场
Ungan Singh	温干·辛格
Universidad Nacional Autónoma de México	墨西哥国立自治大学
University of California, Berkeley	加州大学伯克利分校
University of Chicago Graham School	芝加哥大学格雷厄姆学院
University of Chicago	芝加哥大学
University of Chicago's Committee on Evolutionary Biology	芝加哥大学进化生物学委员会
University of Hamburg	汉堡大学
University of Illinois at Chicago	伊利诺伊大学芝加哥分校
University of Iowa	艾奥瓦大学
University of Kansas	堪萨斯大学
University of Minnesota	明尼苏达大学
Upper Amazon	亚马孙河上游
Ur	乌尔

V

Val Kilmer	瓦尔·基尔默
Victoria Cain	维多利亚·凯恩
Vietnam	越南
Vince Santucci	文斯·圣图奇
Virginia Institute of Marine Science	弗吉尼亚海洋科学研究所

W

Waata	瓦塔人
Wally	沃利
Wari	瓦里人
Watcheeria deltae	德尔塔霍特奇尔螈
Waukegan	沃基根市
Wawa River	瓦瓦河
West Virginia	西弗吉尼亚州
Wildlife Conservation Society of the Philippines	菲律宾野生动物保护协会
Willard "Sandy" Boyd	威拉德·"桑迪"·博伊德
William Duncan Strong	威廉·邓肯·斯特朗
William Henry Holmes	威廉·亨利·霍尔姆斯
William Holmes	威廉·霍尔姆斯
William Jones	威廉·琼斯
William Rainey Harper	威廉·雷尼·哈珀
Willie Hennig	威利·亨尼格
Willy Bemis	威利·比米斯
Winston Churchill	温斯顿·丘吉尔
Woods Hole Oceanographic Institution	伍兹霍尔海洋研究所
Worcester College	伍斯特学院

Wrangellia	兰格尔地体
Wyoming State Geological Survey	怀俄明州地质调查局
Wyoming	怀俄明州

Y

Yael Chalifa	耶尔·查利法
Yale Peabody Museum of Natural History	耶鲁皮博迪自然历史博物馆
Yale Peabody Museum	耶鲁大学皮博迪博物馆
Yale University	耶鲁大学
Yoshitaka Yabumoto	籔本美孝
Yucatán Peninsula	尤卡坦半岛

Z

| Zanzibar | 桑给巴尔 |
| Zvi Ben-Avraham | 兹维·本－亚伯拉罕 |

译后记

    本书以作者成长为芝加哥菲尔德自然历史博物馆策展人的亲身经历为主要线索，讲述了对他产生重要影响且他所熟悉的人和事。作者以平实易懂、不乏幽默的叙述方式，为读者认识和理解自然历史博物馆的职责及其策展人的工作内容和方式打开了一扇窗。

    策展人首先是科研人员。他们具有极强的科研能力，通过野外考察和专注研究，对自然和文化进行科学探索，为了解我们所居住的地球提供了涵盖生物学、地质学、人类学、考古学等专业领域的独特视角。他们不断拓展科学研究的领域，挑战教条和权威，破除迷信，改变人类看待生命和文化的方式。

    虽然策展人的研究方向是多元化的，但是他们都朝着共同的目标努力，即把对科学的好奇转变为研究，并通过野外考察、申请科研资助、发表出版物、举办展览及开展教育培训等富有创造力的形式将深奥的科学知识以生动、有效的方式传播给大众，达到知识传承与科学普及的目的。因此，策展人更是科学知识的传播者。

    在全球化背景下，在全球范围内如何构建多样性研究藏品、扩充博物馆馆藏是策展人思考的题中之义。科学研究需要跨越地域限制，搜集广博的材料，并通过跨学科、跨文化视角，将不同类型的数据和方法结合起来，进行不同领域的综合研究，从而为人类正确认识自身与世界开阔视野，综合看待并解决有关自然和人类文化更为宏大的问题。策展同事之间的协作、博物馆与其他机构之间的合作为专业的发展增添了广度和深度，创新性地获取和利用资源让博物馆受益颇丰。

而这种创新性方式包括本书作者所大力倡导的"公众科学"的理念，即以大众来源为基础进行标本和数据等资源的收集，鼓励公众参与科学过程，一方面充分调动大众的力量，克服科研机构人力资源有限的问题，另一方面增强公众对科学研究重要性的认识。博物馆接受大学的研究生培养和实习项目以及外部资助机构的合作，既有应对的灵活性，又着眼于长期的可持续性，这同样也是"公众科学"理念在实践中的具体运作。这对于国内策展人、研究机构以及志愿者服务体系的发展能有所借鉴启发。

本书的作者虽是一名自然科学工作者，但在书中传达出对人类文化的许多思考，他讲述了不少不同文化背景下险象环生的经历，对于策展人在异域进行野外考察给出了忠告——尊重并积极适应当地的文化传统，才能跨越地理和文化边界，与当地的同事建立起信任和紧密的联系。此外，在收集藏品过程中，博物馆需寻求科学价值与法律风险、道德标准的平衡。

作者对他身边的策展人进行了真诚细致的书写，让我们看到诸多科学家在探索和发现的过程中历经的种种不平凡。他们在艰苦的环境中默默无闻地奋斗着，甘冒风险，将生死置之度外，正是他们不断攀登知识高峰的勇气与无私奉献的精神推动了科学事业的发展。当然，这种发展并非总是一帆风顺的，例如书中记录了生物系统学曾出现的支序分类学与所谓的进化分类学派的斗争，斗争漫长而激烈，存在复杂的争论与不断更新的再认识。争议推动了科学的进步，科学正是一个不断发展的过程。现有的、被视为理所当然的科学进步其实都曾历经过种种阵痛，需要结合时代语境去考虑。这足见人类在不断认识自我、认识世界的过程中所付出的种种艰辛与努力。

世界并非一成不变，这决定了科学家们的探索永远"在路上"。例如，科学家通过研究发现，地球上的生态系统中物种之间相互影响。某种物种的灭绝会引起其他物种灭绝的生态连锁反应。于是，环境保护成为当前人类面临的最具挑战性的问题之一，策展人在生物多样性研究基础上，将博物馆的科学和教育资源用于制定环境保护的策略，帮助维持地球生态系统的健康。这让我看到，策展人群体不但立足过去，更重要的是，他们面向未来。

此次有幸参加中国国家博物馆国际博物馆学译丛翻译工作，我与同事高华光共同完成此书的翻译，我负责本书前言至第七章，高华光负责第八章至第十四章，翻译任务虽重，但一切负重在相互探讨与鼓励中变成了一段轻盈的人生。感谢邵学成博士花费宝贵时间进行审校工作，让这本书传递的力量行远弥坚。

而我对这本书也由最初的惴惴不安到之后的爱不释手，翻译此书，一路走来，感慨良多。翻译的过程，仿佛与作者进行了一场旷日持久的对话，作者丰富的经历所积累的诸多经验既是专业的财富，也是人生的财富。作为一名文科生，我很庆幸被"唤醒"了对科学知识的渴求，科学知识于我不再是枯燥、晦涩的代名词，也不再是乏味、令人望而却步的灌输，它成为认识自我、了解世界、理解存在的重要途径，这种由心灵驱动而来的久违的渴求令我欣喜若狂。

借用书中作者引用的一句话："我们都是星尘。"是的，我们都是散落在宇宙中的星尘，人类作为几十亿年来生存于地球上的百万物种之一，其存在或许是物种进化的奇迹，或许纯属偶然，没有我们自会有未知的"他们"，在广袤无垠的时空面前，我们知道自己何其渺小。这让我突然有点理解康德所说的："位我上者，灿烂星空；道德律令，在我心中。"

希望每位拿起这本书的读者都能爱不释手，各取所需，有所思考，有所裨益。

王璨